Ute & Heinrich Hagehülsmann

Der Mensch im Spannungsfeld seiner Organisation

Transaktionsanalyse in Managementtraining, Coaching,
Team- und Personalentwicklung

D1731698

CIK UnternehmerBeratung GmbH

St. Ottilien-Str. 8 · D-82299 Türkenfeld

Ausführliche Informationen zu weiteren Büchern von Ute und Heinrich Hagehülsmann sowie zu jedem unserer lieferbaren und geplanten Bücher finden Sie im Internet unter
www.junfermann.de
– mit ausführlichem Infotainment-Angebot zum JUNFERMANN-Programm

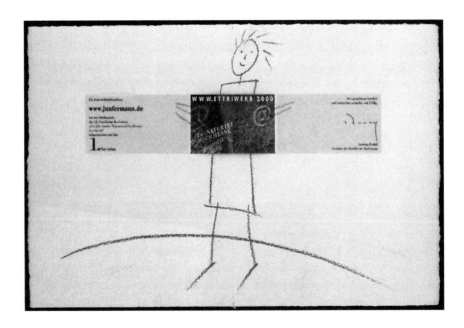

www.junfermann.de: 1. Platz im Wettbewerb „Beste Themenbuchhandlung im Internet"

Ute & Heinrich Hagehülsmann

Der Mensch im Spannungsfeld seiner Organisation

Transaktionsanalyse in Managementtraining, Coaching, Team- und Personalentwicklung

Junfermann Verlag • Paderborn
2001

© Junfermannsche Verlagsbuchhandlung, Paderborn 1998
2. überarbeitete Auflage 2001
Covergestaltung: Petra Friedrich

Satz: adrupa Paderborn

Die Deutsche Bibliothek – CIP-Einheitsaufnahme
Hagehülsmann, Ute:
Der Mensch im Spannungsfeld seiner Organisation: Transaktionsanalyse in Managementtraining, Coaching, Team- und Personalentwicklung / Ute und Heinrich Hagehülsmann. – Paderborn: Junfermann, 2001
    ISBN 3-87387-038-X

NE: Hagehülsmann, Heinrich; GT

ISBN 3-87387-038-X

Inhalt

Einleitung

Wir haben diesen Grundsatz der Gestaltpsychologie an den Anfang unserer Ausführungen gestellt, weil er auch im betrieblichen Kontext in mehrfacher Hinsicht gilt:

➤ Das Gesamt der betrieblichen Faktoren, das uns als Unternehmen, Behörde oder auch weltweite Organisation entgegentritt, ist mehr als die Summe der einzelnen Faktoren; ist mehr als die Addition der Ziele eines Betriebes plus der dazu notwendigen Strukturen, Mittel und Prozesse, angereichert um die konkreten Menschen, die die Aufgabenstellungen vorantreiben (Abb. 1). Das „Mehr" ergibt sich erst aus dem Zusammenspiel aller dieser Faktoren. Es zeigt sich zum Beispiel in der „Qualität" als übergreifendem Merkmal für alle Einzelfaktoren wie für das Endprodukt.

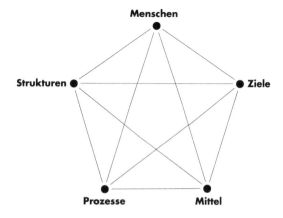

Abb. 1: Zusammenspiel betrieblicher Faktoren

➤ Auch die Menschen im Betrieb bilden ein gemeinsames Ganzes, dessen „Mehr" – folgt man neueren Organisationstheorien (z.B. *Küpper & Ortmann* 1988; *Bosetzky & Heinrich* 1989; *Türk* 1989) – ein wesentliches Erklärungsmerkmal für Organisationen ausmacht. So beschreibt zum Beispiel *Kurt Türk* (1989, 121 ff) Organisationen nicht mehr als objektiv-verselbständigte sozio-technische Systeme, sondern als Interaktionszusammenhang individueller Menschen. Das heißt, er erklärt die Funktionsweise von Organisationen nicht mehr aus den formalen Strukturen, sondern aus dem Gesamt der Interaktionsbeziehungen und Handlungsmuster der in ihr tätigen Personen.

➤ Doch darüber hinaus ist auch jeder einzelne Mensch im Betrieb, sei er eine Führungskraft oder ein(e) MitarbeiterIn, mehr als die bloße Addition seiner verschiedenen Fähigkeiten und Fertigkeiten. Er ist vielmehr ein Gesamt aus Interessen, Wünschen und Bedürfnissen, aus Zielvorstellungen und Vorhaben, aus Fähigkeiten und Fertigkeiten sowie aus einer Vielzahl privater und beruflicher Erfahrungen, das uns als mehr oder weniger *„integrierte Persönlichkeit"* begegnet.

Entwicklung und Optimierung zur integrierten Persönlichkeit
Dem Menschen, einzeln wie in der Gruppe, und seiner Entwicklung und Optimierung zur *integrierten Persönlichkeit* ist dieses Buch gewidmet. Der Entschluß, es zu schreiben, entstand aus unserer langjährigen Erfahrung als Berater und Trainer in privatwirtschaftlichen und öffentlichen Betrieben und Institutionen.

Der Leitgedanke dieses Buches entstand aus unserer Erfahrung und Überzeugung, daß die primär zu beachtende und zu optimierende Größe zukünftiger Betriebsentwicklung der Mensch sein wird. Gerade im Zeitalter verstärkter Organisationsentwicklung auf der einen Seite und des Lean-Management auf der anderen Seite bedarf es *integrierter Persönlichkeiten* – und das meint gleicherweise Führungskräfte wie MitarbeiterInnen –, die betriebliche Prozesse in Gang setzen, steuern und optimieren können.

Dabei verstehen wir unter einer *integrierten Persönlichkeit* keine statische Größe, keinen einmal erworbenen und danach wohlbehüteten Zustand, also nicht den idealen Menschen im Betrieb, nach dem viele Theoretiker wie Praktiker lange gesucht haben, vielleicht auch immer noch suchen. Wir verstehen unter einer *integrierten Persönlichkeit* vielmehr einen Menschen, der sich privat wie beruflich auf dem Weg weiß; einem Weg, der durch wachsende(s)
➤ Autonomie
➤ Flexibilität im Wahrnehmen, Denken, Fühlen und Verhalten
➤ Selbstwertempfinden (inklusive Bewußtheit für Stärken und Schwächen)

➤ Kommunikationsfähigkeit
➤ Konfliktfähigkeit
➤ Handlungsfähigkeit
➤ Bewußtsein für Wachstumsprozesse
gekennzeichnet werden kann.

Die einzelnen Schritte (oder Steine) auf diesem Weg bestehen in einer immer wieder neuen Beachtung von und Auseinandersetzung mit sich selbst, den anderen, der Aufgabenstellung und dem jeweiligen Kontext. Und damit in einem immer erweiterteren (Wieder-)Erlangen der obengenannten Fähigkeiten.

Kurz: eine *integrierte Persönlichkeit* lebt ganzheitlich, indem sie
➤ sich,
➤ die anderen,
➤ die Aufgabenstellung und
➤ den jeweiligen Kontext (Welt, Umgebung, Firma)
beachtet.

Diesen Weg aus unserer Erfahrung nachzuzeichnen und seine Spuren zu beleuchten ist Ziel unseres Buches:
Dazu bedienen wir uns vieler Erkenntnisse der allgemeinen Psychologie, kombiniert und ergänzt durch Modelle und Konzepte der Transaktionsanalyse als einer unserer bevorzugten Methoden. Dabei beabsichtigen wir kein klassisches Lehrbuch (z.B. über die Anwendung und Anwendbarkeit von Transaktionsanalyse in Organisationen) zu schreiben, sondern vielmehr, unsere Erfahrungen in diesem Arbeitsbereich und unsere Begeisterung für die Arbeit mit Menschen in Organisationen mit-zu-teilen. Deshalb erörtern wir nur jene Modelle und Konzepte, die uns in der praktischen Arbeit als Berater und/oder Trainer bedeutsam und hilfreich sind.

Dazu wollen wir bereits an dieser Stelle eine generelle Bemerkung im Hinblick auf die Verwendung psychologischer und sozialwissenschaftlicher Modelle und Konzepte machen: Alle Konzepte und Modelle, gleich welcher Theorie, mit denen wir Verhalten, Denken und Fühlen eines Menschen beschreiben, erklären und verstehen, können niemals die ganze Wirklichkeit erfassen und verstehbar machen. Sie sind Beschreibungsinstrumente, die uns helfen, aber niemals die Wirklichkeit ausmachen. Insofern kann man mit Hilfe einzelner Konzepte oder Modelle Aspekte des „So-Seins" und des „So-Geworden-Seins" eines Menschen (einer Gruppe und/oder einer Organisation) nachvollziehen, niemals aber eine Person in der Vollständigkeit ihrer Individualität wiedergeben.

Um einzelne Aspekte klarer zu verstehen, werden wir von der Zielvorstellung „Autonomie" als wesentlichem Moment einer *integrierten Persönlichkeit* ausgehen. Dazu werden wir z.B. das übergreifende Modell des Bezugsrahmens oder Konzepte der persönlichen Haltungen (Ich-Zustände, Grundpositionen, Skriptsysteme) ebenso darstellen, wie Konzepte zum Umgang mit Anerkennung, Hinwendung und Motivation oder zur Förderung unabhängigen Verhaltens. Die dargestellte Theorie soll ausschließlich den Zweck haben, eigenes Denken, Fühlen, Hoffen und Verhalten verstehbar zu machen und wünschenswerte Änderungen „auf dem Wege" zur *integrierten Persönlichkeit* erkennbar zu machen.

Sollte es gleichzeitig gelingen, Sie als LeserIn zur aktiven Auseinandersetzung mit der eigenen Rolle – sei es als Mitglied einer Organisation, als BeraterIn, TrainerIn oder AusbilderIn – und deren Ausgestaltung einzuladen, wäre ein weiteres Ziel dieses Buches erreicht. Dazu wünschen wir Ihnen:

Viel Spaß und Gewinn beim Lesen!

P.S.: *Einige Hinweise zum Sprachgebrauch:*

Die meisten Passagen dieses Buches sind in Wir-Form, einige in Ich-Form geschrieben. Das entspricht der Tatsache, daß wir die meisten Erkenntnisse, Erfahrungen und Handlungsweisen teilen, gelegentlich auch gemeinsam in diesem Feld arbeiten. Einige unserer Beipiele stammen jedoch nur von einem von uns.

Wir haben uns entschieden – von einigen bewußt gemachten Ausnahmen abgesehen –, überwiegend die männliche Sprachform zu verwenden. Das liest sich leichter und vermeidet sprachliche Verunstaltungen, die unseres Erachtens kaum als Wertschätzung und besondere Würdigung von Frauen anzusehen sind.

Gleichfalls aus Gründen leichterer Lesbarkeit, was bekanntlich viel mit Gewöhntsein zu tun hat, haben wir entschieden, einige der in Organisationen gängigen ‚Anglizismen' zu übernehmen, ohne sie jedesmal „einzudeutschen".

EINS

ANSICHTEN ÜBER „GOTT UND DIE WELT" UND ÜBER SICH SELBER
Bezugsrahmen und Ich-Zustände

Immer wenn ich einen mittelgroßen Betrieb im Norden Deutschlands aufsuche, um meiner Beratertätigkeit nachzukommen, freue ich mich bereits darauf, Herrn L., den Inhaber dieses Betriebes, zu treffen. Er ist ein Mann mit Selbstbewußtsein sowie klaren Wertvorstellungen, Ansichten und Haltungen in bezug auf seine Mitarbeiter (Führungskräfte, Handwerker, Arbeiter und Saisonarbeiter), die Marktbedingungen und die Produkte. Neben seiner Klarheit im Denken und seiner Entschiedenheit im Handeln besitzt er Toleranz anderen Meinungen, Haltungen und Handlungen gegenüber. Im Umgang mit Abweichungen und in der Handhabung erwarteter wie unerwarteter Konflikte ist er beachtlich flexibel. Er verhält sich problemorientiert, offen und direkt. Dabei ist er freundlich und zugewandt, kann aber auch Grenzen setzen und Kritik aussprechen sowie seine Gefühle offen zeigen. Obwohl auch ihm die strukturellen Probleme seiner Branche im Augenblick das Leben als Unternehmer nicht gerade leicht machen, wirkt er in sich ruhend und ausgeglichen. Insofern ist es eine Freude, Herrn L. zu treffen.

De facto zeigt Herr L. viele der Eigenschaften, die wir zuvor bei der Beschreibung der *integrierten Persönlichkeit* angeführt haben.

1.1 Leitvorstellung „Autonomie"

Die idealtypische Gestalt der *autonomen Person,* wie sie von *Eric Berne* (1919-1970), dem Begründer der Transaktionsanalyse, und anderen konzipiert wurde, verkörpert einen Großteil von Eigenschaften der *integrierten Persönlichkeit.*

Autonomie „Autonomie manifestiert sich" für *Berne* (1964, zitiert nach der dt. Ausgabe von 1967, 244) „in der Freisetzung oder Wiedergewinnung von drei Fähigkeiten: Bewußtheit, Spontaneität und Intimität". Dabei meint *Bewußtheit* eine unmittelbare sinnliche Offenheit für Wahrnehmungen im Hier und Jetzt sowie ungehemmte Intensität der gegenwärtigen Empfindungen und Gefühle, *Spontaneität,* die Freiheit und Fähigkeit, diese Gefühle und Empfindungen unmittelbar auszudrücken, und *Intimität* schließlich die Möglichkeit, eine offene, aufrichtige, liebevolle Beziehung zu seinen Mitmenschen einzugehen. Eine solche Person ist unabhängig und eigenständig in ihren Urteilen, Entscheidungen und Handlungen. Unter gleichzeitiger Berücksichtigung ihrer Interessen, ihrer Bedürfnisse und der Realität kann sie anderen nahekommen, ohne von irgendeiner anderen Person, einer Institution oder auch ihrem Beruf vereinnahmt zu werden (in Anlehnung an *Barnes* 1977, 12). Mit anderen Worten: Sie handelt selbstbestimmt.

Autonomie, wie wir und viele andere Transaktionsanalytiker sie verstehen, ist gleichzeitig Weg und Ziel. Das meint, keiner von uns ist ohne Autonomie. Keiner von uns besitzt jedoch Autonomie in dem Sinne, daß er sie wie ein materielles Gut oder ein bestandenes Examen in der Tasche mit sich tragen könnte. Das Streben nach Autonomie ist und bleibt lebenslanges Ziel und lebenslanger Prozeß.

Diese Erkenntnis entspricht der Wirklichkeit, die uns umgibt. Wir selbst wie auch unsere Mitmenschen, Kollegen und Mitarbeiter zeigen unterschiedliche Ausprägungsgrade autonomen Denkens, Fühlens und Verhaltens. Wie autonom der/die einzelne ist, hängt vom sogenannten Bezugsrahmen der Person ab.

1.2 Der Bezugsrahmen als Organisator der Wirklichkeit

Mit dem von der Schiff-Schule (*Schiff* et al. 1975) entwickelten *Modell des Bezugsrahmens* beschreiben wir ein „Ideengebilde, aus dem heraus der Mensch seine Erlebens- und Verhaltensweisen organisiert" (*Schmid* 1994, 33). Anders ausgedrückt: Der Bezugsrahmen eines Menschen liefert dem Individuum ein allgemeines und gut strukturiertes Wahrnehmungs-, Denk-, Gefühls- und Handlungsschema zur Definition seiner selbst, anderer Menschen und der Welt. Seine Inhalte und deren interne Verknüpfung oder Vernetzung kann man als innere Landkarte verstehen, nach der Menschen sich richten. Die „Strukturen der Landkarte" bestimmen darüber, welche inneren und/oder äußeren Gegebenheiten ein Mensch wahrnimmt, als relevant betrachtet und zu Handlungen verarbeitet.

Modell des Bezugsrahmens

Insofern ähnelt der Bezugsrahmen einem Filter, den wir im Umgang mit der äußeren und auch unserer inneren Wirklichkeit eingebaut haben. Er entspricht den als Kind erlebten, oftmals auch erlittenen Erfahrungen mit uns selbst, den anderen und der (Um-)Welt. Waren diese Erfahrungen positiv, d.h., bekamen wir viel Erlaubnis und Unterstützung, unseren Platz in der menschlichen und materiellen Umwelt zu erkunden, auszuprobieren und einzunehmen, wurden wir vielleicht sogar liebevoll dazu aufgefordert, so wird uns unser Bezugsrahmen im späteren Leben ein hohes Maß an Flexibilität und Toleranz im Privaten wie Beruflichen erlauben. In diesem Falle wird er stets auch für neue Erfahrungen offen sein und uns eine unserem Lebens- wie Berufsalter entsprechende Entwicklung zu immer größerer Autonomie erlauben.

Waren die frühen Erlebnisse unangenehm und schmerzhaft und ließen nur eine geringe Spannbreite von Erfahrungen zu, so werden wir uns in Teilen als eher eingeschränkt, unflexibel und starr erleben und entsprechend auch von unseren Mitmenschen erlebt werden. Das bedeutet jedoch keineswegs, daß wir nicht von der Wichtigkeit unserer Sicht und unseres Standpunktes überzeugt wären, sondern, daß wir wahrscheinlich an einigen Denk-, Fühl- und Verhaltensmustern rigide festhalten und sie nicht durch jeweils neue Erkenntnisse und Erfahrungen verändern. Diese „erstarrten" Anteile des Bezugsrahmens nennen wir in der Sprache der Transaktionsanalyse Skript, weil sie manchmal oder häufiger unsere Reaktionen so vorbestimmen, wie ein Drehbuch (Skript) das Verhalten von Schauspielern. – Doch dazu später mehr!

Egal, ob flexibel oder nicht, bietet der erworbene Bezugsrahmen einer Person jene psychische Sicherheit, die wir – auch darauf werden wir noch ausführlich eingehen – alle lebensnotwendig brauchen. Von daher sind alle Menschen darauf bedacht, ihren Bezugsrahmen möglichst umfassend und lange aufrechtzuerhalten.

Herrn L. plagen wie viele Kollegen seiner und verwandter Branchen im Augenblick strukturelle Probleme. Sein von Flexibilität, Toleranz und Selbstbewußtsein mitbestimmter Bezugsrahmen ermöglicht es jedoch, auch in dieser Situation weiterhin klar zu denken und die anstehenden Probleme entschieden anzupacken, ohne vorzeitig zu resignieren oder allzuviel Energie mit unnützem Grübeln zu verlieren. Demgegenüber könnte ein anderer Unternehmer, nennen wir ihn „Herr Traunicht", über die strukturellen Probleme so bestürzt und verunsichert sein, daß er in seinem Denken immer wieder bei der (ihm altbekannten) Maxime landet, daß das Ganze (die unternehmerische Tätigkeit und ihre Möglichkeiten) eine einzige Katastrophe sei, daß es wiederum ihn als Mittelständler besonders hart treffen würde und sowieso auf „nichts" (weder Politik noch Markt) Verlaß sei. Daher erlebt er, obwohl ihm das nicht bewußt ist, die alten Informationen aus Kindertagen „bestätigt": den elterlichen Ausspruch, „das Leben/die Welt sei eine Katastrophe" und die eigene (schmerzvolle) Erfahrung, daß stets er, Herr Traunicht, als Kind der Dumme war. Seine Eindrücke und Schlußfolgerungen sind so rigide, daß selbst seine Kollegen vom BDI sie ihm nicht „auszureden" vermögen. Im Gegenteil, er unterstellt ihnen, ein völlig falsches Bild seiner unternehmerischen Ressourcen zu zeichnen.

So wirken Bezugsrahmen! Während der Bezugsrahmen von Herrn L. im Sinne einer „self-fullfilling prophecy" dazu führt, das Unternehmen gesund zu erhalten, führt der Bezugsrahmen von Herrn Traunicht zu einem ständigen Kränkeln des Betriebes bis möglicherweise hin zu dessen Zusammenbruch.

Wie die Macht des Bezugsrahmens die self-fullfilling prophecy genau bewerkstelligt, beschreiben wir in den nachfolgenden Kapiteln.

1.3 Ich-Zustände als Bausteine der Persönlichkeit

Wir vermuten, das viele von Ihnen, ohne es zu wissen, bereits Erfahrungen damit gemacht haben, was wir in der Transaktionsanalyse einen *Ich-Zustand* nennen. Kennen Sie z.B. einen Kollegen, Mitarbeiter oder Vorgesetzten, der Ihnen einmal rational und problemlösend begegnet und ein anderes Mal wie ein trotziges Kind oder ganz „von oben" herab wie ein patriarchalischer Vater? Oder erleben Sie sich selbst manchmal so unterschiedlich?

Derartige Erfahrungen veranlaßten auch *Eric Berne* dazu, die Gesamtheit eines Menschen aus dem Zusammenwirken unterschiedlicher Anteile zu erklären, die sich nach außen als organisierte Einheiten menschlichen Denkens, Fühlens und Handelns manifestieren, „mit deren Hilfe wir Realität definieren, Informationen verarbeiten und auf die Umwelt reagieren" (*Babcock & Keepers* 1980, 45). Diese Ich-Zustände genannten Einheiten mit ihren spezifischen Gedanken, Gefühlen und korrespondierenden Handlungsmustern – in unserer Überschrift Bausteine der Persönlichkeit genannt – ordnete *Berne* nach dem Gesichtspunkt, ob sie eher kindhaft, eher erwachsen oder eher elternhaft ausgeprägt sind. Eine Person ist jedoch immer eine Ganzheit von allen drei Ich-Zuständen (siehe Abb. 2, S. 19).

Ich-Zustände

Da ist zunächst einmal der sogenannte *„Erwachsenen-Ich-Zustand"*, den man umgangssprachlich auch „Erwachsenen-Haltung" bezeichnen könnte. Diese „ist gekennzeichnet durch ein autonomes System von Gefühlen, Einstellungen und Verhaltensweisen, die der aktuellen Wirklichkeit entsprechen" (*Berne* 1961, 76). Das heißt, sie enthält jene Verhaltensweisen, Gedanken und Gefühle, die eine angemessene Antwort auf das geben, was wir in unserem Inneren und unserer Umwelt gerade erleben. Problemlösende Verhaltensweisen werden diesem Ich-Zustand ebenso zugerechnet wie das Auffinden von Wegen zur Bedürfnisbefriedigung. Da das vom Erwachsenen-Ich geleitete Handeln überwiegend durch analytisch-logisches Denken bestimmt wird, wurde das Verhalten aus diesem Ich-Zustand häufig mit einem „Computer" verglichen. Dieser „entseelte" Begriff wird jedoch jenen Anteilen des Erwachsenen-Ich-Zustands nicht gerecht, mit denen wir ethische Prinzipien wie z.B. Verantwortungsbewußtsein, Wahrheit und Verantwortlichkeit leben oder mit denen wir uns in empathischer Weise anderen Menschen zuwenden und sie verstehen. Alle diese „Haltungen" können wir nicht nur bei Herrn L. beobachten, sondern bei allen Menschen, wenn sie sich problemorientiert, offen und direkt verhalten, klar denken und entschieden handeln (d.h., den Erwachsenen-Ich-Zustand mit Energie besetzen).

Strukturmodell der Ich-Zustände

Zudem nutzen wir im Zustand einer „Erwachsenen-Haltung" Mittel, Erinnerungen und Informationen aus den beiden übrigen Ich-Zuständen, worauf wir später noch ausführlicher eingehen.

Beim *„Eltern-Ich-Zustand"*, von uns auch „Elterliche Haltung" genannt, ging *Berne* davon aus, daß sich Haltungen, Verhalten, Gedanken und Gefühle, die von den Eltern oder anderen Autoritäten übernommen werden, später im

Verhalten der Person „als elternhaft" beobachten lassen. Daher der Name, den *Berne* wählte. Zu der entsprechenden Haltung gehören häufig Normen, wie z.B. entsprechende Kleidungs„vorschriften" in Behörden und Industrieunternehmen, Werte, wie z.B. Achtung vor Mitmenschen, oder manchmal auch – einschränkende – Haltungen wie z.B. „Geld ist sicherer als Liebe" bzw. „Gefühle gehören nicht an den Arbeitsplatz". Insgesamt handelt es sich um Einstellungen, Haltungen und Handlungen, die wir per Nachahmung z.B. von unseren Eltern oder auch während unserer beruflichen Sozialisation von einem geschätzten Lehrherrn, Lehrer oder Professor übernommen haben. Solche Haltungen nehmen wir manchmal uns selbst gegenüber ein, wenn wir uns selber loben oder kritisieren. Dann behandeln wir uns so, wie es z.B. Vater oder Mutter taten, als wir noch ein Kind oder Jugendlicher waren. Oder wir können andere elterlich behandeln: Dann verhält sich z.B. eine Führungskraft, ohne weiter darüber nachzudenken, ihren Mitarbeitern gegenüber genauso, wie sie es früher bei ihrem Vater im heimischen Werkzeugladen beobachtet hat.

Analog dazu benannte *Berne* die „als kindhaft" beobachtbaren Anteile als „*Kind-Ich-Zustand*". Dieser beinhaltet alle die Erfahrungen, die man als Kind und im weiteren Verlauf seines Lebens im Zusammenhang mit sich selbst, anderen Menschen und der Umwelt gemacht hat. Dazu gehören sowohl Gefühle, Empfindungen, Bedürfnisse und Erfahrungen, die vor vielen Jahren, als die Person noch ein Kind war, existierten, als auch solche, die erst kurz zurückliegen. D.h., dem Kind-Ich-Zustand werden unsere ursprünglichen, ganz archaischen Anteile, mit denen wir spontan, lebhaft, impulsiv, gerade so wie Kinder sind, ebenso zugeordnet wie jene Verhaltensweisen, mit denen wir uns an unsere Umwelt angepaßt haben. Wenn uns z.B. danach zumute ist, alle Regeln des Anstands über Bord zu werfen oder aber uns ängstlich zu verkriechen, ohne daß reale Gefahr besteht, haben wir wahrscheinlich Anteile unseres Kind-Ich-Zustandes aktiviert.

Eine besondere Kategorie kindhaften Denkens, Fühlens und Verhaltens beschreibt *Eric Berne* als den „*kleinen Professor*". Dieser entfaltet sich vor allem in Empfindungen und Verhaltensweisen, die mit Intuition und Neugier zu tun haben, Fähigkeiten, mit denen wir als Kinder noch ganz unbefangen spürten, wie wir in unserer Umwelt am besten unsere Bedürfnisse befriedigen konnten. Als Erwachsene können wir bei genügend Bewußtheit auf diese Fähigkeiten der Intuition und Kreativität jederzeit zurückgreifen. Sie können uns dann helfen, z.B. Stimmungen oder Ahnungen, „daß etwas in der Luft liegt", wahrzunehmen, ein neues Patent zu entwickeln oder bei einer Präsentation genau die Wünsche und Erwartungen der Kunden zu treffen. Als typische Illustration empfinden wir die oft gehörte Aussage von Personen im Marketing: „Für Marketing muß man Gespür haben. Da nützen Zahlen gar nichts. Entweder man hat das Gespür für den Markt, oder man bringt's nicht."

In einem Schaubild läßt sich das zuvor beschriebene Modell so darstellen:

Eltern-Ich-Zustand (EL)[*]	Haltungen, Verhalten, Gedanken und Gefühle, die von den Eltern oder anderen Autoritäten übernommen wurden
Erwachsenen-Ich-Zustand (ER)	Haltungen, Verhalten, Gedanken und Gefühle als direkte Antwort auf das Hier und Jetzt
Kind-Ich-Zustand (K)	Haltungen, Verhalten, Gedanken und Gefühle, die die Person früher einmal hatte

Abb. 2: Strukturmodell der Ich-Zustände

Jeder von uns kann die beschriebenen Haltungen bei sich selbst wiederfinden. Alle Haltungen sind, wie bereits zuvor angemerkt, notwendig und sinnvoll. Erst alle drei Haltungen zusammen genommen können die Ganzheit einer Person abbilden. Wann, unter welchen Umständen und wie wir sie mobilisieren – in der Sprache der Transaktionsanalyse: mit Energie besetzen –, wird durch unseren Bezugsrahmen bestimmt. Die spezifischen Inhalte unserer Ich-Zustände und die spezifische Art, wie wir sie einsetzen, machen die Individualität eines Menschen aus.

Anders ausgedrückt: Anteile in sich zu entdecken, die sich als „Eltern-Ich" oder „Kind-Ich" kennzeichnen lassen, bedeutet nicht unbedingt, daß wir oder unser Gegenüber, Mitarbeiter oder Vorgesetzter beeinträchtigt oder sogar „pathologisch" wären. Im Gegenteil: Autonomie und autonomes Verhalten sind dadurch gekennzeichnet, daß die „autonome Person" freien, ungestörten

---

[*] Die Abkürzungen EL, ER und K werden im Text dort benutzt, wo wir uns aus Platzgründen kurzhalten müssen. Desgleichen kürzen wir im Text die Bezeichnung der Ich-Zustände in Eltern-Ich, Kind-Ich und Erwachsenen-Ich.

Zugang zu ihren Ich-Zuständen hat. Sie kann sich jeweils frei entscheiden, welchen sie in einer gegebenen Situation einsetzen will, d.h. auch, welchen anderen Ich-Zustand sie zur Förderung und Unterstützung gesunder Funktionen ihres Erwachsenen-Ich-Zustandes mobilisieren will: So kann das Kind-Ich eines Menschen „zu seiner Persönlichkeit genau das beisteuern, was ein tatsächliches, glückliches Kind zum Familienleben beitragen kann" (*Berne* 1977, 149). Der Kind-Ich-Anteil eines Menschen wird daher von vielen Transaktionsanalytikern als Herz jeder Person oder als Quelle der Kraft bezeichnet. Ein Eltern-Ich-Anteil kann die Funktion eines internen führenden Einflusses haben. Es kann wertschätzenden, ja sogar trostspendenden Charakter haben, aber auch zensieren.

Beide Haltungen, Kind-Ich wie auch Eltern-Ich, können das Erwachsenen-Ich und die Autonomie einer Person beeinträchtigen. Übertriebene „elterliche" Kritik sich selbst gegenüber kann ebenso einschränken wie z.B. unangemessener Trotz aus dem Kind-Ich. Beide mindern oder stören die Funktion des Erwachsenen-Ichs, indem sie „angemessene Reaktionen auf die aktuelle Wirklichkeit trüben oder ersetzen" (*Clarkson* 1996, 82).

Ziel aller Entwicklung der Persönlichkeit – sei es durch Coaching oder im Training – ist das Kennenlernen der individuellen Anteile im Kind-Ich und Eltern-Ich, die Unterscheidung ihrer hilfreichen und störenden Kräfte und die Integration der Kind-Ich- und der Eltern-Ich-Anteile in das Erwachsenen-Ich, d.h. die Entwicklung einer *integrierten Persönlichkeit*. Darunter verstehen wir eine biologisch reife Person, deren erwachsene Intelligenzfunktionen voll entwickelt sind, die emotional über ein breites Reaktionsspektrum (*Pathos*) verfügt und sich an einem überprüften Wertesystem (*Ethos*) orientiert und so ihre Bedürfnisse mit den Möglichkeiten ihrer Umgebung in Einklang bringt (nach *Berne* 1961, 242).

Welchem Ich-Zustand wir unser Handeln gerade selber zuordnen können, erkennen wir, wenn wir in uns hineinhören und feststellen, ob wir uns z.B. so wie gerade eben ganz oft und ganz früh erlebt haben (Kind-Ich) oder ob wir uns wahrnehmen, „als ob Mutter jetzt gesprochen hätte" (Eltern-Ich), oder ob wir uns im Kontakt mit uns und der Umwelt im Hier und Jetzt empfinden (Erwachsenen-Ich).

Funktionsmodell der Ich-Zustände Weitere Kenntnisse über die Persönlichkeit vermittelt uns neben dem bisher geschilderten *Strukturmodell* ein zweites Modell, das die Ich-Zustände in ihrer Entfaltung zeigt. Es offeriert weitere Kategorien, mit denen Personen beschrieben werden können. Es erlaubt neue, eigenständige Fragestellungen und erweitert das Verständnis für kommunikative und interaktive Prozesse.

Gemeint ist das sogenannte *Funktionsmodell* (Abb. 3), das unser Augenmerk vor allem auf sechs Ausdrucksqualitäten und Haltungen richtet, die sich immer wieder in den verschiedensten Konstellationen via Worte, Tonfall, Gesten, Körperhaltung oder auch Gesichtsausdruck eines Menschen beobachten lassen. Es beschreibt *„bevorzugte Haltungen"* der zwischenmenschlichen Interaktion, die immer wieder „vorkommen".

Kritischer Eltern-Ich-Zustand (kEL):
konstruktiv sichtbar durch kritische sowie destruktiv sichtbar durch überkritische Verhaltensweisen

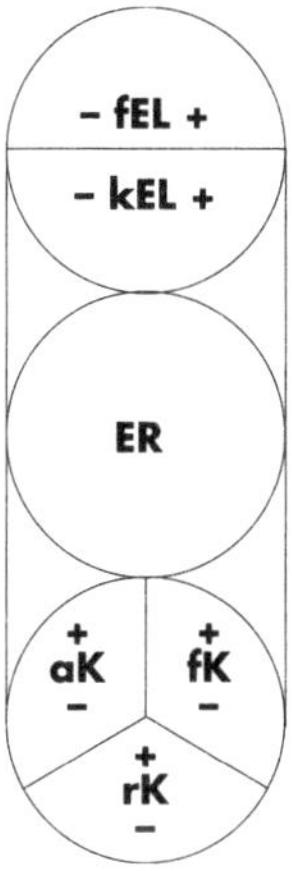

Fürsorglicher Eltern-Ich-Zustand (fEL):
Konstruktiv sichtbar durch fürsorgliche sowie destruktiv sichtbar durch überfürsorgliche Verhaltensweisen

Erwachsenen-Ich-Zustand (ER):
sichtbar durch sachlich klare, beobachtende, analysierende Verhaltensweisen

Angepaßter Kind-Ich-Zustand (aK):
konstruktiv sichtbar durch sinnvolle soziale/angepaßte Verhaltensweisen sowie destruktiv sichtbar durch Überanpassung

Freier Kind-Ich-Zustand (fK):
Konstruktiv sichtbar durch gefühlvolle, lustige sowie destruktiv sichtbar durch rücksichtslose, gefährdende Verhaltensweisen

Rebellischer Kind-Ich-Zustand (rK):
konstruktiv sichtbar durch mutigen und angemessenen Widerstand sowie destruktiv sichtbar durch verstockten oder auftrumpfenden unangemessenen Protest

Abb. 3: Funktionsmodell der Ich-Zustände

Einerseits läßt sich eine elterliche Haltung der Fürsorge, im Modell *fürsorgliches Eltern-Ich* genannt, wahrnehmen, die konstruktiv (+) eingesetzt werden kann. „Mach doch mal Pause", „Du darfst dich ernst nehmen" oder: „Wie Ihre Prioritäten aussehen, können Sie selbst bestimmen" könnten Sätze sein, die man hört, wenn eine Person aus dieser fürsorglichen Eltern-Haltung spricht. Die Stimme dieser Person ist dann liebevoll oder tröstlich, mit ihrem Körper neigt sie sich der anderen Person entgegen. Insgesamt zeigt sich eine Person aus diesem Persönlichkeitsanteil heraus verstehend, sorgend und gebend. Ihr Interesse an anderen Personen läßt sich spüren.

In einem großen Friseursalon arbeitet eine Aussiedlerin aus Rußland als Putzfrau. Die Meisterin sieht, daß die junge Frau viel lernen will und daß sie häufig sehr sinnvolle Fragen stellt, die zeigen, daß sie den betrieblichen Gesamtablauf schnell erfaßt hat. Die Chefin drängt sie daraufhin konsequent liebevoll, einen Deutschkurs zu besuchen, und erteilt ihr auch Aufgaben, die über das reine Putzen hinausgehen. Mit zunehmenden deutschen Sprachkenntnissen zeigt die Aussiedlerin immer mehr Interesse für den Betrieb. Die Meisterin drängt sie deshalb, beim Arbeitsamt zu klären, ob eine Lehre finanziert werden kann. Gleichzeitig ermutigt sie ihre Mitarbeiterin, noch vor der Lehre ihren Führerschein zu machen. Denn dieser ist für die Frau ein Symbol des Vorwärtskommens und würde ihr, ihren eigenen Aussagen nach, bestätigen, daß sie es auch schafft, eine Lehre durchzuhalten.
P.S.: Die junge Frau hat inzwischen ihren Führerschien erworben und einen Lehrvertrag unterschrieben.

Destruktiv (-) kann diese fürsorgliche Haltung zur Entfaltung kommen, wenn übertrieben fürsorgliche und damit andere Menschen bedrängende oder kleinmachende Verhaltensmuster gezeigt werden. Werden z.B. einem Mitarbeiter soeben mit spürbarem Wohlwollen und viel Engagement zum dritten Mal die Schwierigkeiten einer (branchenüblichen) Aufgabe erklärt, so kann das ein Anzeichen für die Negativausprägung des fürsorglichen Eltern-Ichs sein.

Andererseits läßt sich eine *kritisch-einschränkende Seite der Eltern-Haltung* beobachten. Diese kann sich schützend auswirken (+), wenn damit Grenzen gesetzt werden oder vor Gefahr bewahrt wird. Wird beispielsweise mit fester Stimme darauf hingewiesen, daß im ganzen Betrieb nicht geraucht werden darf, oder ein Mitarbeiter deutlich auf die Sicherheitsanforderungen verwiesen, dann sind dies Verhaltensmuster, die dem positiv-kritischen Eltern-Ich zugerechnet werden.

In der Negativausprägung zeigt sich dieser Persönlichkeitsanteil als eine ablehnende, vorwurfsvolle und hemmende Kraft (-). Der mit kritisch-herablassender Stimme gesagte Satz: „Der Aufwand ist ja lächerlich!" oder: „Sie haben zu tun, was man Ihnen sagt!", gesprochen mit einer lauten, ärgerlichen Stimme, dabei die Hände in die Hüften gestemmt oder den Zeigefinger „aufspießend" auf jemanden gerichtet – dies alles sind Ausdrucksweisen aus dem negativ-kritischen Eltern-Ich. Insgesamt zeigt sich eine Person aus diesem Ich-Zustand heraus moralisierend, bewertend und oftmals autoritär.

Als ein junger Außendienstmitarbeiter im Zusammenhang mit der Bestellung seines Firmenwagens ein Cabrio wünscht, antwortet ihm der Vertriebsleiter: „In unserer Firma fährt man im Außendienst kein Cabrio."

Analog der Eltern-Haltung können wir, wenn sich die kindhafte Haltung entfaltet, ebenfalls unterschiedliche Muster von Denken, Fühlen und Verhalten wahrnehmen: Dem sog. *freien Kind-Ich* ordnen wir jene Verhaltensmuster zu, mit denen sich eine Person spontan und frei, sozusagen wie ein Kind ohne kritische „Aufsicht der Eltern", verhält und dabei kreativ und energievoll ist. Die positive Ausprägung (+) dieses Persönlichkeitsanteils zeigt sich in furchtlosem, neugierigem, sinnesfreudigem, zutraulichem und klugem Verhalten, mit dem man das Leben bereichern kann. Wenn jemand beispielsweise nach Abschluß eines Projektes mit entspannter Körperhaltung glücklich lacht und sagt: „Oh Mann, hat das gut hingehauen!", so zeigen sich darin ebenso Verhaltensmuster des freien Kind-Ichs wie in einer heftigen, nicht ganz angemessenen Enttäuschung darüber, daß eine Veranstaltung ausfällt, auf die man sich „ja so gefreut" hatte. In der Negativausprägung (-) kann sich eine Person aus diesem Ich-Zustand heraus auch rücksichtslos oder sogar grausam zeigen und damit die Gesamtperson gefährden, so z.B., wenn Mitarbeiter ohne Rücksicht auf Verluste darum kämpfen, daß der Schichtplan nach ihren Interessen gestaltet wird.

Dem *angepaßten Kind-Ich* sind jene Reaktionsmuster zugeordnet, die sich durch die Auseinandersetzung mit den Anforderungen und den Zuwendungsmustern privater wie beruflicher Erziehungspersonen (angefangen bei den Eltern über Lehrer und Pastor bis hin zum Lehrherrn ...) entwickelt haben. Diese Reaktionsmuster können freundlich, zuvorkommend, brav und angepaßt oder auch leidvoll, stöhnend und mißmutig sein. Positiv (+) zeigt sich dieses Verhalten, wenn jemand Erwartungen erfüllt, die ihm selbst nützlich sind, z.B. mit Freude die notwendige Leistung vollbringt oder sehr hilfsbereit die Tischdekoration für die Weihnachtsfeier der Abteilung übernimmt, um die sich alle anderen drücken. Einschränkend (-) zeigt sich das angepaßte Kind-Ich, wenn eine Person z.B. meint, die (vermeintlichen) Anforderungen der anderen erfüllen zu müssen, jedoch unter der Last zusammenbricht und krank wird. Sowohl „Alltags"bemerkungen wie: „Na, wenn's denn sein muß", „Bleibt ja gar nichts anderes möglich", „Es trifft ja doch immer die Kleinen" gehören in diese Kategorie wie auch Hinweise der Art, daß sich jemand weinerlich und unangemessen entschuldigt, dabei die Augen gesenkt hält und die Schultern hängen läßt oder stöhnend und fluchend über die „mißlichen" Arbeitsbedingungen „mosert", die er selber als Mitglied des Betriebsrates „mitbeschlossen" hat. Typisch ist auch die häufig gehörte Aussage: „Wir hier unten können ja gar nichts machen, wenn die da oben nichts ändern."

In der *trotzig rebellischen* Ausprägung, die viele Transaktionsanalytiker und auch wir als eigenständige sechste Kategorie in diesem Modell ansiedeln, kann eine Person beispielsweise aus lauter Rebellion eigene Vorteile außer acht lassen bzw. Formen negativer Zuwendung heraufbeschwören. Der mit gespannten Schultern und geballten Händen hervorgebrachte Satz: „Ich laß mir von anderen nicht helfen, selbst wenn ich dabei draufgehe" ist der rebellischen Haltung ebenso zuzuordnen wie die empörte Antwort eines gewerblichen Mitarbeiters: „Bin ich denn hier als Putze tätig?" oder der betonte „Dienst nach Vorschrift" nach einer unbefriedigenden Auseinandersetzung. Das wären Negativbeispiele (-) des rebellischen Kind-Ichs. Die positive Seite von Trotz und Rebellion (+) zeigt sich z.B. in der Kraft, die oftmals aus einem „trotzdem" oder „dennoch" resultiert und manchem mißlich oder gar aussichtslos aussehendem Projekt doch noch den notwendigen Kick bzw. Drive zum Erfolg versetzt. „Komm, denen zeigen wir's" kann man nicht nur am Band, sondern auch in Vorstandsetagen hören.

Bei genauer Betrachtung wird allerdings schnell deutlich, daß beide Haltungen, die angepaßt beflissene wie die trotzig rebellische Seite, wenig bis gar keine Eigenständigkeit beinhalten, sondern auf geäußerte oder phantasierte Anforderungen „antworten". Deshalb kann man bei beiden Kategorien von einer *reaktiven Haltung* oder einem *reaktiven Kind* sprechen.

Obwohl von elementarer Wichtigkeit für die Beobachtung und Beschreibung menschlichen Verhaltens, wird das *Erwachsenen-Ich im Funktionsmodell* nicht weiter differenziert. Verhalten dieser Kategorie läßt sich z.B. beobachten, wenn Menschen sich interessiert, beobachtend, analysierend oder erläuternd verhalten. Die Augen sind wachsam, das Gesicht hat einen offenen Ausdruck, Fragen werden mit einer aufrechten Körperhaltung gestellt. „Nach Lage der Dinge werde ich meinen Urlaub um einen Monat verschieben" ist ebenso eine Aussage aus einer erwachsenen Haltung wie: „Ich brauche jetzt Ruhe, um morgen wieder fit zu sein."

Der gleichen Haltung entspricht beispielsweise der klare und deutliche Hinweis an einen Mitarbeiter im Beurteilungsgespräch, daß dieser mit seiner jetzigen beruflichen Qualifikation optimal den betrieblichen Anforderungen entspreche und daß jede weitere Qualifikation – der Mitarbeiter besucht gerade die Meisterschule – unter den gegenwärtigen strukturellen Bedingungen nur noch außerhalb dieses Betriebes Nutzen bringen könne.

Auch die mit dem Funktionsmodell beschriebenen Formen menschlichen Denkens, Fühlens und Handelns kann jeder an sich selbst beobachten. Auch hier entscheidet unser Bezugsrahmen darüber, welchen funktionalen Ich-Zustand – das heißt: welche Haltung – wir in einer spezifischen Situation mit Energie besetzen. Das entspricht der Tatsache, daß jeder von uns seine, von seiner eigenen Geschichte geprägte typische Art und Ausformung, seine ganz persönliche Haltung besitzt.

Beide Arten von Bausteinen, die Inhalte der Ich-Zustände und ihre Funktionsweise sind zugleich Elemente des Bezugsrahmens, der das Zusammenspiel der Ich-Zustände in übergreifender Weise organisiert. Er bewirkt ebenso den Gebrauch bevorzugter Ich-Zustände in spezifischen Situationen wie auch den „Switch" in andere Ich-Zustände als Reaktion auf innere oder äußere Ereignisse.

Ein Personalleiter, der überwiegend aus seinem positiv-fürsorglichen Eltern-Ich agiert, regt ein neues Beurteilungssystem an, durch das gleichzeitig wachstumsfördernde Feedbackgespräche zwischen Vorgesetzten und Mitarbeitern in Gang gebracht werden können. Er präsentiert das System im Leitungsteam, erntet aber starke Kritik hinsichtlich des Zeitaufwandes, das es benötigt. Darauf wechselt er in eine rebellische Haltung, räumt seine Unterlagen zusammen und sagt: „Na, dann war's das eben." – Es war dem diplomatischen Geschick seiner Kollegen zu verdanken, daß das Thema wieder aufgegriffen und zu einem erfolgreichen Ende gebracht wurde.

1.4 Bezugsrahmen und übergreifende Systeme

Bisher haben wir fast ausschließlich von einzelnen Personen gesprochen. Alles, was wir gesagt haben, kann jedoch auch auf *Gruppierungen*, z.B. ein Team, eine Abteilung oder sogar ganze Organisationen angewandt werden. Einerseits können wir beispielsweise einzelne Mitglieder eines Teams hinsichtlich ihrer Art, wie sie miteinander reden und umgehen, mittels des Funktionsmodells beschreiben und miteinander vergleichen. Dabei stellen wir vielleicht fest, daß zum Team viele Personen vom Typ „Herr L." (ER) gehören, oder auch, daß es viele (angepaßte) Ja-Sager (aK), einige „Rebellis" (rK) und wenige führende Köpfe gibt, die zudem untereinander zerstritten sind (kEL).

Andererseits lassen sich auch ganze Abteilungen oder sogar „die Firma" auf die Ausprägung von bestimmten Ich-Zustands-Strukturen hin untersuchen. Setzen wir diese Brille auf – und das meint es, ein Modell wie die Ich-Zustände zu benutzen –, so fällt uns z.B. auf, daß das Controlling einer Firma öfters mehr elterliche Haltungen zeigt, während das Handeln einer technischen Abteilung eher durch den Erwachsenen-Ich-Zustand gekennzeichnet ist. Kind-Ich gesteuertes, kreatives Verhalten finden wir eher in einer Marketing-Abteilung. Das heißt jedoch nicht, daß die anderen Ich-Zustände in den jeweiligen Abteilungen nicht verfügbar wären, sondern, daß wir bei unserer

Sicht auf eine größere Einheit ein besonders hervorstechendes und charakte-
risierendes Merkmal beschrieben haben.

1.5 Wachstum und Veränderung

Wie bereits mehrfach angemerkt, besteht ein reger Austausch zwischen den
Ich-Zuständen einer Person, den wir uns z.B. in Form eines „inneren Dialo-
ges" (S. 42ff) vorstellen können. Dabei gilt das Erwachsenen-Ich als Vermitt-
ler zwischen den elementaren Bedürfnissen, die die kindhaften Anteile unmittelbar zum Ausdruck bringen und befriedigen möchten, und den Geboten
der „Elternposition" (Eltern-Ich), welche diesen manchmal widerstreben. Das
heißt, die „Erwachsenen-Haltung" ist für eine sinnvolle und realitätsbezogene
Lebensgestaltung unentbehrlich. Ja sogar noch mehr: Die unbeeinträchtigte
Fähigkeit, in kritischen Situationen die „Erwachsenenperson" aktivieren und
nutzen zu können, kann lebenswichtig und -erhaltend sein (*Schlegel* 1993,
155).

Ziel individueller persönlicher Entwicklung Damit ist nochmals das Ziel individueller persönlicher Entwicklung angesprochen. Im Rahmen transaktionsanalytischer Arbeit (Beratung, Training,
Supervision) lernen Menschen, mit Hilfe ihres Erwachsenen-Ichs zu entscheiden, welche Haltung sie nutzen wollen, um Bedürfnisse zu befriedigen
und/oder Probleme zu lösen. In diesem Zusammenhang lernen sie gleichzeitig
auch ihre eigenen Einschränkungen im Gebrauch ihrer Ich-Zustände (z.B.
durch Trübungen, Ausschluß, Befangenheit oder Vorherrschaft) kennen.
Denn wie bereits zuvor angesprochen, ist der unbeeinträchtigte Nutzen keineswegs selbstverständlich. Bevor wir jedoch näher auf einzelne Formen von
Beeinträchtigung eingehen, wollen wir etwas zu unserem generellen Verständnis von Beeinträchtigungen, Störungen, Problemen etc. im menschlichen
Denken, Fühlen, Hoffen und Handeln sagen.

Nach unserer Überzeugung gehören Probleme, Störungen und Beeinträchtigungen genauso zum Menschsein wie Fähigkeiten, Fertigkeiten und die sonstige Fülle von Ressourcen. Dabei kann die Spannbreite der Beeinträchtigungen vom körperlichen Unwohlsein (z.B. Magenschmerzen) und der damit
einhergehenden Einschränkung von Konzentration und Durchhaltevermö-
gen bis hin zu psychischem Unwohlsein infolge – subjektiv empfundener –
Leistungsmängel reichen. Beispiele dafür sind „berechtigte" wie „unberechtig-
te" Angst vor der nächsten öffentlichen Präsentation, Angst vor Leistungsein-
bußen infolge Alter und/oder Krankheit, aber auch unnachgiebig vertretene
Vorurteile und Besserwissertum und/oder vorauseilender Gehorsam. Anteile

dieser nur unvollkommen aufgelisteten Spannbreite kennen wir alle in der einen oder anderen Form. Sie gehören zur Normalität des Menschseins.

Die Transaktionsanalyse – und wir mit ihr – trägt dieser Tatsache dadurch Rechnung, daß bewußt jede exakte Grenzziehung zwischen dem, was „normal" oder „gesund" bzw. in der Umkehrung „krank" oder „anormal" genannt wird, unterbleibt. Statt dessen nehmen wir fließende Übergänge an und betonen die Fähigkeit jedes Menschen zu Wachstum und Selbstverwirklichung. Autonomie bleibt für uns alle das erstrebenswerte Ziel menschlicher, d.h. privater wie professioneller Selbstverwirklichung. Mit diesem Ziel werden alle Menschen eingeladen, Veränderungen im eigenen Denken, Erleben, Hoffen und Handeln einzuleiten, sich von Beeinträchtigungen ihrer Erlebnis- und Verhaltensmöglichkeiten zu befreien, ihr Leben zu bereichern und ihre mitmenschlichen Beziehungen konstruktiver – in der Sprache der Transaktionsanalyse: intimer – zu gestalten. D.h., wir sind der festen Überzeugung, daß Wachstum nur durch Veränderung geschehen kann und daß psychophysische – Körper, Geist und Seele umspannende – Optimierung privat und professionell erstrebenswert ist.

1.6 Veränderungen: Ja – aber wie?

Der für Veränderungen/Optimierungen notwendige Prozeß umfaßt mindestens drei Aspekte:

➤ *Bewußtmachen der eigenen Muster,*
➤ *Erarbeiten der Veränderungen* (Ziele, Art, Umstände),
➤ *Einüben der Veränderungen.*

In der Arbeit mit einzelnen Teams und Trainingsgruppen bieten wir dazu ebenso Übungen zur Selbsterkenntnis wie auch Veränderungs- und Optimierungsstrategien unterstützende Maßnahmen und Übungen zum Alltagstransfer an.

1.6.1 „Betriebsausflug" oder:
Rollenspiel der Ich-Zustände

Nachdem wir z.B. den Teilnehmern an einem Führungskräftetraining das Funktionsmodell (S. 20ff) und seine Möglichkeiten zur Beschreibung interaktiven Verhaltens erklärt und beschrieben haben, bitten wir sechs Teilnehmer, sich für eine kleine spielerische Übung zur Verfügung zu stellen. Draußen, vor der Tür des Tagungsraumes, instruieren wir sie, sie seien die Mitglieder eines Festkomitees, das den nächsten Betriebsausflug zu planen und zu organisieren hätte. Inhalt, Ablauf und Form des Betriebsausfluges seien vollständig ihnen überlassen. In dem jetzt folgenden Rollenspiel sollen sie jeweils ca. fünf Minuten lang einen bestimmten Ich-Zustand „einnehmen" und sich entsprechend verhalten. Dazu bekommen sie eine Anweisungskarte mit Verhaltensmerkmalen. Auf ein Zeichen des Spielleiters müssen sie ihre Rollenanweisung jeweils an ihren rechten Nachbarn weitergeben, worauf das Spiel ohne Spielunterbrechung, aber aus den neuen Ich-Zuständen heraus, weitergehen soll. Die Übung sei dann beendet, wenn jeder einmal jede der sechs Rollen innegehabt habe.

Daraufhin verteilen wir die *Rollenanweisungen*, die sich unschwer den Ich-Zuständen des Funktionsmodells zuordnen lassen:

ROLLENSPIEL DER ICH-ZUSTÄNDE
(Übungsbeispiele)

Kritisches Eltern-Ich

Spielen Sie bitte eine kritisierende und kontrollierende Person:

➤ Sie kritisieren andere.
➤ Sie verhalten sich „oberlehrerhaft".
➤ Sie sind ironisch.
➤ Sie wissen ganz genau, was „man" tut oder läßt.
➤ Sie fordern (was auch immer).
➤ Sie wissen nicht nur alles, Sie wissen es vor allem besser.

Ihr Verhalten insgesamt: die/der Überlegene

Fürsorgliches Eltern-Ich

Spielen Sie bitte eine wohlwollend fürsorgliche Person:

➤ Sie sind verständnisvoll.
➤ Sie kümmern sich um die Bedürfnisse anderer.
➤ Sie beruhigen.
➤ Sie bemühen sich um Ausgleich und Harmonie.
➤ Sie ermutigen andere.
➤ Sie sind mitfühlend und tröstend.

Ihr Verhalten insgesamt: die/der Fürsorglich-Liebevolle

Erwachsenen-Ich

Spielen Sie bitte eine Person, die sich an Fakten orientiert:

➤ Sie holen sich Informationen, z.B. mit W-Fragen (was, wann, wo, wie, wer ...).
➤ Sie ordnen und systematisieren.
➤ Sie geben Informationen.
➤ Sie bewerten Wahrscheinlichkeiten.
➤ Sie argumentieren situationsspezifisch auf Basis der Fakten.

Ihr Verhalten insgesamt: der/die klare DenkerIn

Angepaßtes Kind-Ich

Spielen Sie bitte eine Person, die sich anpaßt:

➤ Sie tun, was Ihnen gesagt wird.
➤ Sie widersprechen nicht, auch wenn Sie es anders sehen.
➤ Sie bemühen sich, es anderen recht zu machen.
➤ Sie zeigen, wie sehr Sie sich anstrengen.

Ihr Verhalten insgesamt: die/der total Angepaßte

Rebellisches Kind-Ich

Spielen Sie bitte eine Person, die aus Prinzip dagegen ist:

➤ Sie stellen alles in Frage, was gesagt wird.
➤ Sie beharren auf Ihrem Nein.
➤ Sie sind trotzig und rebellieren.

Ihr Verhalten insgesamt: die/der Trotzig-Rebellierende

Freies Kind-Ich

Spielen Sie bitte eine Person, die unbefangen und spontan mit der Situation umgeht:

➤ Sie sagen und zeigen, was Sie denken und fühlen.
➤ Sie sind kreativ.
➤ Sie haben unkonventionelle und konstruktive Ideen.
➤ Sie sagen nein, wenn etwas für Sie nicht OK ist.

Ihr Verhalten insgesamt: die Person, die sich unbefangen die größtmögliche Freiheit nimmt

© Ute & Heinrich Hagehülsmann

Abb. 4: Anweisung zum Rollenspiel der Ich-Zustände

Dabei bitten wir die Teilnehmer, beim Einnehmen ihrer Plätze in einem In-
nen-Stuhl-Kreis darauf zu achten, daß die Rollen möglichst „durcheinander"
sitzen.

Während die Spieler vor der Tür instruiert werden, hat der andere von uns –
wenn wir einzeln arbeiten, geschieht das zeitlich nacheinander – für jeden
Mitspieler jeweils einen oder mehrere Beobachter eingewiesen. Diese erhalten die Aufgabe, im anschließend aufgeführten Rollenspiel die verschiedenen
Rollen ihres Spielers zu identifizieren und sich gleichzeitig mit der Reihenfolge
der Rollen auch zu merken, welche Rolle besonders gut (kraftvoll, ausdrucks-
voll, engagiert, beredt, witzig etc.) und welche Rolle eher schlecht (unenga-
giert, schweigsam, lustlos etc.) gestaltet wurde.

Danach beginnt das Rollenspiel, dessen Ablauf in aller Regel allen Beteiligten
– Spielern wie Beobachtern – viel Spaß macht. Dabei kann der Spielleiter die
Dynamik des Ablaufs ein wenig dadurch beeinflussen, daß er je nach Rede-
fluß und Interaktionsgeschehen zwischen 3-6 Minuten pro Rollenanweisung
Zeit läßt.

Ist das Rollenspiel beendet, bitten wir die Spieler, (in frei wählbarer Reihenfolge) jeweils ihre letzte Rollenanweisung laut vorzulesen und anschließend ihrerseits anzugeben, welche Rolle ihnen besonders zugesagt und welche Rolle
ihnen am wenigsten gelegen hat. Diese Aussagen (= Selbstbild) werden dann
mit den Wahrnehmungen des/der Beobachter(s) (= Fremdbild) verglichen.
Manchmal fügen wir auch unsere Beobachtungen als Spielleiter hinzu, die wir
einfach dadurch gewinnen, daß wir die Häufigkeit der Äußerungen jedes
Spielers in jeder seiner Rolle per Strich in ein entsprechendes Schema ein-
zeichnen. Unsere Erfahrung zeigt nämlich, daß die Häufigkeit, in der sich ein
Spieler aus einem Ich-Zustand äußert, sich zu Aussagen darüber nutzen läßt,
welche Rolle ihm/ihr am meisten bzw. am wenigsten liegt. Das Beobachtungsblatt könnte wie folgt aussehen:

Name	Spielfolge					
Theo	ER 卌 卌 卌 III 18	kEL IIII 4	rK II 2	fEL 卌 III 8	fK III 3	aK IIII 4
Angela	aK 卌 卌 III 13	ER 卌 III 8	kEL II 2	rK I 1	fEL 卌 卌 卌 II 17	fK
Udo	aK 卌 卌 IIII 14	aK	ER 卌 IIII 9	kEL I 1	rK 卌 II 7	fEL III 3
Eberhard	fEL III 3	fK I 1	aK II 2	ER 卌 卌 10	kEL 卌 卌 卌 15	rK I 1
Uschi	rK 卌 I 6	fEL IIII 4	fK IIII 4	aK III 3	ER 卌 II 6	kEL 卌 卌 卌 15
Winfried	kEL 卌 5	rK II 2	fEL 卌 5	fK I 1	aK 卌 II 7	ER 卌 卌 10

Abb. 5: Beobachtungsblatt zum „Rollenspiel der Ich-Zustände"

In der Auswertung ergeben sich oftmals bemerkenswerte Effekte: Wenn Selbst- und Fremdbild nicht übereinstimmen, kommt es zu einem interessantem Austausch, wobei wir die Beobachter immer wieder auffordern, ihre Eindrücke und Wahrnehmungen möglichst mit konkreten Daten (Mimik, Gestik, Körperhaltung, Wortwahl, Wortfolgen) zu untermauern. – Oftmals zeigen Spieler eine Intensität und Brillanz in einigen Rollen, die man in ihrem Alltagsverhalten niemals vermutet hätte. So fühlt sich z.B. manch eine(r) „endlich mal berechtigt", trotzig, zickig und selbstsüchtig zu sein oder den Oberlehrer zu spielen, wie er im Buche steht. Andererseits gibt es auch Personen, die jede dieser Rollen „umfunktionieren". D.h., daß sie in jeder dieser Rollen immer den gleichen Ich-Zustand, z.B. ihre Überfürsorglichkeit, mobilisieren, so daß der Eindruck entsteht, daß die Spielanweisungen nur als Maske für die darunter liegende konstante Ich-Zustand-Haltung dienen.

Darüber hinaus kommt es zu Aha-Erlebnissen durch (Wieder-)Erkennen von Verhaltensmustern von Kollegen, Vorgesetzten und Mitarbeitern sowie den eigenen Ich-Zustand-Präferenzen im betrieblichen Alltag.

Am Ende stellen wir jedem Rollenspieler die Frage, ob er etwas aus diesem Spiel an Veränderung in seinen Alltag übernehmen wolle und was das sein könnte. Dabei betonen wir, daß Veränderung immer auch Ressourcen stimuliert. Wir fragen dann z.B., ob er die Rolle des Trotzig-Rebellischen, die er hier so mitreißend gestaltet habe, die er sich aber – seiner eigenen Aussage nach – im Alltag nie erlaubt, künftig auch manchmal zumindest ansatzweise im Alltag einnehmen wolle und/oder ob er vielleicht Lust habe, dieses Vorhaben probeweise im jetzt laufenden Workshop zu üben, um möglichst unbeschadet Erfahrungen sammeln zu können.

Damit haben wir einen ersten Schritt der Veränderungsfolge getan: Der Teilnehmer kann sich seiner eigenen Muster, hier besser: seiner eigenen Vorlieben, Stärken und Schwächen in der Ausfüllung von Ich-Zuständen bewußt werden. Wir haben darüber hinaus mit der – transaktionsanalytisch üblichen – Frage: „Willst du/Wollen Sie etwas daran ändern?" den Veränderungsprozeß (zweiter Aspekt) eingeleitet und das Angebot gemacht, daß der Teilnehmer auch den dritten Schritt tun kann. Ob und wie intensiv er ihn tun will, bleibt weiteren ermunternden und unterstützenden Gesprächen, in jedem Fall aber der Entscheidung des Teilnehmers überlassen.

1.6.2 Individuelle Energieverteilung zwischen den Ich-Zuständen

Im zuvor beschriebenen Rollenspiel ist bereits in spielerischer Weise sichtbar geworden, daß jeder von uns die funktionalen Ich-Haltungen mit mehr oder weniger Energie besetzen kann. Im Alltag ist diese Energieverteilung deutlich als Muster zu erkennen, das als persönliche Haltung oder persönlicher Stil wahrgenommen wird.

Egogramm Um diese Muster bewußtzumachen, benutzen wir eine graphische Darstellung des Funktionsmodells, die nach *F. Dusay* (1972, 1977) als *Egogramm* bezeichnet wird. Sie veranschaulicht, wie oft jemand seine verschiedenen Ich-Zustände mit Energie zu besetzen, d.h. zu aktivieren pflegt. In Blockform gezeichnet, gibt das Egogramm beispielsweise Auskunft darüber, welche Ich-Zustände jemand bevorzugt und welche er im Gegenteil nur selten gegenüber seinen Mitmenschen und/oder im Privatbereich einsetzt.

Die Zeichnung eines Egogramms, zu der wir entsprechend vorbereitete Schemata (Abb. 6) anbieten, beginnt am zweckmäßigsten mit der Einschätzung des Ich-Zustandes, der gegenüber den anderen am häufigsten zur Wirkung kommt; es folgt der, der am seltensten aktiviert wird, und schließlich alle anderen Ich-Zustände. Dabei kann man entweder die eigene Person oder im

Sinne von Rückmeldung auch eine anderen Person einschätzen. Nach *Schlegel* (1993, 56) kann oft auch die Frage: „In welchem Ich-Zustand fällt es mir (ihm) am leichtesten (schwersten), ... zu sein?" hilfreich sein, ein Egogramm zu beginnen.

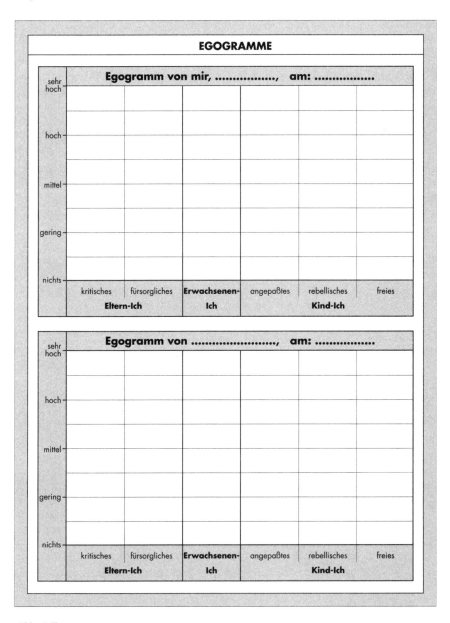

Abb. 6: Egogramme

Im Rahmen einer Teamentwicklungsmaßnahme arbeiten Herr P. und seine Sekretärin, Frau A., gemeinsam mit dem Egogramm, um sich ihre Beziehung zu verdeutlichen. Herr P. ist der neue Abteilungsleiter, der vor einem Vierteljahr für das Controlling „extern eingekauft" wurde. Er erscheint bis jetzt gleichbleibend herablassend, kritisch, oftmals besserwisserisch sowie klar denkend und eiskalt kalkulierend. In der persönlichen Begegnung ist er von formeller Freundlichkeit, womit er die anderen auf Distanz hält. Dabei ist er ein As auf seinem Gebiet, das brillante Analysen der Kostensituation geradezu „aus dem Ärmel schüttelt", wofür er viel Anerkennung erhält, die ihn jedoch nicht „zu kratzen" scheint.

Er hat Frau A., seine Sekretärin, aus der alten Firma mitgebracht. Im Gegensatz zu ihm erscheint sie eher als „graue Maus". Nicht daß sie schlecht aussähe, aber sie kleidet sich konservativ und ohne Pfiff, zeigt meist eine traurig-angstvolle oder aber eine beleidigte Miene und redet in Gesprächen sowie am Telefon so leise, daß man sie nur schwer verstehen kann. Dabei ist sie sehr zuverlässig und hat ein enormes Gedächtnis für alles, was im Betrieb passiert, eine Tatsache, auf die Herr P. gerne zurückgreift.

Herr P. und Frau A. zeichnen für sich jeweils folgendes Egogramm:

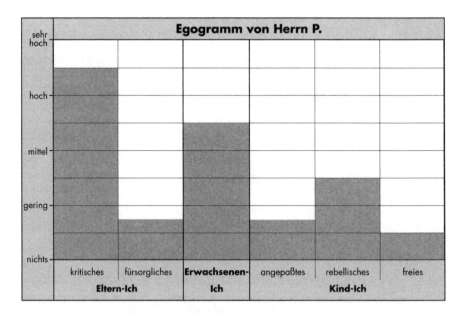

Abb. 7: Egogramm von Herrn P.

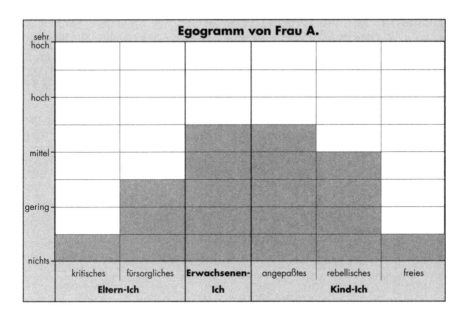

Abb. 8: Egogramm von Frau A.

Im Gespräch über ihre Egogramme traut sich Frau A., Herrn P.s Zeichnung zu bestätigen und ihm zu sagen, daß sie ihn tatsächlich häufiger als kritisch und herablassend empfände und sich von ihm mehr wohlwollende Fürsorglichkeit wünsche. – Herr P. nutzt die Situation seinerseits ebenfalls zur Beziehungsklärung und macht deutlich, daß das angepaßte Verhalten von Frau A. ihn oft reizt und zur Herablassung herausfordert.

Dieses Beispiel macht deutlich, wie wir die Konzepte der Ich-Zustände nicht nur zum Erkennen individueller Strukturen nutzen, sondern auch, wie hier, zur Beziehungsklärung einsetzen können.

Bei unserer Arbeit mit Egogrammen erleben wir immer wieder, daß Menschen ein klares Bild ihrer eigenen Haltungen sowie gleicherweise auch von der Haltung und dem Stil der anderen haben. Dabei ergibt sich nur relativ selten eine große Diskrepanz zwischen Selbst- und Fremdbild, zumal wenn Teams oder auch Trainingsgruppen lange genug beisammen sind und miteinander arbeiten. Das Egogramm kann dieses Wissen handhabbar machen, indem es Anlaß zu unmittelbarer Rückmeldung ohne Wahrheitsanspruch bietet. Denn wir betonen immer wieder – und auch an dieser Stelle –, daß Modelle und Konzepte uns nur Hinweise und (möglicherweise) neue Blickwinkel eröffnen können, keineswegs aber die Wahrheit über uns oder unsere Kollegen, Mitarbeiter, Untergebene, kurz Mitmenschen offenbaren. Der explizite

Hinweis auf diese Tatsache kann u.E. nicht oft genug wiederholt werden, da sonst neben der Verletzungsgefahr und möglichen Beschämung für einzelne Personen gerade in Seminaren leicht eine ungute, kritisch-bewertende Atmosphäre entsteht, die Wachstum und Entwicklung entgegensteht.

Eine immer wieder auftretende Erfahrung, von der beispielsweise auch Teilnehmer – die ihre Egogramme in der Regel in Kleingruppen besprechen – berichten, ist die situative Abhängigkeit dieses Instruments: Z.B. ergeben sich oft, aber keineswegs immer, unterschiedliche Egogramme, je nachdem, ob eine berufliche oder private Situation eingeschätzt wird. Dennoch gibt es so etwas wie eine übergreifende Haltung, eine Art generelle Verteilung der Ich-Zustands-Energien.

Das Egogramm, das Herr P. für sein Verhalten im familiären Umfeld und unter verläßlichen Freunden zeichnete, läßt eine andere Energieverteilung seiner Ich-Zustände erkennen:

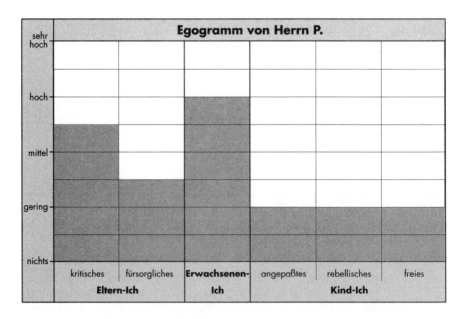

Abb. 9: Egogramm von Herrn P. im häuslichen Umfeld

Darüber hinaus kennen wir die lebenszeitliche Ausprägung von Ich-Haltungen, die im Egogramm sichtbar werden kann. So berichten TeilnehmerInnen manchmal von langsam verlaufenen, aber auch dramatischen Änderungen in der Energiebesetzung ihrer Ich-Zustände in verschiedenen Lebensaltern. Nach unserer Erfahrung kann ein solcher Wechsel der Energieverteilung in den Ich-Zuständen auch am Ende von länger dauernden Trainings – z.B. geschah das im Zuge eines sogenannten Management Development Programms, das mit unterschiedlichen Kursbausteinen insgesamt über zweieinhalb Jahre lief – oder nach sehr intensiven Coaching-Prozessen der Fall sein.

Manchmal berichten Teilnehmer jedoch von „immensen" Diskrepanzen im Vergleich von Selbst- und Fremdbild. Dabei werden diese Diskrepanzen besonders in der kritischen und/oder fürsorglichen Haltung des Eltern-Ichs und in der angepaßten Haltung des Kind-Ichs ausgemacht. Das ist keineswegs ungewöhnlich. Denn manche Person, die die anderen von außen als „sehr wohlwollend" und „fürsorglich" erleben, kritisiert sich und ihr Verhalten innerlich in starkem Maße z.B. als „völlig unzulänglich", als „Schau", als „Ablenken von den eigenen Schwächen" etc.. Daher schätzt sie sich bei den Kategorien „fürsorgliches Eltern-Ich" niedrig und bei „kritisches Eltern-Ich" sehr hoch ein. Im Wissen um diese „interne Wirklichkeit" (welchen Ich-Zustand jemand am häufigsten oder seltensten *in sich* aktiviert erlebt), die keineswegs mit der äußeren Erscheinung und Wirkung auf andere übereinzustimmen braucht, sprechen wir daher von einem *Endogramm* (*Schlegel* 1993, 56) oder, wie *Dusay* selbst, von einem *Psychogramm*. Deshalb haben wir ein Veranschaulichungs-Schema entwickelt, das zu beiden Einschätzungen anregt:

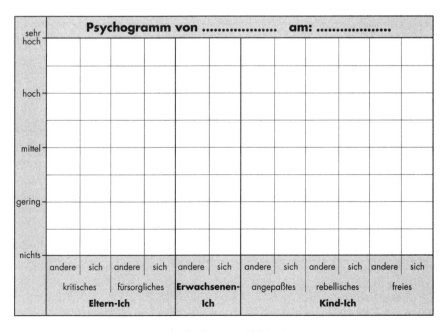

Abb. 10: Psychogramm (*Dusay*) oder Endogramm (*Schlegel*)

Auch bei der Arbeit mit Egogrammen stellen wir die Frage: „Willst du/Wollen Sie etwas verändern?" Dabei geht es – entsprechend dem bekanntem Lerngesetz „Neues lernen ist einfacher als Altes verlernen" – nicht primär darum, bestimmtes Verhalten vorsätzlich aufzugeben, sondern darum, einen erwünschten, bislang „vernachlässigten" Ich-Zustand häufiger zu „aktivieren". Denn dann werden automatisch andere Ich-Zustände weniger häufig aktiviert. Nach *Dusay* gilt nämlich die sogenannte *„Konstanzhypothese"*, die von einer begrenzten Menge psychischer Energie ausgeht, die sich nur anders umverteilen, nicht aber grundlegend oder wesentlich erhöhen (oder auch reduzieren) läßt. Daß durch diese Methode der Aktivierung tatsächlich neues Denken, Erleben und Handeln gelernt wurde, ist uns oftmals bestätigt worden.

Neben der individuellen Nutzung lassen sich Egogramme von Personen, die zusammenleben und/oder zusammenarbeiten, wie z.B. Frau A. und Herr P., auch miteinander vergleichen und in Beziehung setzen. Auf diese Weise kann man Gemeinsamkeiten und Unterschiede oder auch Möglichkeiten gegenseitiger Ergänzung bzw. mangelnden Zusammenspiels feststellen.

Die individuellen Egogramme von Frau A. und Herrn P. aufgreifend, läßt sich das „Zusammenspiel" wie folgt veranschaulichen:

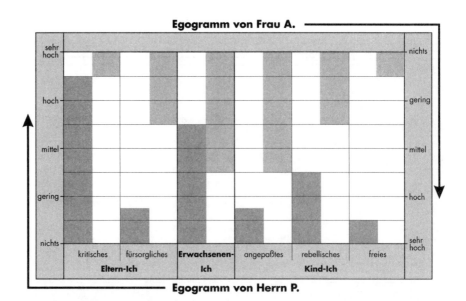

Abb. 11: Egogramm von Frau A. und Herrn P. im Vergleich

Wie die Illustration zeigt: Herr P. und Frau A. „können miteinander". Vor allem in den kritischen Dimensionen, nämlich der kritischen Eltern-Haltung und der rebellischen Kind-Haltung, kommen sich beide nicht ins Gehege. Hinsichtlich der bei beiden gut entwickelten Erwachsenen-Haltung dürfte die Überschneidung zu (erlebter) Gemeinsamkeit führen, weil andererseits aufgrund der Verteilung der Eltern-Ich-Anteile klar ist, wer die Richtung und/oder „richtig" und „falsch" bestimmt.

Das widerspricht nicht dem Ergebnis der zuvor (S. 34f) beschriebenen Beziehungsklärung. Denn die Tatsache, daß sich beide „nicht ins Gehege kommen", heißt nicht, daß die Beziehung autonom ist – wir werden darauf bei den sogenannten symbiotischen Mustern im einzelnen zu sprechen kommen (siehe Kap. 8). Eine solche komplementäre Beziehung wie zwischen Frau A. und Herrn P. bedeutet auch nicht, daß keine Unzufriedenheit, Ungereimtheiten oder Verletzungen zwischen beiden vorkommen. Insofern ist die Beziehungsklärung ein Schritt in Richtung Autonomie. Mag sein, daß dieser Schritt schneller geschehen würde, wenn beide ein hohes kritisches – siehe folgendes Beispiel – oder beide ein hohes angepaßtes Potential besäßen und es deshalb eher „kracht".

In einer Projektgruppe aus Marketing und Vertrieb besitzen mehrere Mitglieder ein hoch mit Energie geladenes kritisches Eltern-Ich sowie ein gerütteltes Maß an rebellischer Energie. Alle verfügen über ausreichend Erwachsenen-Ich, und alle haben ihre Kind-Ich-Haltung in den angepaßten, nicht aber in den freien Anteilen verfügbar.

Veranschaulicht könnte das so aussehen (wobei wir die Darstellung auf zwei Protagonisten jeder Gruppe beschränken):

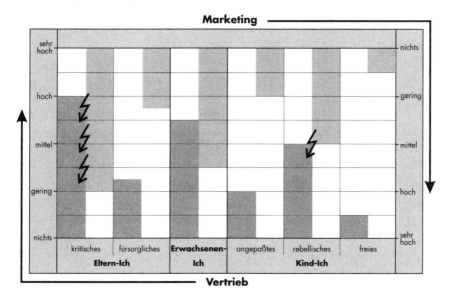

Abb. 12: Vergleichendes Egogramm zweier Projektmitarbeiter

Die hier sichtbaren Überschneidungen im kritischen Eltern-Ich-Zustand dürften wahrscheinlich innerhalb der Gruppe zu erheblichen Richtungs- und/oder Meinungskämpfen führen, wobei beide Seiten ihre rebellischen Anteile zur Schützenhilfe nutzen. – Sollte jedoch ein Außenfeind auftreten, z.B. der Einkauf im Projekt mitreden wollen, oder eine Außendarstellung nötig werden, so könnten alle ihre kritischen Fähigkeiten und ihren Kampfesmut zusammenfassen und gegen den „gemeinsamen Außenfeind" mobil machen. Darüber hinaus läßt sich anhand des Diagramms vermuten, daß die Projektgruppe, wenn sie nicht gerade streitet, hart arbeitet (= wenig freie Kind-Anteile) und man dabei wenig Rücksicht aufeinander nehmen wird (wenig fürsorgliches Eltern-Ich).

In einer Projektgruppenberatung würden wir auch hier an der Erweiterung der bisher wenig mobilisierten Haltungen ansetzen: D.h., wir würden alles unterstützen, was zu mehr gegenseitiger Fürsorglichkeit und mehr Lebensfreude führt. Für beide Richtungen würden wir konkrete Maßnahmen (z.B. Feedback-Regeln, regelmäßige Jour fixe etc.) erarbeiten, zu deren Einhaltung sich die Teilnehmer verpflichten.

Soweit zum Egogramm!

1.6.3 Ich-Zustände und Beziehungen

Ebenso hilfreich wie der zuvor beschriebene Einsatz des Egogramms für die Voraussage und Erklärung möglicher und nutzbringender Interaktionen von und zwischen verschiedenen Mitgliedern einer Gruppe oder eines Teams erweist sich im Coaching wie auch im Training die direkte Anfrage, welche Ich-Zustände sich als verhaltensleitend beim Umgang mit Kollegen erweisen. Dazu verwenden wir bei der Arbeit mit Gruppen oftmals einen aus *Rüttinger & Kruppa* (1988, 75) stammenden Arbeitsbogen:

Ich-Zustände und Kollegen

Zielsetzung: Auseinandersetzung mit Personen, mit denen man beruflich
zu tun hat.

Hilfsmittel: eventuell Stift und Papier, Egogrammbögen

Aufgabenstellung: Denken Sie an drei Ihrer Kollegen oder Mitarbeiter, mit
denen Sie regelmäßig zusammenarbeiten, und versuchen
Sie, für sich die folgenden Fragen zu beantworten:

➤ Wie würden Sie jeden dieser Kollegen etc. mittels der Termino-
logie der Ich-Zustände beschreiben?
(Benutzen Sie z.B. ein Egogramm.)

➤ In welchem Ich-Zustand müßte sich ein Kollege weitgehend auf-
halten, damit er am besten zu Ihnen paßt?

➤ Wie könnten Sie mit jedem dieser Kollegen, falls nötig, effekti-
ver umgehen?

Diskutieren und optimieren Sie Ihre Lösung in der Kleingruppe.

Abb. 13: Arbeitsbogen „Ich-Zustände und Kollegen" (aus: *Rüttinger* & *Kruppa* 1988, 75)

Diese Übung läßt sich einerseits so anwenden, daß der Schwerpunkt weniger
auf der Feststellung des Ist-Zustandes – wie im Egogramm – liegt, sondern
von vornherein mehr auf Veränderung zielt. Man kann die Ergebnisse zum
Beispiel dazu nutzen, einen anderen Umgang mit Kollegen, mit Mitarbeitern
und Vorgesetzten zu initiieren als den, der üblicherweise zu Störungen und
unbefriedigenden Ergebnissen geführt hat. Andererseits ist die Übung auch
gut dazu geeignet, auf die Stärken der Person zu rekurrieren. In diesem Fall
konzentrieren wir uns mit der Übung auf die Analyse jener professionellen
Beziehungen, die produktiv und befriedigend erlebt werden. Dabei erleben
die Teilnehmer, daß sie bereits vielfach in der Lage sind, Beziehungen positiv
mitzugestalten. Das ermutigt sie, auch dort Veränderungen einzuführen, wo
es notwendig ist.

Beide Fragen – die nach Optimierung der Stärken wie die nach Veränderungswünschen – sind zum einen dem betrieblichen Kontext und seinen Interessen und Notwendigkeiten angemessen. Zum anderen entsprechen sie guter transaktionsanalytischer Tradition, die sich von ihren Ursprüngen her als
ein an Stärken *und* Veränderung orientiertes Verfahren versteht.

1.6.4 Der innere Dialog

Jeder von uns kennt wahrscheinlich Situationen, in denen er mit sich selber spricht, sei es in Form eines einfachen Stöhnens: „Oh Mann, oh Mann" bei einer vertrackten Tätigkeit oder in Form einer elterlichen Ermahnung: „Langsam, langsam, hier stimmt was nicht", während man der eloquenten Rede eines Geschäftspartners/Mitarbeiters lauscht. Jeder von uns – um es ein wenig provokanter auszudrücken – kennt ein ganzes Arsenal von Stimmen, die in seinem Kopf miteinander kommunizieren. Solche „Selbstgespräche" sind völlig normal. In der Sprache der Transaktionsanalyse nennen wir sie *innere Dialoge* und verstehen darunter die Mobilisierung und Auseinandersetzung unserer verschiedenen Ich-Zustände zu einer gegebenen „Problemlage" (z.B. dem persönlichen Bedürfnis, Feierabend zu haben, obwohl wir die Präsentation von morgen noch nicht endgültig vorbereitet haben). *Berne*, der Begründer der Transaktionsanalyse, hat direkt dazu aufgefordert, sich dieser inneren Dialoge bewußt zu werden und zu entscheiden, ob und wie sie genutzt werden sollen.

Innere Dialoge

Um solche *Selbstgespräche* zu eruieren, kann man Seminarteilnehmern oder auch beim Coaching folgende Anweisung geben:

> „Lehnen Sie sich bequem zurück und schließen Sie Ihre Augen … Denken Sie an ein Problem, das Sie in letzter Zeit besonders stark beschäftigt hat: einen Konflikt, ein unerledigtes Geschäft, eine Aufgabe … Hören Sie in sich hinein und konzentrieren Sie sich auf Ihr inneres Echo … Was teilen Ihnen Ihre einzelnen Ich-Zustände mit? Welche elterlichen Mahnungen hören Sie in dieser Situation? Was würden Ihre Eltern an Fürsorglichem, was an Kritischem sagen, wenn sie jetzt wirklich neben Ihnen sitzen würden? Wie reagiert Ihr Kind-Ich auf diese Situation? Was meint ihr freies Kind? Was hält Ihr innerer Rebell von der Sache? Hören Sie eine Stimme der Anpassung? Ist Ihr Erwachsenen-Ich ebenfalls am Dialog beteiligt? Was sagt es Ihnen? Wie sähe eine gedankliche Lösung des Problems aus?"

Vor allem in Coachingprozessen tragen wir die entsprechenden Aussagen unserer Klienten in ein Schema der Ich-Zustände ein.

Der innere Dialog von Herrn K., einem ausländischen Mitarbeiter eines großen Chemieunternehmens, sah etwa so aus:

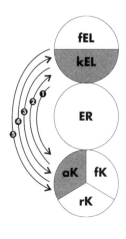

1. „Hör auf, mit deinen Kollegen zu reden, und tue deine Arbeit. Sonst bist du dein Geld nicht wert."

2. „Aber ich arbeite doch schon mehr als alle anderen."

3. „Das kann ja sein. Aber nur wenn du der Beste bist, wird man dich behalten."

4. „Ich weiß gar nicht, wie ich das schaffen soll."

5. „Du strengst dich eben nicht genug an."

Abb. 14: Innerer Dialog von Herrn K.[*]

Anhand der Veranschaulichung wird Herrn K. bewußt, daß er bezüglich dieses Themas drei seiner Ich-Zustände (fürsorgliches Eltern-Ich, Erwachsenen-Ich, freies Kind-Ich) gar nicht mit Energie besetzt, wenn er im inneren Dialog „gefangen" ist. Auch bei einigem Nachsinnen findet er keine fürsorgliche Botschaft, durch die er sich sein Anstrengungsprogramm erleichtern könnte. Darüber ist er betroffen und spürt, daß er Sehnsucht nach einer solchen Erleichterung hat (siehe Gesprächsverlauf):

Herr K.	Coach	Erläuterungen
	Was würden Sie denn gerne von einer fürsorglichen Elternperson hören?	Aktivierung des ER, Klient soll darüber nachdenken, wie EL und K im Einklang zu benutzen sind.
Ich kann mir gar nichts vorstellen.		Hat keine Vorbilder für Fürsorge.
	Was würden Sie denn einem Ihrer Außendienstmitarbeiter sagen?	Aktivierung von Mustern anderer Autoritäten in seinem EL außer den Eltern.
Na vielleicht, daß er doch schon ganz gute Sachen macht.	*So in dem Sinne, Sie tun genug, Sie könnten mit sich zufrieden sein?*	anregende Verbalisierung

---

[*] Bei dieser wie auch den nachfolgenden Darstellungen von Ich-Zustandsmodellen wird zur Vereinfachung die Außenbegrenzung von Abb. 2, S. 19 weggelassen.

Herr K.	Coach	Erläuterungen
Ja, das wäre was.	*Wäre das auch was für Sie?*	Ansprache seines K, um ursprüngliche Bedürfnisse herauszufinden.
Ja, das vielleicht schon, aber was wäre dann anders?		
	Wollen Sie mal diesen Satz von mir hören und spüren, ob und wie er in Ihnen wirkt?	Fragen an ER, ob bestimmte Bedürfnisse des K wichtig sind.
Ja, ich kann es ja mal probieren.		Modellverhalten wird angeboten.
	Ne, es gilt schon, sich zu entscheiden. Wollen Sie sich darauf einlassen oder nicht?	Frage an das ER des Klienten, ob er sich selbst ernstnehmen und sich einlassen will.
Okay, ich lasse mich ein und sag hinterher, was ist.		klarer Vertrag
	Prima! Sie tun genug. Sie können mit sich zufrieden sein.	Verstärkung; Erlaubnis an das K
(Schweigt)	*Soll ich`s wiederholen?*	Frage an K
Ja.	Wiederholt: *Sie tun genug, Sie können mit sich zufrieden sein.*	
(Schweigt, und eine leichte Röte überzieht sein Gesicht) „Ja, das tut gut."	*Das bewegt Sie?*	Aufgreifen der Gefühle

Anschließend ermutige ich Herrn K., sich „seinen" Erlaubnissatz: „Sie tun genug, Sie dürfen mit sich zufrieden sein" in Ich-Form auf ein großes Papier zu schreiben und mit nach Hause zu nehmen.

Ich tue genug.

Ich darf mit mir zufrieden sein.

Der hier praktizierte Umgang mit Erlaubnissen – der persönliche Vertrag wurde bewußt von „können" zu „dürfen" verändert – ist eine häufige Intervention in der transaktionsanalytischen Arbeit. Die Einschränkungen, die wir uns durch das innere Wiederholen der Gebote und Verbote der Eltern auferlegen, werden zweckmäßig u.a. durch Erlaubnisse in Frage gestellt und oft sogar aufgehoben. Dabei kann der Berater entweder die erlaubnisgebende Instanz in der beratenen Person (also z.B. ihre fürsorgliche Eltern-Haltung) aktivieren oder, falls – wie bei Herrn K. – keine Muster dafür vorhanden sind, modellhaft eine passende Erlaubnis aussprechen. In Seminaren werden manchmal auch andere Gruppenteilnehmer gebeten, der entsprechenden Person eine erlaubnisgebundene Botschaft zu vermitteln. Allerdings gehen wir mit beiden Möglichkeiten sehr vorsichtig um und fragen die Menschen, ob, wie und welche Erlaubnis sie von uns oder anderen haben möchten. Auf diese Weise hüten wir uns davor, Klienten aus möglicher Überfürsorge heraus mit einer Erlaubnis, die eher dem eigenen Bezugsrahmen entspricht, zu bedrängen. Wir überlassen es lieber ihnen, aus ihrem Erwachsenen-Ich-Zustand zu entscheiden, ob und welche neuen Botschaften sie aufnehmen wollen.

Für Seminare mit mehreren Teilnehmern haben wir ein Schema zur Arbeit mit dem inneren Dialog entwickelt, das die Teilnehmer zu zweit ausfüllen und entsprechend der Anweisung in einer Kleingruppe auswerten. Dabei bitten wir einen Teilnehmer, die Rolle eines Beraters zu übernehmen und die andere Person im Prozeß fürsorglich und ermutigend durch Fragen, Kommentare und (sparsame) Vorschläge zu unterstützen.

Das Schema sieht so aus:

Innerer Dialog zum Thema/Problem ....

1. Benenne zusammen mit dem Klienten ein Problem.
2. Frage danach, ob er dazu innerlich verschiedene Meinungen, Ideen, Aussagen hört.
3. Trage die Aussagen in das Modell ein.
4. Schaue die „leeren" Ich-Zustände an und überlege, welche Aussagen dort hineinpassen würden.
5. Trage die gefundenen Aussagen in das Modell ein.

Nutze den/die Beraterin zum externen Dialog und kreiere eine brauchbare Lösung, die dich befriedigt und den Umständen Rechnung trägt!

© Ute Hagehülsmann

Abb. 15: Arbeitsbogen „Innerer Dialog zum Thema/Problem ..."

Nachdem die Teilnehmer ihren inneren Dialog zu einem bestimmten, von ihnen gewählten Thema erarbeitet haben, hören wir fast immer, daß sie zu befriedigenden und machbaren Lösungen gekommen sind. Oft werden wir nach weiteren Vordrucken gefragt, um dieses Verfahren auch „zu Hause" (in der Firma?) anwenden zu können.

1.6.5 Trübungen

Bereits öfter haben wir darauf hingewiesen, daß unsere Ich-Zustände nicht immer in einem nutzbringenden Dialog miteinander stehen. Oftmals behindern die gewohnten Muster ihres Einsatzes vielmehr unser Denken, Fühlen, Hoffen und Verhalten. Üben andere Ich-Zustände einen starken Einfluß auf das Erwachsenen-Ich aus, wie in unserem Beispiel bei Herrn K., kann man von *Trübungen* (Kontaminationen) des Erwachsenen-Ichs sprechen. Unter einer Trübung versteht man eine Vermischung von elterlichen und/oder kindlichen Denk-, Fühl- oder Verhaltensanteilen mit denen des Erwachsenen-Ichs. Solche Vermischungen bewirken, daß Fühlen, Denken oder Handeln als „erwachsen" wahrgenommen wird, obwohl es einer anderen Haltung entstammt (Abb. 16).

Bei einer *Trübung aus dem Eltern-Ich* werden elterliche Normen, Vorschriften, Vorurteile oder Glaubenssätze, ohne sie zu überprüfen, als erwachsene Realität angesehen: z.B., daß Ausländer grundsätzlich immer als erste den Arbeitsplatz verlieren oder sie immer als faul oder als Abstauber anzusehen sind. Gleicherweise können auch komplexe Verhaltensmuster bestimmend werden: Eine Frau, die die ablehnenden Verhaltensmuster ihrer Mutter Männern gegenüber „gespeichert" hat, verhält sich aus einer Trübung heraus z.B. ihren männlichen Kollegen – wie wahrscheinlich auch ihrem Partner/Ehemann – gegenüber recht abweisend, obwohl sie selbst keine schlechten Erfahrungen mit Männern am Arbeitsplatz gemacht hat.

Trübung aus dem Eltern-Ich

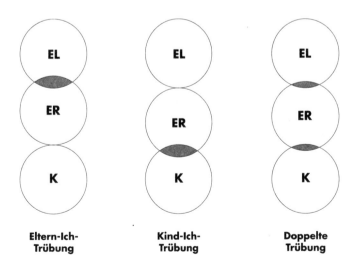

Eltern-Ich-Trübung

Kind-Ich-Trübung

Doppelte Trübung

Abb. 16: Trübung von Ich-Zuständen

Trübung aus dem Kind-Ich

Eine *Trübung aus dem Kind-Ich* ist durch irrtümliche Annahmen über sich selbst gekennzeichnet, die das erwachsene Denken „umwölken". Sie besteht in der Regel aus Fantasien im Zusammenhang mit unangenehmen Bedürfnissen und Empfindungen und zeigt sich häufig dann, wenn irgend etwas in der Gegenwart an frühere Begebenheiten erinnert und das Hier und Jetzt wie eine Kindheitssituation erlebt wird: z.B. wenn sich jemand sagt, daß er sich schämen muß, weil er im Mittelpunkt steht. Oder die zuvor im Beispiel genannte Frau könnte sich Männern gegenüber auch deshalb abweisend verhalten, weil sie *früher* mit Männern schlechte Erfahrungen gemacht hat und ihr Handeln heute noch immer ausschließlich von diesen Erfahrungen bestimmt wird.

Doppelte Verankerung

Verhalten, das aus Trübungen resultiert, ist häufig doppelt verankert: Aus dem Eltern-Ich kommen Anweisungen und Vorschriften, die aus dem Kind-Ich ungeprüft befolgt werden. Das heißt: Das klare Denken des Erwachsenen-Ichs ist von zwei Seiten her beeinträchtigt. Das zeigt das folgende Beispiel:

Am Beginn seines Coaching-Prozesses sagt Herr K. häufig, „daß man unter allen Umständen das Bestmögliche leisten muß". Dieser erwachsen klingende Satz kann jedoch keiner Realitätsprüfung standhalten: Wieso muß man das, und was sind „alle Umstände"? Bei beharrlichem Hinterfragen stellt sich heraus, daß Herr K. hier seine im Eltern-Ich gespeicherten Normen „Sei perfekt" und „Streng dich an" (siehe Kap. 7.3) ungeprüft als gültige Realität hinnimmt und entsprechend handelt. – Die entsprechende Trübung aus dem Kind-Ich besteht bei Herrn K. in der Angst: „Ich kann das einfach nicht bringen, was die von mir wollen!"

Enttrübung

Die Aufgabe des Coachs beispielsweise besteht in der Enttrübung: Was erwarten andere wirklich? Was tun sie wirklich? Und was entspricht den Anforderungen bzw. Erwartungen und was nicht? In welchem Umfang ist Angst, z.B. als Signalreiz, die eigene Aufmerksamkeit zu steigern oder sich gut zu präparieren, durchaus angemessen, in welchem Umfang ist sie es nicht?

Durch präzises, aber liebevolles Nachfragen wird das erwachsene Denken aktiviert, und Herr K. lernt, bestimmte Inhalte spezifischen Ich-Zuständen zuzuordnen und sie in ihrer übergreifenden Gültigkeit zu hinterfragen. Ebenso kann er erleben, daß seine Leistungsängste in dem von ihm erlebten Umfang alte (in seinem Kind-Ich gespeicherte) Ängste sind, die nur bedingt etwas mit dem Hier und Jetzt zu tun haben.

Wie wir später zeigen werden, hat Verhalten, das durch ein getrübtes Erwachsenen-Ich bestimmt wird, leider häufig genug genau den Effekt, die Trübung im Sinne einer self-fullfilling prophecy zu bestätigen (siehe Kap. 4).

Insgesamt ermöglicht die Arbeit mit Trübungen, die sogenannte *Enttrübungsarbeit,* einen realitätsangemessenen Einsatz der eigenen Fähigkeiten. Damit erhöht sie die Effektivität des Umgangs mit der Realität um ein Erhebliches, statt zu verminderten Leistungen zu führen, wie das häufig befürchtet wird.

Da das Erwachsenen-Ich vieler Klienten von Vorurteilen und irrtümlichen Annahmen über sich selbst, die anderen und die Welt getrübt ist, von denen dann Denken, Fühlen, Hoffen und Handeln, vor allem aber die Wahrnehmung bestimmt werden, steht die Arbeit mit Trübungen (Dekontamination), am Anfang z.B. einer Beratungsreihe oder auch Seminarreihe oft im Mittelpunkt.

1.6.6 Ausschlüsse und Fixierungen

Als störende Einflüsse sind auch noch die sogenannten Ausschlüsse und Fixierungen zu nennen, was wir jedoch nur relativ kurz tun werden, da wir in der Praxis in Organisationen selten direkt mit diesen Konzepten arbeiten.

Unter *Ausschluß* verstehen wir die Unmöglichkeit oder doch eine deutliche **Ausschluß** Hemmung, einen bestimmten Ich-Zustand zu aktivieren. Wer sein „Kind" ausschließt, wird beispielsweise keinen Kontakt zur ganzen Breite seiner Gefühle, Bedürfnisse und Wünsche haben und kann kaum unbefangen und vergnügt sein. Wer seine Eltern-Haltung ausschließt, wird möglicherweise mangelnde Fürsorglichkeit, wenig soziale Bezogenheit oder kaum ethisches Verhalten zeigen. Wer seine Erwachsenen-Haltung ausschließt, hat eine gestörte Beziehung zur gegenwärtigen Realität.

Die Kehrseite des Ausschlusses ist die *Fixierung* auf bestimmte Ich-Zustände. **Fixierung** Darunter verstehen wir, daß es jemandem nur unter außergewöhnlichen Bedingungen möglich ist, einen anderen Ich-Zustand zu aktivieren als den, den er gerade innehat, bzw. den, aus dem heraus er die meiste Zeit seines Lebens strukturiert. Wer z.B. in einer Kind-Ich-Haltung befangen ist, wird kaum den Ernst des Lebens kennen und entscheidet fast immer nur nach eigenen Interessen und Bedürfnissen. Wer in einer elterlichen Haltung befangen ist, richtet sich fast ausschließlich nach den von seinen Eltern übernommenen moralischen Urteilen oder ist beispielsweise auf eine fixe Idee zentriert, der er alles unterordnet.

Wie die an den Pfeilen sichtbare Energieverteilung von Herrn K. im Zusammenhang mit seiner Leistungsthematik in Abb. 14 (S. 43) zeigt, ist er fast immer auf die Funktionen „kritisches Eltern-Ich" und „angepaßtes Kind" fixiert. Sein Erwachsenen-Ich ist dann ausgeschlossen. Das meint: Herr K. zeigt kein Verhalten, das mittels des Erwachsenen-Ichs zu beschreiben wäre, und berichtet auch nichts Entsprechendes. Er hat die Erwachsenen-Haltung jedoch durchaus zur Verfügung, wenn es sich um die Ausführung seiner sonstigen Tätigkeit handelt. Sofern ist für einen Berater immer auch die Möglichkeit gegeben, Herrn K. – wie andere Personen – in den stets grundsätzlich vorhandenen Anteilen, die gerade nicht für die eigene Person genutzt werden, anzusprechen. Das tut die Beraterin im Falle von Herrn K. z.B. dadurch, daß sie Herrn K. aus einer fürsorglich-elterlichen Haltung in bezug auf seine Mitarbeiter denken läßt, um ihm danach die Übertragung dieses Denkens auf seine eigene Person anzubieten.

1.6.7 Schlußfolgerungen

Alle bis hierher angesprochenen Themen und Übungen im Zusammenhang mit dem Bezugsrahmen und den Ich-Zustands-Konzepten können genutzt werden, um Veränderungen zu ermöglichen. Sie können dazu anregen, daß die Menschen in Organisationen

➤ sich in immer stärkerem Maße realitätsangemessen verhalten;
➤ ihre eigenen Ideen, Vorstellungen und Grundsätze entwickeln, anstatt übernommene Haltungen und Vorschriften anderer anzuwenden;
➤ in angemessener Weise mit ihren eigenen Gefühlen, Bedürfnissen, Wünschen und Interessen umgehen, ohne sich selbst oder andere bzw. ihre Aufgabe dadurch zu beeinträchtigen;
➤ lernen, ganzheitlich wahrzunehmen, zu denken, zu fühlen und zu handeln;
➤ flexibel reagieren;

kurz, daß sie sich auch im Unternehmen – vielleicht sogar vor allem im Unternehmen – zu einer autonomen, *integrierten Persönlichkeit* weiterentwickeln.

ZWEI

INDIVIDUELLE UND BETRIEBLICHE INTERAKTIONSMUSTER

Im letzten Kapitel haben wir uns mit der Struktur der menschlichen Persönlichkeit befaßt und deutlich gemacht, wie wir uns, die anderen und die Welt
durch unseren Bezugsrahmen wahrnehmen. Wir haben ansatzweise gezeigt,
welche Rolle Autonomie dabei spielt. In den nachfolgenden Betrachtungen
werden wir deutlich machen, wie Menschen aus ihrem individuellen Bezugsrahmen und ihrer Persönlichkeitsstruktur heraus mit anderen in einen Austausch treten und was dabei zwischen Menschen geschieht.

2.1 Transaktionen

Transaktionen Alle jene Formen des Miteinanders, die wir durch unser Sprechen gestalten, also unsere Kommunikation, aber auch alle sonstigen Begegnungsmöglichkeiten zwischen Personen, also unsere Interaktion, kurz alle sichtbaren Zeichen sozialen Austausches, nannte *Berne* (1964) *Transaktionen*. Sie bestehen aus einer verbalen oder nonverbalen Anrede, die einen Inhalt, eine Botschaft vermittelt, und der darauffolgenden verbalen und nonverbalen Antwort, die entsprechend der Art und Weise ausfallen wird, wie der Inhalt wahrgenommen wird. Ein Gespräch oder eine Auseinandersetzung besteht daher aus einer Serie von Transaktionen, die miteinander verbunden sind. Dabei sagt die Abfolge von Transaktionen noch nichts darüber aus, ob der Austausch als angenehm oder unangenehm erlebt wird.

Häufigstes menschliches Kommunikationsmittel ist die gesprochene oder geschriebene Sprache. Darüber hinaus dienen sogenannte Ausdrucksvorgänge wie Mimik, Gestik, Laute, Töne oder unwillkürliche Körpervorgänge (wie z.B. Erröten oder Schwitzen) ebenso der Kommunikation wie absichtlich eingesetzte Signale (z.B. aufblitzende Warnlichter) oder Symbole (z.B. Schriftzeichen). Selbst scheinbar unbeabsichtigte Ereignisse wie etwa das Verlassen des Frühstücksraumes, während andere Kollegen gerade ankommen, enthalten eine Botschaft bzw. können zumindest so aufgefaßt werden („Ach, der will wohl nichts mehr mit uns zu tun haben"). Insofern gilt die bekannte Feststellung von *Paul Watzlawick* (1980): *Man kann nicht nicht kommunizieren*. Was dabei häufig vorkommt, ist, daß die hervorgerufene Wirkung nicht der Absicht des Senders entspricht. Entweder haben dann die begleitenden Umstände wie Mimik, Gestik oder Lautstärke den Inhalt der Botschaft verändert, oder der Empfänger hat seinerseits etwas aus der Botschaft herausgelesen, was der Sender nicht intendiert hat, was man aber auch hören könnte. Wir werden auf solche „Ungereimtheiten" im nachfolgenden Text zurückkommen.

Zum Ausgangspunkt von Beschreibung und Identifikation von Kommunikation und Interaktion nutzt die Transaktionsanalyse bevorzugt das zuvor beschriebene Funktionsmodell der Ich-Zustände (s. S. 20ff). Dabei geht sie davon aus, daß der inhaltliche Austausch von spezifischen Haltungen der Beteiligten (den Ich-Zuständen) bestimmt wird und diese letztendlich den Erfolg oder Mißerfolg einer Botschaft ausmachen.

Anzahl von Wahl-möglichkeiten Jedesmal, wenn ein Individuum eine Transaktion beginnt oder auf eine Botschaft einer anderen Person antwortet, hat es eine *Anzahl von Wahlmöglichkeiten*, welche persönliche Haltung (Ich-Zustand) es einnimmt und an welche

Haltung (Ich-Zustand) der anderen Person es seine Kommunikation richtet. Je nach eingenommener Haltung wird nicht nur die Vermittlung, sondern – davon mitbestimmt – auch der Inhalt der Botschaft unterschiedlich ausfallen. Ein „Sei bloß vorsichtig" in befehlendem Ton und mit erhobenem Zeigefinger ausgesprochen, wird vom Empfänger anders aufgenommen werden als derselbe Ausspruch, wenn er leicht ironisierend vorgetragen und von einem verschmitzten Lächeln begleitet wird. Insofern ermöglicht die Analyse von Transaktionen auch Rückschlüsse auf die jeweiligen Haltungen, die die Kommunikations- und Interaktionspartner einnehmen. Empfinden wir uns plötzlich ganz klein, so hat unser Gegenüber vielleicht gerade – in verkürzender Modellsprache ausgedrückt – eine Transaktion von seinem Eltern-Ich an unser Kind-Ich gesendet.[*] Erleben wir Schutzimpulse gegenüber einer anderen Person, so kam ihre Transaktion vermutlich gerade aus einer Kind-Haltung. Im Dialog mit den Klienten kann man außerdem aufgrund von Transaktionen, die man wahrnimmt oder von denen berichtet wird, Vermutungen darüber anstellen, welche Haltungen eine Person besonders häufig oder besonders selten einnimmt, ja sogar welche Bedeutungen spezifische Transaktionsmuster haben. Dabei gilt: Je „gesünder" ein Individuum, desto autonomer – d.h. hier desto vielfältiger – ist es in der Wahl seiner Möglichkeiten, ein Gespräch zu beginnen oder zu antworten. Je beeinträchtigter es ist, desto eingeschränkter werden auch seine kommunikativen und interaktiven Möglichkeiten sein.

Bevor wir unterschiedliche Analysemöglichkeiten aufgreifen, gilt es jedoch zunächst, mehr über die *verschiedenen Formen von Transaktionen* kennenzulernen:

Verschiedene Formen von Transaktionen

Transaktionen können einfach sein, indem sie nur je einen Ich-Zustand beim Sender und Empfänger „berühren". In diesen Fällen stimmt der Inhalt der Botschaft mit der Haltung der Personen überein. Transaktionen können auch komplexer sein und jeweils mehrere Ich-Zustände der Beteiligten berühren. In der Regel wird eine Transaktion aus einem (oder zwei) bestimmten Ich-Zuständen heraus „gesendet" und „zielt" darauf ab, in einem (oder zwei) bestimmten Ich-Zuständen der anderen Person „empfangen" zu werden. Je nachdem, ob die Antwort dann aus dem erwarteten Ich-Zustand kommt oder nicht, lassen sich verschiedene Arten von Transaktionen sowie unterschiedliche Regeln der Kommunikation unterscheiden.

---

[*] Obwohl Ich-Zustände – wie bereits bei ihrer ursprünglichen Einführung bemerkt – keine Wirklichkeit besitzen, sondern nur gedachte Betrachtungsebenen (Modellebenen) anbieten, erlauben wir uns, sie zum Zwecke sprachlicher Vereinfachung als aktive Größen zu behandeln.

2.1.1 Komplementäre Transaktionen

Komplementäre Transaktionen können zwischen jeweils beliebigen Ich-Zuständen auftreten. Dabei antwortet der Empfänger aus dem Ich-Zustand heraus, den der Sender angepeilt hat. D.h., die Transaktionen verlaufen parallel:

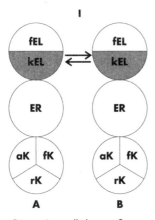

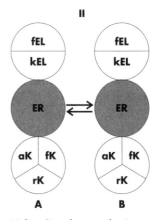

A: „Diesen Jugendlichen müßte man das verbieten!"

B: „Ja, wenn das mein Sohn wäre, dann ...!"

A: „Haben Sie schon mit der Agentur telefoniert?"

B: „Nein, da müssen wir erst noch drüber sprechen."

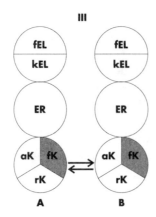

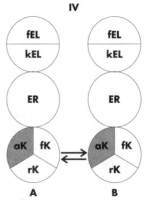

A: „Toll, dich zu sehen!"

B: „Ich freue mich auch!"

A: „Wenn die das sagen, mache ich das so."

B: „Ja, wird wohl das beste sein."

Abb. 17: Beispiele für komplementäre Transaktionen

Zu jeder Form von Transaktion gibt es, wie bereits angemerkt, eine Kommu- **Kommunika-**
nikationsregel. Zu komplementären Transaktionen heißt sie: **tionsregel**

> **Parallele Transaktionen können ungehindert
> weitergehen.**

Das meint, solange die Transaktionen parallel erfolgen, dauert das Gespräch
an. Es passiert nichts Neues oder immer das Gleiche. Das meint jedoch nicht,
daß jede parallele Transaktion positiv zu werten sei, wie das gern in betrieblichen Zusammenhängen nach der Erklärung komplementärer Transaktionen
vermutet wird. Hier gilt es selbstverständlich zwischen kommunikativem
Prozeß und dessen Inhalt zu unterscheiden: Mit der Kommunikationsregel ist
nur gemeint, daß das Gespräch als solches weitergehen kann. Nicht gemeint
ist, daß die Inhalte des Gespräches und die daraus folgenden Handlungen unbedingt positiv verlaufen müssen. Man denke nur an zwei aus ihrer elterlichen Haltung schimpfende und mißbilligende gewerbliche Mitarbeiter, die
zusammen über ihren Chef herziehen und „kein gutes Haar" an ihm lassen.

2.1.2 Gekreuzte Transaktionen

Von einer *gekreuzten Transaktion* sprechen wir dann, wenn der Kommunikationspartner nicht aus demselben Ich-Zustand antwortet, in dem er angesprochen wird (Abb. 18, S. 56).

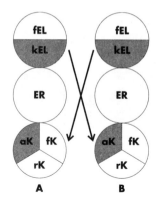

A: „Wieso kommen Sie erst jetzt?"

B: „Woher nehmen Sie sich das Recht, mich zu kontrollieren?"

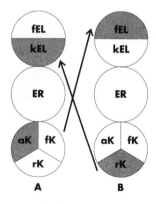

A: „Mein Chef ist ja so schlimm."

B: „Sag' mal, kannst du denn nie etwas anderes erzählen?"

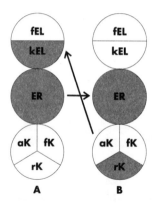

A: „Wollen wir ins Kino gehen?"

B: „Immer soll ich tun, was du willst."

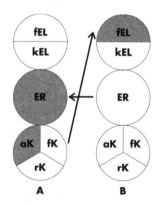

A: (jammernd) „Keiner will das neue Programm. Alle haben Angst davor."

B: „Welche Hilfe brauchen Sie, um es einzuführen?"

Abb. 18: Gekreuzte Transaktionen

Zu den gekreuzten Transaktionen gehört eine weitere Regel:

> **Durch eine gekreuzte Transaktion wird die Kommunikation unterbrochen, und etwas anderes geht weiter.**

Nach einer oder mehreren Durchkreuzungen kommt es in der Regel zu einem Themenwechsel, zumindest aber zu einem Ich-Zustands-Wechsel bei einem Partner. Im mitmenschlichen Austausch ist die Durchkreuzung meist von einer Irritation oder einem kurzen Unbehagen begleitet.

In manchen Lebenszusammenhängen kann es allerdings notwendig sein, *Transaktionen bewußt zu durchkreuzen*. Wenn sich z.B. ein Klient im Coaching permanent aus einer „hilflos-bittenden" Position an unsere „fachliche Kompetenz" wendet und dabei seine eigenen Fähigkeiten total ausblendet, können wir uns bewußt entschließen, ihn aus unserem erwachsenen Anteil (Erwachsenen-Ich) z.B. mit einer Frage in seinem erwachsenen Anteil anzusprechen und so die Kette seiner komplementären Transaktionen zu durchkreuzen. Dasselbe kann sich natürlich auch im betrieblichen Alltag abspielen, wenn ein Mitarbeiter beispielsweise immer wieder versucht, uns aus einer eher unselbständigen, angepaßten Haltung heraus anzusprechen. Auch hier kann eine bewußte Kreuzung unter Umständen sinnvoll sein, um den Mitarbeiter wieder zum Mitdenken zu bewegen, d.h., ihn zu veranlassen, seine Erwachsenen-Ich-Anteile zu mobilisieren (Abb. 19, S. 58).

Bewußte Kreuzung

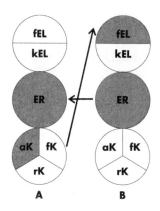 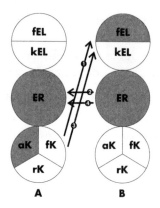

A: (jammernd) „Ich weiß nicht mehr ein noch aus."

B: „Was ist Ihr augenblickliches Problem?"

A (1): „Sie können mir doch sicher sagen, wie ich die Entscheidung der Firmenleitung vermitteln soll."

B (2): „Was sind denn bislang Ihre eigenen Ideen dazu?"

A (3): „Ich bin ganz durcheinander."

B (4): „Ich kann mir nicht vorstellen, daß Sie noch *gar keine* Vorstellung hatten."

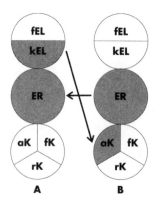

A: „Was ist denn das für ein Chaos hier!"

B: „Sie haben recht, es ist ein chaotischer Zustand, und ich will Ihnen einige Informationen geben, woher das kommt."

Abb. 19: Beispiele für absichtlich gekreuzte Transaktionen

Auf dieselbe Weise, nämlich durch bewußtes Anzielen des Erwachsenen-Ichs, kann man Transaktionen beispielsweise auch dann durchkreuzen, wenn man merkt, daß jemand – modellhaft gesprochen – von seinem kritischen Eltern-Ich aus versucht, das eigene angepaßte Kind-Ich einzuschüchtern.

Gerade Konflikte zwischen Personen lassen sich häufig dadurch aufdecken, daß man auf die Kreuzung von Transaktionen achtet und diese verbalisiert. Doch dazu später mehr.

2.1.3 Verdeckte Transaktionen

Hierbei sind meist mehrere, in der Regel vier Ich-Zustände von zwei Personen beteiligt. Dabei wird ein Teil der Botschaft „offen", der andere „verdeckt" gesendet. Die Transaktionen können parallel oder auch gekreuzt verlaufen:

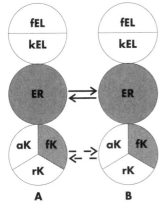

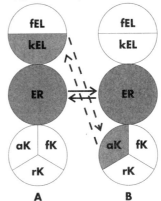

Soziale Ebene:

A: „Die neue Software spart Arbeitsplätze."

B: „Das habe ich auch schon gehört."

Psychologische Ebene:

A: „Ich fürchte, daß ich meine Arbeit verliere."

B: „Ich habe auch Angst."

Soziale Ebene:

A: „Wann sind Sie mit der Vorbereitung der Präsentation fertig?"

B: „Heute wahrscheinlich nicht mehr."

Psychologische Ebene:

A: „Schaffen Sie es wieder nicht pünktlich?"

B: „Ich bin ganz unsicher."

Abb. 20: Doppelbödige (verdeckte) Transaktionen

In der Praxis enthält eine *Duplex-Transaktion* – von *Leonhard Schlegel* (1987, 29) als „doppelbödige Transaktion" übersetzt – immer einen Hinweis darauf, daß der Inhalt – die offene Botschaft – nicht mit dem übereinstimmt, **Duplex-Transaktion** wie etwas gesagt oder via Ausdrucksweise transportiert wird – der verdeckten Botschaft. Die Transaktionsanalyse spricht in diesem Zusammenhang von der *sozialen Ebene einer Transaktion*, wenn sie die inhaltliche Ebene kennzeichnet, und von der *psychologischen Ebene*, wenn sie den Beziehungsaspekt benennen will.

Die psychologische Botschaft wird dabei in den verdeckten Transaktionen meistens nonverbal, also über den Gesichtsausdruck oder Gesten, Körperhaltung und Veränderungen in der Stimme, im Ton und Tempo mitgeteilt. Sie wird auch durch die gezielte Wortwahl (z.B. absichtliche Untertreibung oder Ironie) und durch beabsichtigte und unbeabsichtigte Versprecher mitbestimmt. Häufig spüren auch nur die an der Transaktion beteiligten Personen selbst die verdeckte Botschaft, die mitgeliefert wurde, während andere – so z.B. Außenseiter in einem Team – diese Botschaft gar nicht wahrnehmen.

Anguläre Transaktion (Winkeltransaktion)

Als besondere Form verdeckter Transaktionen muß noch die gerade im Geschäftsleben häufig vorkommende sog. *anguläre Transaktion (Winkeltransaktion)* genannt werden. Sie „involviert" drei Ich-Zustände. D.h., eine Botschaft wird zur gleichen Zeit von einem Ich-Zustand des Initiators zu zwei Ich-Zuständen des Antwortenden gesandt. Das kann beispielsweise so aussehen:

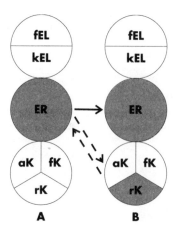

A	(ER an ER)	„Das Auto ist de facto ziemlich teuer."
	(gleichzeitig ER an rK):	„Das können Sie sich sowieso nicht leisten."
B	(als heimliche Antwort an ER):	„Das werden wir ja sehen."

Abb. 21: Anguläre Transaktion

Anguläre Transaktionen kennen wir aus der Werbung, wenn einerseits Informationen aus einer erwachsenen Haltung (Erwachsenen-Ich) an die erwachsene Instanz des angezielten Personenkreises gegeben werden, aber andererseits gleichzeitig auch versucht wird, dessen kindliche Anteile zu stimulieren. Anguläre Transaktionen kennen wir häufig auch aus anderen „manipulativen" Zusammenhängen, so zum Beispiel, wenn die Kind-Anteile im Gegenüber (etwa dessen Geltungsdrang oder Neid) dazu „stimuliert" werden sollen, z.B. sich entgegen besserer Einsicht als Erwachsener, zu unnötigen Käufen verleiten zu lassen, sich aufzuregen, wo es nicht notwendig wäre, oder Arbeiten zu übernehmen, die man/frau zurückweisen sollte.

Die einer Mitarbeiterin gegenüber häufig gebrauchte Floskel eines Vorgesetzten: „Sie sind die Frau, die wir hier brauchen" ist dafür ein Beispiel. Dabei wird auf der Erwachsenen-Ebene eine Information gegeben, auf der psychologischen Ebene jedoch der Geltungsdrang der Mitarbeiterin stimuliert.

Im weiteren Verlauf des Buches wird deutlich werden, daß wir vor angulären Transaktionen aus „klimatischen" und ethischen Gründen ausdrücklich warnen. Zudem konterkarieren sie jedes Bemühen um die Autonomie der Mitarbeiter. Dennoch kann es unter Umständen sinnvoll und notwendig sein, auch diese Form der verdeckten Transaktion *bewußt und absichtlich* zu nutzen.

Spürt z.B. ein Personalleiter, daß sein Gegenüber im Gespräch zunehmend von Ängsten um den (gar nicht drohenden) Verlust seines Arbeitsplatzes beherrscht wird, so könnte er seine Beobachtung verbalisieren. Verneint sein Gesprächspartner seine Angst oder spielt er sie zur Marginalie herunter, obwohl alle Anzeichen auf der psychologischen Ebene seiner Botschaft für einen Anstieg seiner Angst sprechen, so kann sich der Personalleiter auch entschließen, ihm zunächst einmal Informationen zur allgemeinen und spezifischen Personallage zu vermitteln, um sein Erwachsenen-Ich anzusprechen und seine Angst im Kind-Ich durch die verdeckt mitschwingende Beruhigung zumindest abzuschwächen.

Ob und welche Einladungen zu manipulativem Umgang mit anderen Menschen in diesen verdeckten Botschaften liegen, werden wir im Abschnitt „Spiele" (siehe Kap. 6) noch wesentlich intensiver beleuchten.

Zunächst gilt es, die zu den verdeckten Transaktionen gehörige Regel zu benennen. Sie lautet:

> **Das Ergebnis einer Kommunikation ist eher von der verdeckten (= psychologischen) Ebene abhängig als von der offenen (= sozialen Ebene).**

Im Hinblick auf unsere zuvor eingeführte Unterscheidung zwischen der inhaltlichen Ebene und der Beziehungsebene, die komplementär verlaufen können oder aber auch auseinanderklaffen (gekreuzt sind), könnte man diese Regel auch so formulieren:

> **Das Ergebnis von Kommunikation ist eher vom Beziehungsaspekt als vom Inhaltsaspekt bestimmt.**

Das ist wichtig zu wissen und will im privaten wie betrieblichen oder gesellschaftlichen Zusammenleben beachtet sein. Achten wir nicht auf den Beziehungsaspekt unseres alltäglichen Miteinanders, werden wir häufig andere „gänzlich unbeabsichtigt" vor den Kopf stoßen und verletzen, sie zum Widerspruch reizen, auf taube Ohren stoßen oder Rachegelüsten begegnen. Anders ausgedrückt: Viele Kommunikations- und Interaktionsprobleme werden durch die Beachtung dieser Regel besser verständlich und damit in Richtung einer Lösung leichter zugänglich.

2.2 Zur Diagnostik von Transaktionen

Wie bereits aus den Beispielen zu erkennen ist, beginnt jede Diagnostik von Transaktionen mit der *Identifizierung der jeweiligen Haltungen* (Ich-Zustände) aller Beteiligten.

Identifizierung der jeweiligen Haltungen

Transaktionen auf Ich-Zustände zurückzuführen scheint, wie wir immer wieder erleben, relativ einfach zu sein: Zum Erkennen (Diagnostizieren) kann ich einmal das Verhalten meines Gegenübers oder auch mein eigenes Verhalten beobachten, inklusive Körperhaltung, Mimik, Stimmklang, Wortwahl und Grammatik. Hierbei dürfte es nicht allzu schwer sein, z.B. den kritisch erhobenen Zeigefinger, die rollende Augenbraue und die gefurchte Stirn zusam-

Verhaltensdiagnose

men mit einer lauten Tonart und einer schnellen Sprache als dem kritischen Eltern-Ich zugehörig oder die leise, etwas verhaltene Stimme und den zu Boden gesenkten Kopf, der jeden direkten Blickkontakt vermeidet, als zum angepaßten Kind-Ich gehörig zu diagnostizieren. Diese Form der Diagnose orientiert sich am *Verhalten* der anderen Person.

Ich kann mich aber auch fragen, welchen Ich-Zustand ich bei mir selber durch eine bestimmte Transaktion angesprochen finde, und entsprechend auf die Haltung meines Gegenübers als Sender dieser Botschaft rückschließen. Bemerke ich beispielsweise die bleiche Gesichtsfarbe, die zitternden Hände und die verstohlenen Blicke einer meiner Mitarbeiterinnen und spüre den Drang in mir, ihr keine weiteren Aufgaben zu übertragen (fürsorgliches Eltern-Ich), so kann ich relativ sicher sein, daß sie im Augenblick eher aus ihrem angepaßten Kind-Ich heraus agiert. Diese Form der Diagnose orientiert sich an den *Empfindungen*, die das Gegenüber in einer Person auslöst. Das nennen wir eine *soziale Diagnose*.[*]

Soziale Diagnose

Unter Transaktionsanalytikern kursieren eine Menge Fragebögen zur Identifikation von Ich-Zuständen, die entweder Einzelstatements oder Transaktionsfolgen wiedergeben und zur Einübung diagnostischer Fertigkeiten genutzt werden können. Da mehrere dieser Diagnoseschemata in dem bereits zitierten Buch von *Rüttinger* & *Kruppa* (1988) vorkommen, wollen wir hier nicht näher darauf eingehen. Man kann dort genügend Übungsmaterial finden bzw. die nachfolgenden Angebote nutzen.

2.3 Wachstum und Veränderung: Über den Umgang mit Transaktionen im betrieblichen Alltag

Den Nutzen des Wissens um die verschiedenen Formen und Erscheinungsweisen von Transaktionen und Transaktionsfolgen möchten wir zunächst am Beispiel einer konkreten Begegnung zwischen einer Führungskraft und ihrem Mitarbeiter darlegen, die ich selber erlebt habe:

---

[*] Im klinischen Bereich sind noch zwei weitere Formen, die phänomenologische und die historische Diagnose von Bedeutung. Sie geben Aufschluß über die Ursprünge des heutigen Erlebens in der Kindheit und führen damit auf das Kind-Ich oder das Eltern-Ich zurück. Da sie jedoch für den Organisationsbereich nicht relevant sind, bleiben sie hier unberücksichtigt.

Bei einem Rundgang durch die Produktion traf ich mit der Führungskraft, die ich begleitete, auf einen Maschinenführer, der aufgeregt umherlief und den Chef irritiert ansah. „Na Müller, wieder ein Problem?" sprach der Chef ihn an. „Ach! Die alte Schrottmühle tut's doch nie!" lautete Müllers Antwort. Darauf ging ein kurzes Blitzen über das Gesicht des Chefs, und er fragte: „Schon mal drüber nachgedacht, daß das alte Ding auch gelegentlich geschmiert werden muß?" Der Mitarbeiter blieb wie verdutzt stehen, drehte sich zum Chef um, nahm diesen blickmäßig voll ins Visier und antwortete: „Chef, wollen Sie wirklich, daß ich selber über die Lösung des Problems nachdenke?" Mir stockte der Atem, ich dachte: „Was wird der Chef tun?" – Was ich vermutet hatte, geschah nicht. Es gab keinen handfesten Krach. Statt dessen sah ich den Chef mit den Worten „Müller, darüber reden wir später" davoneilen. Zurück blieb Herr Müller, zunächst über das ganze Gesicht lachend, dann aber selber verblüfft.

Was war geschehen? Um das zu ergründen, scheint es zunächst zweckmäßig, das obige Geschehen als Transaktionsfolge abzubilden:

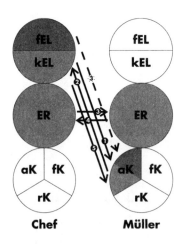

(1): „Na Müller, wieder ein Problem?" **(kEL an aK)**

(2): „Ach! Diese alte Schrottmühle tut's doch nie!" **(aK an kEL)**

(3): „Schon mal drüber nachgedacht, daß das alte Ding auch gelegentlich geschmiert werden muß?" **(ER an ER; verdeckt: fEL an aK)**

(4): „Chef, wollen Sie wirklich, daß ich selber über die Lösung des Problems nachdenke?" **(ER an ER)**

(5): „Müller, darüber reden wir später." **(kEL an aK)**

Abb. 22: Gespräch an der Maschine (Transaktionsfolge)

Würde ich z.B. mit dem Chef im Rahmen von Coachinggesprächen an der Verbesserung seiner Dialogfähigkeit arbeiten, könnte er sich anhand dieser Darstellung darüber klarwerden, welche Ich-Zustände während der Interaktion mit Müller mit Energie besetzt waren und welche nicht. Er könnte daraus z.B. seine in dieser Situation eher kritisch-elternhafte Haltung erkennen, mit der er von vornherein in das Gespräch einsteigt, die komplementäre Antwort von Müller aus dessen kindlich-angepaßter Haltung sehen und schließlich seine eigene, eher gönnerhafte, aber wie Erwachsenen-Ich klingende (= doppelbödige) zweite Aussage verstehen. Gleichzeitig könnten wir anhand dieser Illustration herausarbeiten, daß Müller – ob bewußt oder unbewußt – dadurch gekontert hat, daß er nur einen Teil dieser Aussage, nämlich die soziale Ebene, beantwortet und die psychologische Ebene wie nicht vorhanden behandelt hat. Indem er den Chef bei seiner zwar abwertenden (= psychologische Ebene), aber wie eine erwachsene Frage klingenden Äußerung (soziale Ebene) „schon mal drüber nachgedacht" packte, verändert Müller die Situation durch die klare Kreuzung der vorangegangenen Transaktion zu seinen Gunsten. Seinem Chef bleibt nur noch die wenig souveräne Äußerung aus seinem kritischem Eltern-Ich: „Müller, darüber reden wir später."

Allein die Erkenntnis dieser Hintergründe und der Gesetzmäßigkeiten des kommunikativen Verhaltens könnte es dem Chef ermöglichen, seine eigenen Muster im Umgang mit Mitarbeitern näher zu durchleuchten und sich seiner eigenen Fehlerquellen bewußt zu werden. Zusätzlich hätte er die Möglichkeit, sich unterschiedliche Varianten des eigenen Verhaltens und unterschiedliche Antworten zu Müllers Äußerungen zu überlegen und diese in einem fiktiven Rollenspiel mit dem Berater im Hinblick auf ihre Effektivität zu überprüfen (siehe Options, S. 67ff).

Selbstverständlich lassen sich auch andere Formen zur Erhellung und Aufschlüsselung typischer Kommunikations- und Interaktionsfolgen nutzen, beispielsweise Fragebögen wie den folgenden aus *Rüttinger & Kruppa* (Abb. 23, S. 66):

Häufige Transaktionstypen mit Mitarbeitern

Denken Sie an drei Mitarbeiter, mit denen Sie häufiger Gespräche führen. Welche Transaktionen laufen in diesen Gesprächen ab? Welche der unten erwähnten Transaktionsformen finden sich hierbei eher häufiger, welche eher weniger häufig?

Mitarbeiter	häufiger	weniger häufig
Er-Ich/Er-Ich		
K-Ich/K-Ich		
El-Ich/El-Ich		
K-Ich/El-Ich		
El-Ich/K-Ich		

Mitarbeiter	häufiger	weniger häufig
Er-Ich/Er-Ich		
K-Ich/K-Ich		
El-Ich/El-Ich		
K-Ich/El-Ich		
El-Ich/K-Ich		

Mitarbeiter	häufiger	weniger häufig
Er-Ich/Er-Ich		
K-Ich/K-Ich		
El-Ich/El-Ich		
K-Ich/El-Ich		
El-Ich/K-Ich		

Abb. 23: Fragebogen zum Thema „Häufige Transaktionen mit Mitarbeitern" (aus: *Rüttinger & Kruppa* 1988, 147)

Für den Umgang mit diesem Frageschema gilt die schon häufiger erwähnte Abfolge des Vorgehens: Zunächst gilt es, sich die eigenen Transaktionsmuster und die in ihnen enthaltenen typischen Haltungen und Stereotypien klarzumachen. Danach gilt es, die Konsequenzen dieser Muster in der Beziehung zu Mitarbeitern und Vorgesetzten zu überdenken und abzuwägen, ob die Muster den persönlichen Interessen und der Aufgabenstellung angemessen sind oder ob – und wenn, welche – Muster für welchen Zweck und mit welcher Konsequenz geändert werden sollen. Die konkrete Umsetzung etwaiger Änderungsvorhaben ist dann de facto „Übungssache". Dieses Üben ist allerdings beschwerlicher, als die meisten denken, weil es u.a. in der Regel mehr Zeit in Anspruch nimmt, als man dafür veranschlagt hatte. Auf diese Weise gehen viele gute Erkenntnisse im betrieblichen Alltagsstreß nur allzu leicht unter. Insofern empfehlen wir bei Trainingsmaßnahmen nach einer angemessenen Zeit einen Repetitionstag. Je nach Budget einer Organisation raten wir manchmal sogar dazu, die Gesamtmaßnahmen zugunsten dieses Repetitionstages zu verkürzen.

Eine Übung, die uns in besonderer Weise geeignet erscheint, neue Wege zu entdecken, um aus „verfahrenen" Gesprächssituationen auszusteigen, nennt sich „Options".

2.3.1 Options*

Ausgangspunkt für das Training von Options, zweckmäßig mit „Wahlmöglichkeiten" übersetzt, ist im allgemeinen eine problematische Situation, die Teilnehmer in Seminaren oder im Coaching einbringen. Diese Situation, die in aller Regel als Kommunikations- und Interaktionsfolge beschrieben werden kann, wird zunächst „auf den springenden Punkt" reduziert. Damit ist jene verbale oder nonverbale Aussage (Botschaft) gemeint, auf die der Klient keine Antwort zu geben wußte, mit der er sich in die Enge getrieben, bloßgestellt, abgewertet sah, kurz, die er als Problematik erlebte. Handelt es sich um eine Situation mit mehr als zwei Personen, so ist die gesamte Situation auf die zwei Protagonisten und deren wesentliche Aussagen zu reduzieren, die die entsprechende Situation „zum Problem machen".

Zur Veranschaulichung unserer Vorgehensweise wollen wir die zuvor nach anderen Gesichtspunkten analysierte Situation zwischen dem „Chef" und seinem Mitarbeiter, Herrn Müller, als Beispiel „mitlaufen" lassen:

Protagonisten der vorangegangenen Transaktionsfolge waren der Chef und der Maschinenführer. Die entscheidende Aussage, die den wenig souveränen Abgang des Chefs auslöste, war: „Chef, wollen Sie wirklich, daß ich selber über eine Problemlösung nachdenke?"

Diese entscheidende Aussage, die manchmal auch nonverbaler Natur sein kann (z.B. Rausgehen), wird hinsichtlich ihres Ich-Zustandes diagnostiziert und in ein vorgegebenes Funktionsmodell zweier Personen eingezeichnet.

---

* Der Name ist einem gleichlautenden Aufsatz von *Stephen Karpman* im *Transactional Analysis Journal* 1971, 1:1, 79-87, entlehnt, dessen Grundgedanken wir aufgegriffen haben.

Danach trägt man die Antwort ein, die de facto in der Situation vorkam oder üblich ist.

Die Antwort des Chefs war: „Müller, darüber reden wir später."

Bis hierhin sieht das Ganze so aus:

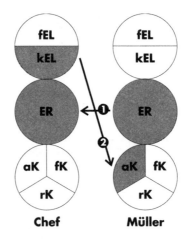

(1): **ER an ER**
„Chef, wollen Sie wirklich, daß ich selber über die Lösung des Problems nachdenke?"

(2): **kEL an aK**
„Müller, darüber reden wir später."

Abb. 24: Options: Ausgangslage einer Problemsituation

Danach überlegen der Klient oder die TeilnehmerInnen einer Gruppe gemeinsam, welche anderen Transaktionen auf den verschiedenen Ebenen aller Ich-Zustände möglich (gewesen) wären. Auch diese werden in entsprechende Transaktionsdiagramme eingezeichnet. Insgesamt sieht das beispielsweise so aus:

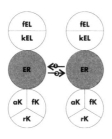

(1) ER an ER: „Chef, wollen Sie wirklich, daß ich selber über die Lösung des Problems nachdenke?"

(2) ER an ER: „Ja, das ist eine gute Idee, ich werde das zu schätzen wissen."

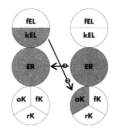

(1) ER an ER: „Chef, wollen Sie wirklich, daß ich selber über die Lösung des Problems nachdenke?"

(2) kEL an aK: „Ja, wenn Sie das könnten."

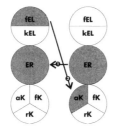

(1) ER an ER: „Chef, wollen Sie wirklich, daß ich selber über die Lösung des Problems nachdenke?"

(2) fEL an aK: „Ausnahmsweise fände ich das einmal sehr gut."

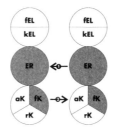

(1) ER an ER: „Chef, wollen Sie wirklich, daß ich selber über die Lösung des Problems nachdenke?"

(2) fK an fK: „Ja, nur Mut! Eine tolle Aufgabe!"

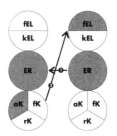

(1) ER an ER: „Chef, wollen Sie wirklich, daß ich selber über die Lösung des Problems nachdenke?"

(2) aK an fEL: „Und was soll ich dann tun?"

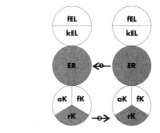

(1) ER an ER: „Chef, wollen Sie wirklich, daß ich selber über die Lösung des Problems nachdenke?"

(2) rK an rK: „Willst mich wohl arbeitslos machen, wie?"

Abb. 25: Options (Wahlmöglichkeiten) aus verschiedenen Ich-Zuständen

Natürlich gibt es noch eine Vielzahl weiterer Möglichkeiten, die hier nicht erwähnt sind. In aller Regel macht es den Beteiligten sehr viel Spaß, hier verschiedene Optionen zu finden, da durch diese Aufgabenstellung Kreativität und Intuition, kurz alle Fähigkeiten und Fertigkeiten angesprochen sind, die wir mit den Modellkomponenten „freies Kind" und „kleiner Professor" beschreiben.

Mit dem „Erwachsenen-Ich-Anteil" ist anschließend abzuwägen, welche Antworten oder Reaktionen in der gegebenen Situation welche Effekte und Konsequenzen bewirkt hätten. Im Ausbalancieren zwischen persönlichen Interessen und sachlicher, aufgabenbezogener Notwendigkeit ist dann in einem zweiten Schritt, ebenfalls unter Führung des „Erwachsenen-Ichs", zu entscheiden, welche Reaktion(en) künftiges Handeln bestimmen soll(en).

Arbeitsbogen

Für den „alltäglichen Gebrauch" haben wir aus dieser Vorgehensweise folgenden Arbeitsbogen entwickelt:

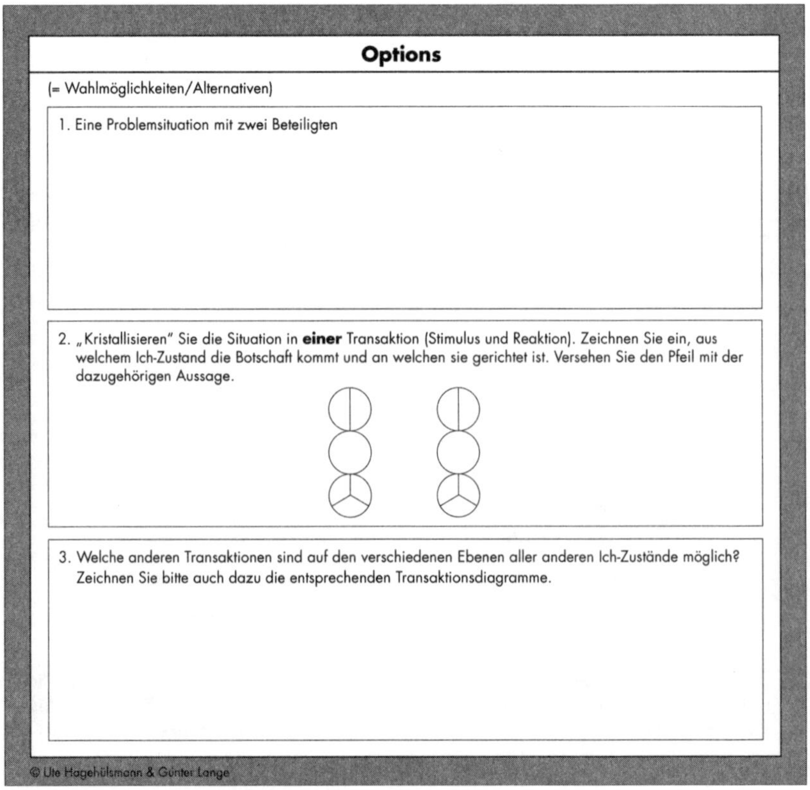

Options

(= Wahlmöglichkeiten/Alternativen)

1. Eine Problemsituation mit zwei Beteiligten

2. „Kristallisieren" Sie die Situation in **einer** Transaktion (Stimulus und Reaktion). Zeichnen Sie ein, aus welchem Ich-Zustand die Botschaft kommt und an welchen sie gerichtet ist. Versehen Sie den Pfeil mit der dazugehörigen Aussage.

3. Welche anderen Transaktionen sind auf den verschiedenen Ebenen aller anderen Ich-Zustände möglich? Zeichnen Sie bitte auch dazu die entsprechenden Transaktionsdiagramme.

Abb. 26: Options: Arbeitsbogen

Die Beispiele zu den Wahlmöglichkeiten helfen den Teilnehmern häufig, einerseits „zufrieden" festzustellen, daß sie bereits auf viele angemessene und effektive Kommunikationsmuster zurückgreifen können. Sie helfen ihnen andererseits, eine trotzdem immer wieder auftretende Unsicherheit zu überwinden: Die Teilnehmer nehmen viele Signale ihrer Kollegen, Vorgesetzten und Mitarbeiter deutlich auf, wissen aber nicht, wie sie darauf reagieren sollen. Sie fürchten z.B., die andere Person zu verletzen, wenn sie eine weinerliche Bitte aus dem angepaßten Kind-Ich zurückweisen würden, und gehen dann komplementär aus ihrem fürsorglichen Eltern-Ich auf den Interaktionspartner ein, ohne das wirklich zu wollen. Zu üben, mit welchen Worten eine solche Transaktion durchkreuzt werden kann, ohne den anderen vor den Kopf zu stoßen, ist oft erleichternd und für die Praxis hilfreich.

Ebensowenig kennen viele unserer Teilnehmer Möglichkeiten, mit ungerechtfertigter Kritik aus dem Eltern-Ich des anderen umzugehen. Einige Menschen neigen dazu, sie „zu schlucken" und auf diese Weise Ärger aufzustauen (siehe Kap. 4), andere kontern aus dem eigenen kritischen Eltern-Ich und setzen damit möglicherweise einen Streit in Gang. Wieder andere reagieren aus ihrem rebellischen Kind-Ich und finden dabei auch keinen angemessenen Umgang mit der Situation. Durch die Übung lernen die TeilnehmerInnen modellhaft, diese Transaktionen auf der Erwachsenen-Ich-Ebene z.B. durch das Richtigstellen von Sachverhalten, durch Informationsvermittlung oder die Mitteilung der eigenen Befindlichkeit zu durchkreuzen und damit dem Gespräch eine Wendung zu geben. So erfahren sie „am eigenen Leibe", was die Kommunikationsregeln bedeuten, die auf diese Weise keine graue Theorie bleiben.

Das bedeutet: Bei dieser Übung gibt es neben Spaß und Freude noch einen anderen Gewinn: In der gemeinsamen Erfüllung der Aufgabenstellung „Options" kann bewußt werden, daß autonomes Handeln sehr eng mit den Wahlmöglichkeiten zu tun hat, auf eine gegebene Situation reagieren zu können anstatt zu müssen. Davon war ja bereits bei den Ich-Zuständen die Rede.

Außerdem kann deutlich werden: Je autonomer eine Person sich verhält, um so weniger verdeckte Transaktionen werden wir feststellen. Anders ausgedrückt: *Integrierte Personen* pflegen ihre Kommunikation und Interaktion so zu gestalten, daß Inhalts- und Beziehungsaspekt übereinstimmen, daß die Informationen der sozialen wie der psychologischen Ebene komplementär sind und keinen oder kaum Anlaß zu Kreuzungen bieten. Verdeckte Transaktionen dagegen sind oftmals Anzeichen von ängstlichem und/oder taktierendem Verhalten, das zwar im Interaktionsgeschehen Unruhe stiften kann, aber letztendlich mehr über die „Not" seines Senders sagt als über dessen Böswilligkeit.

„Halbherzige" parallele oder sogenannte verdeckte-doppelbödige Transaktionen führen im Kommunikationsgeschehen häufig zu unangenehmen Transaktionsabfolgen, die für alle Beteiligten ungut enden. Das werden wir im Kapitel „Spiele" (siehe Kap. 6) näher ausführen.

DREI

GRUNDBEDÜRFNISSE ALS MOTOR MENSCHLICHER LEBENDIGKEIT

3.1 Dreimal „S" für sicheres Gelingen

Natürlich sind Firmen, Institutionen und Organisationen nicht dazu gegründet worden und arbeiten – von wenigen bewußt gestalteten Ausnahmen abgesehen – auch nicht darauf hin, primär menschliche Grundbedürfnisse ihrer Mitarbeiter zu erfüllen. Dennoch sind sie – wissentlich oder unwissentlich – mit ihnen konfrontiert. Ob und in welchem Umfang der Arbeitsprozeß – sei es am Band oder am Schreibtisch oder in Vorstandsverhandlungen – so gestaltet ist, daß die grundlegenden Bedürfnisse der Menschen befriedigt werden können, entscheidet wesentlich über Erfolg oder Nichterfolg der jeweiligen Vorhaben.

Wie kommt das? Neben den vitalen physiologisch bedingten Grundbedürfnissen nach Flüssigkeitszufuhr, Nahrung und Obdach gibt es psychologische Grundbedürfnisse, die ebenso vehement nach lebenslanger Befriedigung verlangen und deren Nichtbeachtung zu schweren Schäden führt. Gemeint sind die *Grundbedürfnisse nach Stimulation, Strokes und Struktur.* Um die Wichtigkeit dieser Grundbedürfnisse, vor allem aber die Wichtigkeit ihrer Beachtung zu betonen, nannte *Eric Berne*, der schon häufiger zitierte Begründer der Transaktionsanalyse, diese drei in Anlehnung an die körperlichen Bedürfnisse „Hunger". Gleichzeitig betonte er, daß diese Bedürfnisarten miteinander verflochten sind. Dabei bildet der biologisch verankerte *Hunger nach Stimu-*

Psychologische Grundbedürfnisse

lierung die Basis. Auf ihm gründet der *Hunger nach Zuwendung* (Strokes), der in seiner ursprünglichen Form ein Hunger nach Streicheln, d.h. nach sinnlicher Stimulation ist und der sich erst im Laufe der Sozialisation zum Hunger nach Beachtung, Zuwendung und Anerkennung ausweitet. Auch der *„Hunger nach (Zeit-)Struktur"* gründet in den biologischen Rhythmen unseres Organismus (Wach-Schlaf-Zyklus, Schlafphasen, Tagesrhythmus, Mensis etc.). Auf ihnen baut sich das psychologische Bedürfniss, die Zeit zu strukturieren, um in ihr den Hunger nach Stimulierung und nach Zuwendung zu befriedigen, ebenso auf wie das Bedürfnis, sich durch genügend Informationen vor Gefahren zu schützen (in Anlehnung an *Petzold* 1976, 15). Alle drei Bedürfnisarten müssen lebenslang befriedigt werden.

Im betrieblichen Alltagsgeschehen bedeutet die Beachtung dieser Bedürfnisse Energiezufluß, ihre Nichtbeachtung Energieverlust im Hinblick auf die jeweilige Aufgabenstellung (siehe Abb. 27).

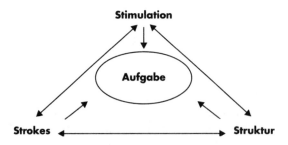

Abb. 27: Zusammenspiel von Grundbedürfnissen und Aufgabenstellung

Wie viele Berufskraftfahrer und sonstige „Vielfahrer" wissen: Bei nächtlichen Autobahnfahrten, vor allen Dingen auf Strecken, auf denen nur wenige Kraftfahrzeuge unterwegs sind, überfällt uns die Müdigkeit nicht nur deswegen, weil wir unter zunehmendem Schlafmangel leiden, sondern auch deswegen, weil sich Monotonie (d.h. Reizmangel) ausbreitet. Das merken wir spätestens dann, wenn plötzlich eine größere Stadt mit Leuchtreklame etc. am Autobahnrand auftaucht, wenn die Verkehrsverhältnisse sich relativ plötzlich verdichten oder aber die Strecke sehr kurvenreich wird. Gleich fühlen wir uns ein wenig wacher und reaktionsbereiter, da unser Organismus neu stimuliert wird. Steuern wir dann noch eine Raststätte an, um zu tanken, und lassen uns vom Tankwart in ein kurzes Gespräch ziehen, durch das wir ein Minimum an Zuwendung erfahren, so bedarf es allenfalls noch einer Tasse Kaffee oder Tee, um unsere Fahrt „geschwind" fortzusetzen.

Egal, ob es sich um Wachheit und Wachsamkeit (Vigilanz), um Kreativität oder Spontaneität, um Effektivität oder Wohlbefinden handelt, die Art unseres Umgangs mit Aufgaben und/oder Lebensumständen hängt davon ab, ob wir uns genügend angeregt und gefordert, also stimuliert fühlen, ob wir genügend Beachtung und Anerkennung, also Strokes erhalten oder zumindest erwarten können, und ob wir genügend Sicherheit empfinden, all das in einem für uns (leidlich) überschaubaren Rahmen, d.h. in einer angemessenen Struktur bewerkstelligen zu können. Die vorhersehbar sichere oder tatsächlich erreichte Befriedigung unserer Grundbedürfnisse wirkt kraftspendend, ihre Nichtbeachtung kraftraubend, zumindest jedoch kraftmindernd, weil immer ein Teil von uns mit diesem unerledigten Geschäft beschäftigt ist. – Schauen wir uns das im einzelnen an!

3.2 Das Bedürfnis nach Stimulation

Wer, wie im vorangegangenen Autobahn-Beispiel, längere Zeit einer gewissen Monotonie oder, was noch schlimmer ist, totalem Reizmangel wie z.B. bei Einöderlebnissen (Wüste, Polarregionen) oder bei sozialer Isolation (hospitalisierte Kinder, U-Boot-Besatzungen, Isolationshaft) ausgesetzt ist, zeigt in der Regel nach kurzer Zeit psychische Beeinträchtigungen. Diese reichen von mangelnder Aufmerksamkeit über Wahrnehmungsstörungen bis zu Halluzinationen. Sehen, Hören, Tasten, Riechen, Schmecken, kurz *alle Sinne müssen stimuliert werden*, sonst kommt es zu sogenannten Deprivationserscheinungen, deren betriebliche Auswirkungen wir z.B. aus der sogenannten Vigilanz-Forschung kennen. Kurz und knapp: Sensorische Deprivation führt bereits nach wenigen Tagen zu schweren Störungen (*Dorsch* 1982, 34).

Optimale Aufmerksamkeitsleistungen, vor allem Daueraufmerksamkeit, sind an ein mittleres Aktivierungsniveau sensorischer Stimulation gekoppelt. Über- und Unteraktivierung beeinträchtigen die Aufmerksamkeit sowie nachfolgend die notwendige Reaktionsbereitschaft. Da diese Leistungen oftmals, wie z.B. bei der Schichtarbeit, zusätzlich an unseren Wach-Schlafrhythmus – d.h. an die biologische Grundlage unseres Strukturbedürfnisses – gekoppelt sind, kommt es zu erhöhter Fehlertätigkeit wie z.B. dem Nichtbeachten von Signalen (Zwangsbremsungen bei Lokomotivführern oder „Bandsalat" bzw. Verschnitt im Fertigungsprozeß) oder zu erheblich verzögerten Reaktionszeiten mit entsprechenden Bedienungsfehlern (*Birbaumer* & *Schmidt* 1996, 544).

Mittleres Aktivierungsniveau sensorischer Stimulation

Deprivation Die Folgen sensorischer oder motorischer Deprivation kennen wir auch aus anderen Bereichen. Auf Monotonie beispielsweise waren wir bereits zu sprechen gekommen. Ebenfalls betriebliche Wirklichkeit – wenn man auch weniger gern über sie redet – ist z.B. die *Isolation von sozialer Interaktion*. Im betrieblichen Alltag erleben wir sie in „leichter Form" beispielsweise, wenn eine nicht genügend erfolgreiche und/oder durchsetzungsfähige Führungskraft auf ein Nebengleis abgeschoben und dort zu sinnloser Dokumentationstätigkeit „verdammt" wird, oder in „härterer Form", wenn im Zusammenhang mit Mobbingstrategien mit einer bestimmten Kollegin im selben Arbeitsraum nur noch via Schriftform verkehrt wird.

In einer Gießerei wurde ein Arbeitsplatz auf beeinträchtigende (stressende) Umgebungseinflüsse hin untersucht, z.B. Lärm und Vibration. Obwohl die Beeinträchtigungen erheblich waren, zeigten die Arbeiter die geringsten Streßsymptome im ganzen Betrieb. Danach wurde die Maschine stillgelegt und die Arbeit auf einen Teilautomaten verlagert. Die Wiederholungsuntersuchung nach zwei Jahren ergab, daß sich für den Einzelnen die Summe aller schädigenden Beeinträchtigungen zwar erheblich verbessert, die psychosomatischen Erscheinungen und biochemischen Beanspruchungsreaktionen jedoch erheblich verschlechtert hatten. Durch die neue Maschine war die in vielen Jahren gewachsene Arbeitsgruppe zerschlagen worden, während die Arbeit selbst sehr viel monotoner und damit anstrengender geworden war. Die „Verbesserung" der Arbeitsbedingungen hatte die Befriedigung menschlicher Grundbedürfnisse erschwert (nach *H. Meyer* 1979).

Wie das Beispiel zeigt, beinhaltet Isolation von sozialer Interaktion keineswegs nur sensorische und/oder motorische Deprivation. Sie beinhaltet immer auch ein Abgeschnittensein vom Grundbedürfnis nach Beachtung, Zuwendung und Anerkennung, das es im folgenden zu erörtern gilt.

Zuvor jedoch wollen wir nochmals darauf hinweisen, daß ein wesentlicher Teil unseres Interesses und unserer Freude an der Arbeit durch ein ausreichendes Maß an Stimulation bewirkt wird. Nur wenn z.B. durch Formen des **Job-enrichment** job-enrichment (Bereicherung der Arbeitsinhalte) oder des job-enlargement **Job-enlargement** (Ausweitung der Arbeit durch persönliche Aufgaben) unser Hunger nach Stimulierung befriedigt und unsere Leistung und unsere Verantwortung anerkannt werden, erleben wir uns im höchsten Grade motiviert. Mit Hilfe von beidem (job-enrichment und job-enlargement) müssen wir uns daher bemühen, effektivitätssteigernde und gleichzeitig gesundheitsfördernde Organisationen zu schaffen, in denen die Mitarbeiter auf Ebenen wirken können, die ihre ureigensten Bedürfnisse befriedigen, statt sie zu demotivieren.

3.3 Streicheln, Loben, Schelten, Tadeln:
Das übergreifende Bedürfnis nach Anerkennung

Auch unser *Bedürfnis („Hunger") nach Beachtung, Zuwendung und Anerkennung* begleitet uns unser Leben lang. Der in der Transaktionsanalyse übliche Terminus „Streicheln", dessen englische Version *Stroke* inzwischen in den alltäglichen Sprachgebrauch übergegangen ist, wird von der Art der Zuwendung hergeleitet, die einem willkommenen Neugeborenen zukommt: körperliche Berührung. Kontakt in der konkreten Bedeutung dieses Wortes (contactus = Berührung) wird dabei als innige Berührung von Körper zu Körper beim Stillen, in Form körperlichen Streichelns oder durch liebevolles Gehaltenwerden erlebbar. Wie wichtig das ist, haben die Beobachtungen des Kinderpsychiaters *René Spitz* (1967) gezeigt. Er fand heraus, daß Kinder, die ohne emotionale Bezugspersonen in Heimen oder Kliniken aufwuchsen – d.h. in der Sprache der Transaktionsanalyse, kaum oder zuwenig Beachtung erhielten –, trotz optimaler Hygiene und Ernährung zu Selbstaggressionen und Selbstzerstörung neigten und sich mit erheblichen Verzögerungen körperlicher und auch seelisch-geistiger Art entwickelten.

Körperkontakt

Seit unseren Kindertagen haben wir neben dem Streicheln durch Berührung zunehmend auch andere Formen des „Streichelns" kennen- und schätzengelernt. Obwohl wir auch als Erwachsene immer noch Körperkontakt – und das keinesfalls nur in sexueller Form – schätzen und „brauchen", hat sich der Faktor der erwünschten und erhaltenen Zuwendung immer mehr in Richtung Beachtung, Anerkennung und Respekt verlagert. *Beachtet zu werden*, d.h. als Person und/oder in unserer Leistung zunächst einmal wahrgenommen, zur Kenntnis genommen zu werden, können wir dabei sozusagen als Basis aller Zuwendung im betrieblichen Alltag ansehen. Fühlen wir uns zusätzlich mit *Respekt**, d.h. mit Achtung behandelt, oder können gar noch *Anerkennung* für unsere Sichtweise oder Haltung gewinnen, ist rundherum Zufriedenheit angesagt.

Andere Formen des „Streichelns"

Die Art, Beachtung zu vermitteln, beinhaltet eine ganze Palette von Möglichkeiten:
Verbale Anerkennung beispielsweise reicht von einfachem „Hallo" bis zu einem langandauernden Gespräch, *nonverbale Zuwendung* von einem Blick bis zum direkten Streicheln. Dabei sind verbale und nonverbale Zuwendung

---

* Respekt (von Lateinisch respicere) heißt übrigens in wörtlicher Übersetzung zurückschauen, sich umsehen, berücksichtigen und auch: *beachten*.

oftmals miteinander verschränkt: ein Lächeln, das den Gruß begleitet, oder ein Kuß, der die verbale Liebesbeteuerung abschließt. Zusätzlich kennen wir als Erwachsene Formen des *direkten Ausdrucks von Zuwendung* und Formen des *indirekten Ausdrucks* oder *der symbolischen Anerkennung.* „Phantastisch, Herr Kollege!" oder ein freundschaftliches Händedrücken und Schulterklopfen zur Begrüßung sind unschwer als Formen direkter Zuwendung zu erkennen, unser monatliches Salär oder eine Gehaltserhöhung ebenso klar als Formen indirekter, symbolischer Zuwendung.

Einige dieser Formen werden von uns *positiv* (= angenehm) erlebt, andere als *negativ* (= unangenehm) empfunden. Ein Lächeln, eine öffentliche Belobigung auf der Betriebsversammlung oder auch die gerade gewährte Gehaltserhöhung erleben wir als positive Beachtung, Stirnrunzeln unseres Vorgesetzten, eine giftige Zwischenbemerkung des Maschinennachbarn oder auch einen tätlichen Angriff als unangenehm und/oder schmerzlich, also negativ.

Irgendeine Art von Zuwendung ist besser als gar keine!

Menschen trachten jedoch keineswegs immer danach, positive Zuwendung zu bekommen und negative zu vermeiden. Weit gefehlt: *Irgendeine Art von Zuwendung ist besser als gar keine!* Ist keine positive Beachtung zu erreichen oder wird diese aus persönlichen Gründen abgelehnt – wir kommen darauf zurück –, so sind viele Menschen bereit, zur Befriedigung ihres Zuwendungshungers auch negative Beachtung hinzunehmen oder diese sogar zu provozieren.

Das kann man bereits bei Kindern beobachten. Ein Kind, das über Stunden „artig" in seinem Zimmer spielt, ohne daß die Mutter zwischendurch einmal hineinschaut und sein Spiel bewundert, wird nach einiger Zeit entweder sein Spiel unterbrechen und zur Mutter laufen, um Kontakt aufzunehmen (= Streicheln und Zuwendung zu bekommen), oder aber etwas „anstellen". Denn spätestens dann, wenn es z.B. mit lautem Getöse und einem Schreckensschrei vom Stuhl oder Bett gefallen ist, wird ganz sicher die Mutter erscheinen und sich ihm zuwenden, selbst wenn es dabei Schimpfe für seine Unachtsamkeit in Kauf nehmen muß.

Ähnliches erleben wir beispielsweise in abgewandelter Form in der Arbeitswelt, wenn uns gewerbliche Mitarbeiter davon berichten, daß ihre Vorgesetzten nur bei Problemen und Konflikten am Arbeitsplatz in den Werkshallen erscheinen. „Hier wirst du doch nur beachtet, wenn's ein Problem gibt. Aber dann kannst du gucken, wie die laufen", war der kennzeichnende Satz in einem Training, als es um Anerkennung und Beachtung im betrieblichen Alltag ging.

Bedingungslose Anerkennung

Zusätzlich zu den bisher genannten Unterscheidungen können wir auch zwischen bedingungsloser Zuwendung und bedingter Zuwendung unterscheiden. *Bedingungslose Anerkennung* meint die Person und ihr Dasein: „Schön,

daß es dich gibt." *Bedingte Anerkennung* bezieht sich auf das, was man tut, ist **Bedingte**
verhaltensbezogen: „Die Präsentation war gelungen!" **Anerkennung**

Kombinieren wir den Aspekt, wie wir Zuwendung erhalten – positiv oder negativ – mit der Richtung der Anerkennung – personenbezogen (unbedingt)
oder verhaltensbezogen (bedingt) –, erhalten wir vier Formen der Zuwendung, die uns privat wie beruflich immer wieder begegnen:

Zuwendung/Anerkennung	
positiv	
z.B.: Ich liebe dich! Ich schätze Sie.	z.B.: Du kannst toll spielen! Ich schätze Ihre Arbeit.
z.B.: Ich hasse dich! Sie können mir gestohlen bleiben!	z.B.: Du nervst mich mit deinen Fragen! Ihre Arbeit entspricht nicht unseren Qualitätsstandards.
negativ	

(*unbedingt* – linke Randbeschriftung; *bedingt* – rechte Randbeschriftung)

Abb. 28: Vier „alltägliche" Formen der Zuwendung

„*Positiv unbedingt*" nennen wir eine Aussage wie z.B.: „Es ist gut, daß du da
bist!", „Ich schätze Sie!", „Fein, daß Sie wieder da sind!" oder auch ein zärtli-
ches körperliches Streicheln bzw. ein freundschaftliches Schulterklopfen. Damit fühlen wir uns wertgeschätzt, daß wir da sind.

„Positiv bedingter" Zuwendung entspricht ein Lob wie: „Diese Arbeit haben
Sie gut gemacht" oder: „Ich schätze Ihre Analysen, Herr P." Mit dieser Form
von Beachtung werden wir in unseren Fähigkeiten, unserer Arbeit, unserem
Leistungsstreben und unseren individuellen Besonderheiten anerkannt.

„Negativ bedingte" Formen der Zuwendung sind Kritik, wie: „Ihre Art zu
sprechen regt mich auf", „Ihre Arbeit entspricht nicht unseren Qualitätsstan-
dards", oder auch das Setzen von Grenzen: „Wie Sie wissen, ist das Rauchen
auf dem gesamten Betriebsgelände verboten." Gerade dieses Setzen von
Grenzen ist eine in der Führung und Anleitung von Menschen unabdingbare
Form der Beachtung. Geschieht sie respektvoll, dient sie der Orientierung, geschieht sie ohne Respekt vor der Würde und Andersartigkeit unserer

Mit(menschen)arbeiter, bewirkt sie Abwertung, Herabsetzung und Demotivation oder lädt zur Rebellion und zum Konkurrenzkampf ein.

„Negativ unbedingte" Zuwendung enthält ein Ausspruch wie: „Ich hasse dich" oder: „Gehen Sie mir aus den Augen." Diese Art Zuwendung beeinträchtigt eine Person in ihrer psychischen Unversehrtheit und in ihrem Recht auf Dasein. Im Gegensatz zu allen anderen Formen der Anerkennung ist sie für die Existenz und das Wachstum eines Menschen unnötig, ja sogar schädlich. Deshalb sollten wir uns vor ihr hüten.

Unechte Anerkennung Eine andere typische Variante von Zuwendung nennen wir *„doppelbödiges oder schiefes Streicheln"*. Gemeint ist Anerkennung, die positiv beginnt, aber einen „Pferdefuß" hat, z.B.: „Gott sei Dank war Ihre Präsentation heute ja in Ordnung!" Ganz ähnlich habe ich einen Kostenstellenleiter am Ende einer Sitzung zu seinem Qualitätskontrolleur sagen hören: „Schön, daß Sie heute mal nicht so viel geredet haben", oder einen Chef zu seiner Sekretärin: „Ihr Diktat, Frau Müller, ist heute endlich mal ohne Fehler, prima." Das alles ist unechte Anerkennung. Wir merken beim Lesen, wie uns spätestens bei der zweiten Hälfte dieser Sätze ein leichtes Kribbeln den Rücken hinunterläuft. Denn solche Aussagen enthalten eine Doppelbotschaft, die den Empfänger verunsichert, nämlich positive Beachtung auf der sozialen Ebene und negative auf der psychologischen Ebene.

Schiefe Zuwendung ist ebenso unecht wie das, was *Berne* und andere Autoren als „Süßholzraspeln" oder *„plastic-strokes"* bezeichnet haben. Mit beidem ist unaufrichtige „positive" Zuwendung gemeint, bei der unechte Höflichkeiten ausgetauscht werden, wie z.B.: „Ich bin so begeistert, daß Sie da sind!", „Wenn ich Sie nicht hätte, wüßte ich nicht, wie unsere Abteilung überleben könnte!" oder noch subtiler, wie schon im Abschnitt über Transaktionen genannt (siehe S. 52ff): „Sie sind die Frau/der Mann für diese Aufgabe!", „Sie sind der Mann/die Frau, den/die wir brauchen!"

Es wirken nur jene Formen von Zuwendung konstruktiv, die wir aus einer positiven Grundhaltung und in offener, eindeutiger und respektvoller Weise geben.

Welche Formen von Zuwendung wir im einzelnen wählen, hängt in starkem Maße von unseren individuellen Erfahrungen mit Zuwendung seit Kindertagen ab. Denn jede Familie entwickelt ihre bestimmte Art, Intensität, Häufigkeit und Deutlichkeit, sich gegenseitig zu beachten, einander Zuwendung zu **Familiäres Zu-** geben und Anerkennung zu zollen. D.h., jede Familie und ihre Mitglieder ent- **wendungsmuster** wickelt ihr *familiäres Zuwendungsmuster*. Während die Mitglieder der einen

Familie gern und oft durch verbales Bekunden oder auch Umarmungen und Aneinanderkuscheln sich ihrer gegenseitigen Zuneigung versichern und sich mit aufmunternden Worten bei ihren Vorhaben unterstützen bzw. einander trösten, wenn etwas nicht so gelaufen ist wie erwartet, lassen sich die Mitglieder anderer Familien nur dann intensiver miteinander ein, wenn es zu lautstarken Auseinandersetzungen über die unterschiedlichen Sichten, Vorhaben und „Rechte" kommt, d.h., wenn sie negatives Streicheln austauschen. „Daheim konnte ich nur dann glauben, daß mein Vater mich wirklich meinte und ich nicht stellvertretend für meine Geschwister stand, wenn er mich verdrosch", war der beispielhafte Ausspruch eines Projektmanagers im Coaching-Gespräch. In wieder anderen Familien erhalten Kinder z.B. Zuwendung dafür, daß sie zwischen Eltern vermitteln und/oder als Ersatzpartner fungieren.

Auf jeden Fall können wir davon ausgehen, daß diese „uralten" Muster, Beachtung zu geben und zu erhalten, zu erbitten und sie abzulehnen oder sich selbst in Form von Eigenlob zu beachten, tief in unser Verhaltensrepertoire eingegraben sind. Sie bilden einen festen Bestandteil des zuvor genannten Bezugsrahmens und dienen – wie andere Muster, die wir noch besprechen werden – im Alltag dazu, unsere Lebensanschauung immer wieder zu bestätigen und die Meinung über uns selbst, die anderen und die Welt zu bewahrheiten.

Unterstützung erfahren und erfuhren diese Muster schon immer durch *kulturelle Gegebenheiten* und *gesellschaftliche Regeln*. In Südeuropa beispielsweise ist ein Kuß und eine Umarmung bei der Begrüßung sehr viel selbstverständlicher als in Großbritannien. Den bedauerlichen Irrtum, man dürfe in professionellen Zusammenhängen nur weit weniger „streicheln" als in privaten, kann man als gesellschaftliche Regel bezeichnen.

Gesellschaftliche Regeln

Claude Steiner (1982, 139), ein amerikanischer Transaktionsanalytiker, der sich intensiv mit dem Thema Zuwendung auseinandergesetzt hat, meint, gesellschaftliche und kulturelle Einflüsse lassen sich in fünf Regeln formulieren, durch die Kinder wie Erwachsene im Umgang mit Zuwendung „angewiesen" werden. Er nennt die fünf Regeln *Stroke-economy* und meint damit, daß alle zwischenmenschliche Zuwendung, die eigentlich unbegrenzt zur Verfügung stehen könnte, durch diese Regeln eingeschränkt wird. Als Folge davon wird das Geben oder Vorenthalten von Beachtung zum Machtfaktor.

Stroke-economy

➤ *Gib keine Strokes, auch wenn es eigentlich notwendig wäre.*
Ein junger Produktmanager hat soeben seine erste Präsentation vor seiner neuen Abteilung gehalten, in die er vor kurzem aus einer Nachbarfunktion hineingewechselt hat. Da er selber bisher keine Präsentationen in dieser neuen Abteilung

erleben konnte, ist er sehr gespannt, wie seine Art, das Produkt und seine Strategieüberlegungen zu offerieren, angekommen ist. Gebannt schaut er daher zu seinem unmittelbaren Vorgesetzten und dem Abteilungsleiter und wartet auf deren Beurteilung. Obwohl beide „offensichtlich" seine Blicke wahrnehmen, erklärt der Abteilungsleiter die Sitzung mit der Bemerkung für geschlossen, Teilkorrekturen oder Einzelheiten des strategischen Vorgehens könne man in der Kleingruppe abstimmen.

➤ *Frage nicht nach Strokes, auch wenn du sie eigentlich brauchst.*
Obwohl der junge Produktmanager auch im nachhinein gerne Anerkennung für seine Präsentation erfahren würde, wagt er es nicht, seinen unmittelbaren Vorgesetzten beiseite zu nehmen und danach zu fragen.

➤ *Akzeptiere keine Strokes, auch wenn du sie dir eigentlich wünschst.*
Frau M., ein Trainee in einer Steuerberatungsgesellschaft, hat sich in einem Assessment, in dem es um die Übernahme in ein Angestelltenverhältnis geht, sehr eigenständig, kompetent, deutlich und brillant gegen ihre Mitdiskutanten durchgesetzt. Am Abend von einem der Beobachter auf ihre starke Position sowie ihre brillante Art zu diskutieren angesprochen, antwortet sie: „Ja, da bin ich wirklich froh, daß die Gruppe mir das so leichtgemacht hat. Eigentlich mußte ich ja wenig tun, da die anderen mir die Argumente zugespielt haben."

➤ *Weise keine Strokes zurück, auch wenn du sie nicht willst.*
Als ich den zuvor zitierten Ausspruch: „Schön, daß Sie heute mal nicht so viel geredet haben" hörte, stutzte ich innerlich und vermutete, der Angesprochene, der bereits in der Sitzung mehrfach durch Zwischenrufe gebremst worden war, müsse nun explodieren und diese „Unverschämtheit" zurückweisen. Statt dessen schluckte er und sagte gar nichts.

➤ *Stroke dich nicht selbst.*
Als der neue Verkaufsleiter einer Maschinenfabrik von seinem ersten längeren Großkundenbesuch zurückkommt, berichtet er voller Stolz über die gelungenen Abschlüsse neuer Projekte und Aufträge. Dabei bemerkt er sehr schnell, daß, je mehr er seiner Freude Ausdruck gibt, desto länger und betretener die Gesichter seiner Gesprächspartner werden. Als er schließlich fragt, ob etwas nicht richtig sei an den neuen Projekten, bekommt er vom Leiter der Produktion zur Antwort: „Doch, doch, es stimmt schon alles. Aber machen Sie nicht ein bißchen viel Aufhebens vom normalen Tagesgeschäft? Und fürs Gelingen haben wir Sie doch eingestellt, oder?"

Zusammengenommen wirken im Umgang mit Beachtung, Zuwendung und Anerkennung alle diese Einflüsse, d.h. unsere biographischen Erfahrungen sowie die kulturellen und gesellschaftlichen Regeln, wie eine Art „Streichelfilter", der ebenfalls im Bezugsrahmen des Menschen verankert ist. Das meint:

„Streichelfilter"

Je nachdem in welchem Umfang mir das Geben, Erbitten, Akzeptieren, Zurückweisen oder Selbstlob innerlich erlaubt oder verboten ist oder es mir als unangemessen erscheint, werde ich meine Zuwendung anderen zukommen lassen oder Anerkennung, die ich erhalte, entsprechend aufnehmen, ignorieren, verkleinern oder auch erst gar nicht einfordern.

Sagt z.B. ein Meister einem Mitarbeiter nach einem längeren Krankenhausaufenthalt, er freue sich, daß der Mitarbeiter nun wieder gesund sei, antwortet dieser ausweichend: „Ist ja auch langsam an der Zeit. Man kann ja nicht ewig krank sein." Da bedingungsloses Streicheln, was er nach seiner langen Krankheit notwendig brauchen würde, nicht in sein Zuwendungsmuster paßt, denkt er innerlich: „Das sagt der doch nur, weil man das als Vorgesetzter eben macht" oder noch mißtrauischer: „Der sagt das doch nur, weil er froh ist, wieder volles Maschinenpersonal zu haben und auf seine gewohnten Stückzahlen zu kommen." Damit kann dieser Mitarbeiter sein gewohntes Selbstbild aufrechterhalten, daß niemand Interesse an seiner Person hat, wenn er „nichts Ordentliches" leistet. Das heißt gleichzeitig, daß dieser Mitarbeiter sich hungern läßt, wo er doch gute, unterstützende „Nahrung" gebrauchen könnte.

3.3.1 Beachtung, Zuwendung und Anerkennung im betrieblichen Alltag

Auf den betrieblichen Alltag umgemünzt, lassen sich alle zuvor geschilderten Gesetzmäßigkeiten im Umgang mit Zuwendung in zwei Thesen zusammenfassen:

> ➤ **Aufrichtige Zuwendung ist der Treibstoff im Motor der Organisationen.**
> ➤ **Mangelnde oder unechte Zuwendung wirken wie Sand im Getriebe der Organisation.**

Auch Betriebe haben ihr spezifisches Zuwendungsmuster bzw. ihre spezifischen Streichelfilter. Unternehmen unterscheiden sich nicht nur in der Art und Weise, wie sie z.B. mit Feedbackprozessen oder Kritikgesprächen umgehen, sondern auch im Hinblick auf „erlaubte" oder „unerlaubte" Formen der Beachtung und Anerkennung. Sich dessen bewußt zu werden, d.h., die eigenen und die kollektiven Muster betrieblichen „Strokens" ohne Beschönigung wahrzunehmen, ist daher ein erster Schritt notwendiger Entwicklung.

Umgang mit Zuwendung

Dazu dient uns in unserer Arbeit in Trainings oder auch im Coaching manchmal ein Fragebogen, der das eigene Umgehen mit Zuwendung sehr übergreifend und ohne spezifische Ausrichtung auf Betriebliches erkunden läßt:

WIE GEHE ICH MIT ANERKENNUNG UND ZUWENDUNG UM?

1. Womit versuche ich hauptsächlich Anerkennung und Zuwendung zu bekommen?

z.B.:
➤ durch gute Leistungen.
➤ durch Stark-Sein und Hilfsbereit-Sein.
➤ durch Hilfsbedürftig-Sein.
➤ durch Eklig-Sein.
➤ Ich lege es gar nicht darauf an, weil ich genügend Anerkennung bekomme.

2. Gibt es dabei Unterschiede in meinen verschiedenen Rollen?

z.B.:
➤ als (Ehe)PartnerIn,
➤ als Mutter/Vater,
➤ als Führungskraft,
➤ als MitarbeiterIn,
➤ als Kollegin/Kollege.

3. Kann ich direkt und ohne Umschweife um Zuwendung bitten?

z.B.:
➤ „Sag mir etwas Nettes", „Nimm mich in den Arm", „Lob mich dafür"...

4. Kann ich mir selber Zuwendung geben, gut zu mir sein, verständnisvoll sein?

➤ z.B.: ....

5. Erniedrige ich mich selbst mehr, als daß ich nett zu mir bin?

➤ z.B.: ....

6. Wie gehe ich mit empfangener Anerkennung oder Zuwendung um?

z.B.:
➤ Ich kann sie offen annehmen.
  („Danke, ich freue mich, daß Sie mir das sagen!)
➤ Ich wehre sie ab, direkt oder indem ich ablenke.
➤ Ich freue mich nur im Stillen darüber, nach außen wehre oder lenke ich ab.

7. Welche Sätze hätte ich von meinen Eltern nur zu gern gehört, und sie haben sie mir nie oder kaum einmal gesagt?

z.B.: ....

Abb. 29: Arbeitsbogen zum Umgang mit Anerkennung und Zuwendung

Dazu trägt jede Kleingruppe ihre bereits zusammengefaßten Ergebnisse vor und illustriert sie beispielhaft anhand eines Teilnehmers. Somit haben sowohl die generellen Erkenntnisse als auch interessante Einzel"fälle" die Gelegenheit, näher besprochen zu werden.

Herr M., Teilnehmer eines Management-Development-Programmes, berichtet als Sprecher seiner Kleingruppe beim abschließend auswertenden Gespräch im Plenum, sie hätten übereinstimmend keinerlei Unterschiede im Umgang mit Zuwendung und Anerkennung in ihren verschiedenen Rollen feststellen können. Man sei ja schließlich auch kein anderer Mensch, bloß weil man morgens durchs Werktor gegangen sei. Das erregt heftigen Widerspruch bei den Teilnehmern anderer Kleingruppen, die erhebliche Unterschiede festgestellt haben. Als Beispiel führen sie den Umgang mit unbedingt positiver Anerkennung an: Das sei daheim bei Frau/Mann und Kindern selbstverständlich, aber im Betrieb doch völlig unüblich. Erneuter Widerspruch, sie würden nur nicht „richtig" hinschauen. Unbedingt positive Zuwendung könne sich doch bereits in der Art der (morgendlichen) Begrüßung – „Schön, Frau M., Sie zu sehen" – ausdrücken und reiche über Aussprüche wie: „Schön, daß Sie wieder da sind" (z.B: nach einem Urlaub oder nach Krankheit) bis zum ritualisierten (abendlichen) Abschied: „Schönen erholsamen Feierabend!".

An diesen Beispielen entzündet sich ein weiterführendes Gespräch, welche konkreten Formen der Beachtung, Zuwendung und Anerkennung überhaupt in einem Unternehmen angemessen seien – wohl richtiger: als angemessen empfunden würden – und welche davon in ihren eigenen Unternehmen bzw. seinen verschiedenen Abteilungen genutzt würden. Das Gespräch endet mit der verblüfften Feststellung einer Teilnehmerin, das betriebliche Streichelmuster ihrer Fachabteilung mit keinerlei unbedingt positiver, wenig bedingt positiver, aber viel bedingt negativer Zuwendung entspreche haargenau der Art, wie man in ihrer Ursprungsfamilie mit Zuwendung umgegangen sei. Da sei sie ja genau wieder im selben „Schlamassel" gelandet, aus dem sie glaubte, bereits entwichen zu sein.

Als auch einige andere Teilnehmer entsprechende Ähnlichkeiten bei sich feststellen, konzentriert sich das Gespräch auf die Möglichkeiten individueller Veränderungsstrategien im betrieblichen Alltag, da sich alle darüber klar sind, daß Veränderungen am zweckmäßigsten bei jedem selbst ansetzen.

Zuwendungsprofil

Um persönliche Veränderungen im Umgang mit Zuwendung und Anerkennung einleiten zu können, kann es zunächst wichtig sein, die eigenen Muster noch ein wenig genauer kennenzulernen. D.h., ich frage mich zweckmäßig: Wie gehe ich mit Lob, Anerkennung, Tadel und negativer Kritik um? Man kann beides bekanntlich geben, erbitten, annehmen, ablehnen und sich selbst geben. Wie sieht mein Muster aus?

Zur technischen Umsetzung dieser Fragestellung hilft uns ein sogenanntes *„Zuwendungsprofil"*, das die einzelnen Umgangsweisen wiederum als Säulendiagramm darstellt:

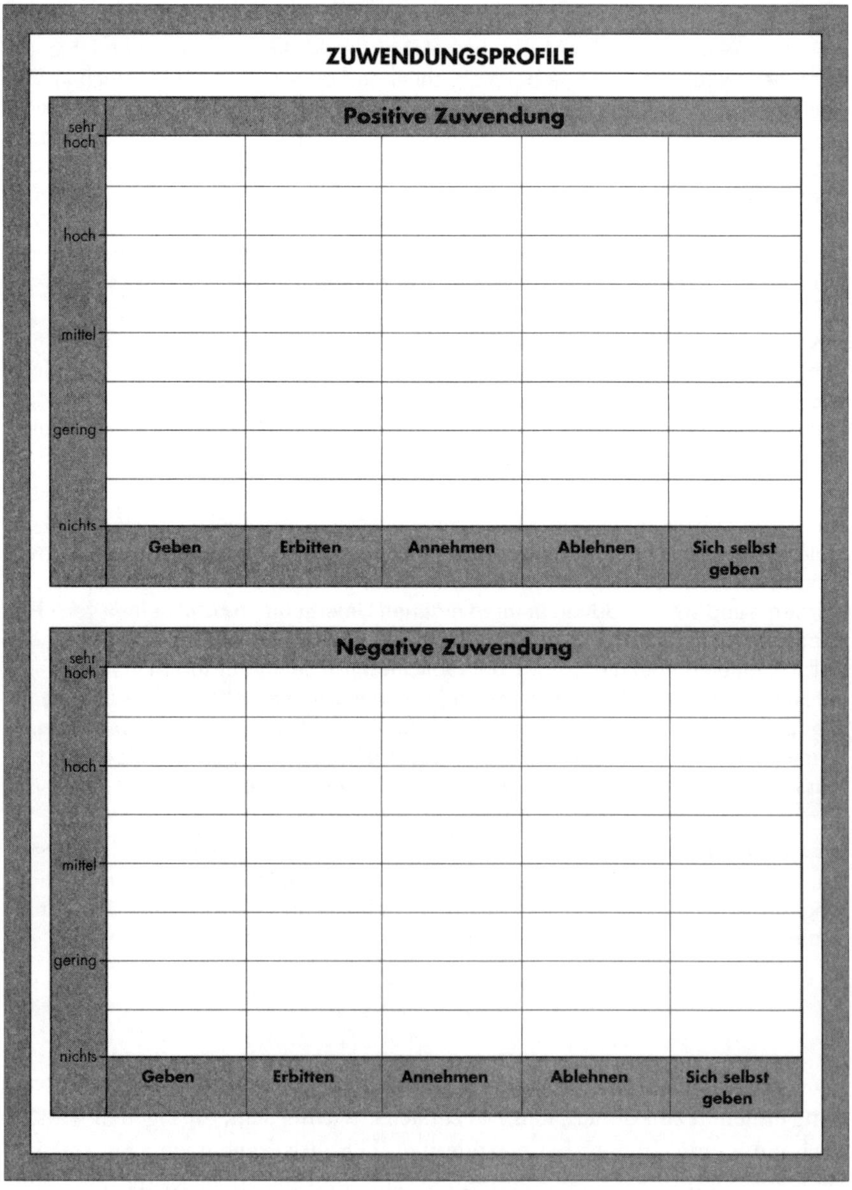

ZUWENDUNGSPROFILE

Positive Zuwendung

	Geben	Erbitten	Annehmen	Ablehnen	Sich selbst geben
sehr hoch					
hoch					
mittel					
gering					
nichts					

Negative Zuwendung

	Geben	Erbitten	Annehmen	Ablehnen	Sich selbst geben
sehr hoch					
hoch					
mittel					
gering					
nichts					

Abb. 30: Zuwendungsprofil

Der Vorteil dieses Profils besteht in der leichten Handhabbarkeit und der Möglichkeit, das Diagramm als Selbst- und/oder Fremdbild erstellen und darüber miteinander ins Gespräch kommen zu können. Sein Nachteil ist seine Undifferenziertheit hinsichtlich unbedingter und bedingter Zuwendung, was sich besonders bei negativer Zuwendung bemerkbar macht. Hier sind die Nutzer daher darauf aufmerksam zu machen, daß sie zwischen bedingter und unbedingter negativer Zuwendung zweckmäßig unterscheiden. Hinsichtlich der Frage, ob eine bestimmte Umgangsweise wünschenswert oder unzweckmäßig etc. ist, regen wir sie an, auch den Handlungskontext mitzubedenken, in dem die Zuwendung gegeben wird.

Eine weitere *Übung*, die wir sehr schätzen, verfolgt zwei Ziele: Sie trainiert **Strokeübung** den Umgang mit Zuwendung, und sie kann die „Stroke-economy" durch Verwöhnung aufheben. Diese Übung, bei der sich die Teilnehmer gegenübersitzen, besteht aus drei Runden.

Das Thema der ersten Runde lautet: *„Zuwendung geben".* In wechselnder Folge fragen die Teilnehmer jeweils eine andere Person aus dem Kreis: „Darf ich dir/Ihnen Zuwendung geben?" Je nach dem Grad der Vertrautheit, den die Teilnehmer bereits miteinander erreicht haben, kann diese Frage um den Zusatz „verbal oder nonverbal?" ergänzt werden. Die angesprochene Person – und darauf ist besonders hinzuweisen – kann mit „ja" oder „nein"[*] antworten. Wenn die angesprochene Person mit „ja" antwortet, kann der anfragende Teilnehmer nunmehr seine Zuwendung formulieren. War die Verabredung, daß die Zuwendung nonverbal gegeben werden sollte, so ist zusätzlich zu präzisieren, in welcher Form das geschehen soll, z.B. durch einen Händedruck oder auch durch eine Umarmung. Dann kann eine andere Person aus dem Kreise fortfahren.

Die zweite Runde trägt die Überschrift: *„Zuwendung erbitten".* Nunmehr fragen einzelne Teilnehmer andere Personen aus dem Kreis um Zuwendung: „Ich hätte gerne von dir/Ihnen Zuwendung/Anerkennung" oder auch: „Ich würde gern von dir/Ihnen nonverbale Zuwendung erhalten." Wieder ist die angesprochene Person angefragt, mit „ja" oder „nein" zu antworten, wobei wiederum bei nonverbaler Zuwendung die Art zu präzisieren ist. Nachdem

---

[*] Hier wie in anderen derartigen Übungen ist es wichtig, darauf hinzuweisen, daß „ja" oder „nein" eine Zusage oder Absage für die Zusammenarbeit in dieser Kleingruppe oder Übung bedeuten und nicht zu generalisieren sind. Der Hinweis erscheint uns deswegen so wichtig, weil uns unsere Erfahrung gezeigt hat, daß solche Antworten immer wieder mißinterpretiert werden.

die Zuwendung gegeben wurde, kann eine nächste Person Zuwendung erbitten.

Die dritte Runde beinhaltet *„sich selbst anerkennen"*. In dieser Runde sprechen die Teilnehmer sich selber ein Lob aus, erzählen von einem gelungenen Ereignis oder stellen eine Fähigkeit von sich selbst vor, die sie besonders mögen und/oder die die anderen kennenlernen sollten.

Fast immer, wenn wir diese Übung vorschlagen, stoßen wir zunächst auf die in unserer Gesellschaft üblichen – den Regeln der „stroke-economy" folgenden – Vorbehalte und Widerstände: „Das übt man ja vielleicht besser erst zu Hause", „Muß das denn sein?", „Das ist mir aber viel zu künstlich" oder: „Und was soll das für den Betrieb bringen?" Hier bedarf es oft innerer Wappnung und einer gründlichen und bestimmt vorgebrachten Einladung an die Teilnehmer, die Übung zunächst einmal durchzuführen und die Diskussion über Sinn und Unsinn bzw. Zweckmäßigkeit oder Sandkasten-Spielereien auf später zu verschieben. Sind die Teilnehmer dazu bereit, kann fast durchgängig beobachtet werden, wie sich die Personen spätestens nach der ersten Runde zunehmend entspannen und Lob, Zuneigung und Anerkennung auf sich wirken lassen. Am Ende sind meist alle mit Leib und Seele dabei. Und die, die es noch nicht sind bzw. aufgrund ihrer biographischen Vorerfahrungen noch nicht sein können, fragen manchmal bereits in der Gruppe – die Atmosphäre läßt das nach dieser Übung fast immer zu – oder in der anschließenden Pause, was sie tun können oder „müßten", um den miterlebten Umgang mit Zuwendung ihrerseits praktizieren, vor allem aber genießen zu können. Insgesamt steht und fällt diese Übung mit der Kompetenz des Trainers, da er zum einen vom Wert von Zuwendung, Beachtung und Anerkennung und damit vom Wert dieser Übung authentisch überzeugt sein muß und zum anderen mit den oftmals bewegenden Erlebnissen der Teilnehmer kompetent und adäquat umgehen können muß.

Übung zum Beachtungsverhalten Für die Übertragung der Erfahrungen und/oder Vorbereitung auf verändertes Umgehen mit Lob, Anerkennung und Tadel im Unternehmen ist oft eine andere Übung sinnvoll, die diesen Umgang im betrieblichen Alltag direkt anspricht. Sie basiert auf folgendem Fragebogen:

LOB UND TADEL IM BETRIEBLICHEN ALLTAG

1. Schreiben Sie drei Personen (Mitarbeiter und/oder Kollegen) auf, mit denen Sie eng zusammenarbeiten.

Person 1
Person 2
Person 3

2. Wann haben Sie diesen Personen zuletzt positive Beachtung im Sinne von Lob und Anerkennung gegeben?

Person 1
Person 2
Person 3

3. Was war der Grund dafür (Anwesenheit, Verhalten, Leistung usw.)?

Person 1
Person 2
Person 3

4. Wann haben Sie jeder dieser Personen zuletzt negative Beachtung im Sinne von Tadel oder negativer Kritik gegeben?

Person 1
Person 2
Person 3

5. Was war der Grund (Anwesenheit, Verhalten, Leistung)?

Person 1
Person 2
Person 3

6. Wie groß ist der Prozentsatz positiver und negativer Beachtung pro Person?

Person 1	% positiv	% negativ
Person 2	% positiv	% negativ
Person 3	% positiv	% negativ

7. Neigen Sie dazu, einen bestimmten Ich-Zustand im anderen anzusprechen, wenn Sie positive Zuwendung geben?

Person 1
Person 2
Person 3

8. Neigen Sie dazu, einen bestimmten Ich-Zustand im anderen anzusprechen, wenn Sie negative Zuwendung geben?

Person 1
Person 2
Person 3

9. Wie verhält sich jede dieser Personen gewöhnlich Ihnen gegenüber?

Person 1
Person 2
Person 3

10. Besteht zwischen Ihrer Art der Zuwendung und diesen Verhaltensweisen ein Zusammenhang?

Person 1
Person 2
Person 3

11. Welche Ihrer Verhaltensweisen wollen Sie in Zukunft ändern, wenn Sie mit jeder dieser Personen in Kontakt kommen? Welche Verhaltensweisen wollen Sie beibehalten?

Person 1
Person 2
Person 3

Abb. 31: Lob und Tadel im betrieblichen Alltag – Übung zum Beachtungsverhalten

Auch aus dieser Übung erwachsen oftmals konkrete Änderungsvorhaben für den betrieblichen Alltag, die die Teilnehmer im gemeinsamen Auswertungsgespräch u.U. zusätzlich präzisieren. Über die Ergebnisse dieser Änderungsvorhaben im Alltag erfahren wir bei Seminarreihen in der jeweils nächsten Sitzung, bei Einzelveranstaltungen, wenn Teilnehmer uns anrufen oder wir sie bei anderer Gelegenheit sehen. Über den Verlauf oder das Ergebnis anderer Änderungsvorhaben erfahren wir manchmal etwas via Coaching-Anfragen, wie z.B. der folgenden:

Herr T., der Leiter eines ausschließlich auf Wissenschaft und Sachbuch orientierten Verlages, hatte in einem Seminar für Führungskräfte herausgefunden, daß er zwei sehr unterschiedliche Zuwendungsstrategien verfolgte: Während er die gegenwärtigen und zukünftigen Autoren und Herausgeber der Bücher und Zeitschriften geradezu ausschließlich lobte und ihnen mit Achtung und Respekt entgegentrat, ihnen innerlich auch Hochachtung zollte, betrachtete er die im Lektorat angestellten Mitarbeiter des Verlages – und letztlich auch sich selbst – als verhinderte oder Möchtegern-Schreiberlinge. Sie konnten froh sein, einen Job in der Nähe der wirklich begabten Autoren zu haben, und waren daher verpflichtet, von sich aus in besonderer Weise Einsatz und Leistung zu zeigen. Diesem Denken entsprechend erhielten die Mitarbeiter so gut wie nie Lob oder Anerkennung für ihre Tätigkeit, wohl aber jede Menge Kritik, wenn etwas nicht so lief wie erwartet. Aufgrund seiner Erkenntnisse hatte Herr T. beschlossen, neues, positives Zuwendungsverhalten gegenüber seinen Mitarbeitern zu „lernen" und dieses auch für sich mit einer Verpflichtung besiegelt: „Ich werde meine Mitarbeiter in Zukunft wenigstens einmal pro Woche loben."

Als ich mich ein Vierteljahr später aus anderem Anlaß im Verlag aufhielt, fragte mich Herr T. gleich morgens, ob ich mich im Laufe des Tages eine Stunde für ihn freimachen könne, er wolle mit mir „über das letzte Seminar" reden. Im Zweiergespräch wurde dann deutlich, daß er sein Vorhaben zunächst mit Erfolg umgesetzt hatte. Das hatte sogar dazu geführt, daß er selber von seinen Mitarbeitern für sein neues Verhalten gelobt wurde. Obwohl er das anfänglich durchaus genoß, hatte er angesichts dieses Verhaltens seiner Mitarbeiter zunehmend Angst verspürt, daß die gewohnten hierarchischen Strukturen und der auf ihnen begründete Respekt – beides in seinem Denken wichtige Garanten des Arbeitserfolges – auf diese Weise untergraben würden und dadurch eine lasche Arbeitshaltung und Mißerfolge oder Konflikte entstehen könnten. Obwohl er sich anfänglich innerlich gegen diese Gedanken zur Wehr gesetzt hatte und sie bei sich selbst als unbewiesenen Unsinn bezeichnet hatte, hatten die Zweifel zunehmend von ihm Besitz ergriffen und schließlich die Oberhand über sein Verhalten gewonnen. Seitdem lief alles wieder wie früher, nur etwas zäher, als wenn die Mitarbeiter kraftloser geworden wären.

Im folgenden Ausschnitt des Coaching-Gesprächs, um das er gebeten hatte und in dem er sein Erleben reflektiert, wird deutlich, wie der Gesprächsinhalt „Zuwendung" gleichzeitig im Prozeß durch den Berater zum Tragen kommt:

Herr T.	Coach	Erläuterungen
Hängt das damit zusammen, daß die Mitarbeiter zwischendurch an der Sahne geleckt haben und nun keine Alltagskost mehr mögen? Heißt das, daß ich sie wieder loben muß?		
	Das sind zwei Fragen auf einmal. Wollen wir sie nacheinander angehen?	Gibt Modell für effektives, zielorientiertes Arbeiten.
Okay, kann ich ja selber bei mir nachempfinden. War ja irgendwie besser der Zustand, so als wär da mehr Luft drin, die jetzt raus ist.		
	Gute Idee! Hatten Sie Luft oder Lust gesagt?	Präzisierende Frage mit gleichzeitiger Botschaft, auch Humor und Leichtigkeit bei einer Lösung zuzulassen.
(Lacht.) Ja, okay. Sie haben gewonnen.		
	Danke, aber darum geht´s nicht, sondern es muß Ihnen Sinn machen.	Modellhafte Abgrenzung gegen den Versuch, die Bedeutung seiner Erkenntnisse zu minimalisieren.
Nein, das war mir auch schon vorher ein Stück klar und ist mir jetzt durch das Aussprechen endgültig klargeworden. Das war Rückschritt statt Fortschritt. Also muß ich wieder von vorn anfangen!		
	Ob Sie wirklich von vorn anfangen müssen, ist fraglich. Denn Sie haben ja innerlich trotz allem die Erfahrung, daß Ihr damaliger Vertrag positive Ergebnisse im Alltag gebracht hat.	Widerspricht dem „alles oder nichts"-Denken des Lektors.[*]

---

[*] Erläuterungen zu diesem Denk- und Verhaltensmodell finden Sie in Kapitel 8.

Herr T.	Coach	Erläuterungen
Stimmt. Und es hat sogar anfangs Spaß gemacht, vor allem, wenn ich die verblüfften Gesichter gesehen habe. Haben die mir gar nicht zugetraut.		
	Prima! Ein Stück zusätzliche Motivation. Und was wollen Sie tun, wenn Sie wieder zu zweifeln anfangen?	Präzisierende Bestätigung. Ermutigung und Aufforderung, das Problem noch etwas genauer anzuschauen.

Im Gesprächsausschnitt wird deutlich, wie sehr Lernen und Offenheit für eigene Schwierigkeiten von einer Atmosphäre des Respekts und von Zuwendung erleichtert wird. So können wir im nachfolgenden Teil des Coachings die Zweifel an der Richtigkeit seines Verhaltens in der Biographie von Herrn T. als ein von dessen Vater übernommenes Muster erkennen, dem auch Herr T. selbst unterlag. Für seinen Vater war Herr T. niemals lernbegierig, hilfswillig oder neugierig genug. Daher sah sich der Vater stets „genötigt", „alles" durch Drohungen, Schelte und Schläge aus ihm herauszu"prügeln". – Die Erkenntnis, seinen Mitarbeitern gegenüber „wie sein Vater" zu denken und zu handeln, erschreckte Herrn T. Gleichzeitig sah er jedoch in dieser Erkenntnis die Hoffnung, seinen inneren Zweifeln in Zukunft anders begegnen und im äußeren Verhalten bei „positiver Zuwendung" bleiben zu können. Denn: „Wie mein Vater will ich weder denken noch mich verhalten. Das steht fest!" Als ich ihm zusätzlich „klarmachte", daß er das letztlich erfolgreich nur dann schaffen werde, wenn er auch sich selbst in den Prozeß positiver Anerkennung einbeziehe, beendete er das Coaching mit der Bemerkung: „Gut, dann lohnt es sich ja rundherum. Das reicht für heute. Packen wir´s an!"

Für die Arbeit mit Menschen in Organisationen zeigt dieses Beispiel, daß das Konzept von Zuwendung und Beachtung nicht nur gelehrt, sondern auch gelebt werden muß. D.h., daß wir in unserer Arbeit, unabhängig davon, ob es sich um Coaching oder andere Personal- und/oder Teamentwicklungsmaßnahmen handelt, immer auch anstreben, Modelle für respektvolles, zuwendendes Verhalten zu sein.

3.3.2 Feedback, Kritikgespräche
und „andere Unannehmlichkeiten"

Unter dem aus der Kybernetik stammenden Begriff des *„Feedback"* versteht **Feedback** man jede Form individueller oder kollektiver Mitteilung an eine Person oder Gruppe, die diese darüber informiert, wie die verschiedenen Aspekte ihres Verhaltens, wie z.B. Interaktion, Aufgabenerledigung oder Verantwortlichkeit, von anderen wahrgenommen, verstanden und erlebt werden. Unter diesem Begriff verstehen wir darüber hinaus nicht nur eine bestimmte Technik, sondern eine wichtige Grundhaltung, die Wachstum und Kultur von Organisationen wesentlich mitbestimmt.

Obwohl die sogenannte Feedback-Technik von vielen als ein Spezialfall von Kommunikation betrachtet wird, möchten wir Feedback-Prozesse aus unserem spezifischen Verständnis in engem Zusammenhang mit dem Thema Zuwendung erörtern. Damit wollen wir keineswegs den hohen Anteil kommunikativer Elemente in diesen Prozessen leugnen, sondern vielmehr deutlich machen, daß jedes Feedback auch eine Form von Zuwendung darstellt, und auf das Ausmaß von Achtung und Respekt verweisen, das zu seinem Gelingen notwendig ist. Gegenseitiges Vertrauen, Sicherheit und Schutz, z.B. vor moralisierender Beurteilung, sind Voraussetzung dafür, daß ein in sich hochsensibler Prozeß, in dem neben Meinungen auch Gefühle und Empfindungen geäußert werden, gelingen kann. Umfang und Wirksamkeit von Rückkoppelungsprozessen werden weitgehend vom Maß der Achtung und des Vertrauens in einer Gruppe und zwischen den jeweils betroffenen Personen bestimmt.

Thesenartig zusammengefaßt können wir feststellen:

> **Über den Effekt von Rückkoppelungs-
> prozessen entscheiden letztlich
> Anerkennung und Respekt.**

Das gilt für die „normalen" Rückmeldeprozesse im betrieblichen Tagesablauf, ganz besonders jedoch für alle Spezialfälle von Rückmeldung, für Kritikgespräche und Gespräche aus besonderem Anlaß (wie z.B. Outsourcing, Ablöseverhandlungen etc.).

Insgesamt ist Feedback dann von Nutzen, wenn es jemandem hilft, sich selbst und seine Wirkung auf andere zu verstehen. Dabei können wir die *Richtung unserer Rückmeldung* unterschiedlich wählen:

Selbst-Offenbarung
➤ Wir können die anderen wissen lassen, was wir über uns selbst denken und fühlen (*Selbst-Offenbarung*).

Das kann Informationen hinsichtlich unserer Beziehungen zu den anderen Mitgliedern unserer Gruppe, Abteilung oder unseres Unternehmens bereitstellen oder auch mit Sachinformationen verbunden sein, z.B. den Stand unserer Auftragserledigung rückkoppeln.

Konfrontation
➤ Wir können andere Personen wissen lassen, was wir über sie denken und fühlen (*Konfrontation*).

Dadurch können wir positive Verhaltensweisen unterstützen oder verstärken, aber auch die anderen korrigieren, wenn sie Absprachen nicht (genau genug) einhalten oder sogar einen abgesprochenen Prozeß behindern.

Feedback-Dialog
➤ Wir können uns gegenseitig sagen, was wir in bezug auf uns selbst und den anderen denken und fühlen (*Feedback-Dialog*).

Ein solcher Dialog nutzt primär, um die Beziehung zwischen Personen zu klären und einander besser zu verstehen. Er bietet gleichzeitig die Möglichkeit, den „Hunger nach Zuwendung" zu befriedigen.

Während die ersten beiden Richtungen in der Form des sogenannten Rapports (Selbst-Offenbarung) oder von Beurteilungsgesprächen (Konfrontation) zu den üblichen Techniken des betrieblichen Umgangs zählen, ist der Feedback-Dialog immer noch ungewohnt und findet daher oftmals nur während der Seminare statt. Das gilt vor allem für reziprokes Feedback zwischen Vorgesetzten und Mitarbeitern. Üblich ist die Richtung vom Chef zum Mitarbeiter. Weniger üblich ist es, daß sich der Vorgesetzte Feedback von seinen Mitarbeitern holt. Noch unüblicher – oder: ungehöriger? – ist es, daß der Mitarbeiter unaufgefordert von sich aus seinem Chef offen und deutlich Feedback gibt.

Insgesamt scheinen Feedback-Prozesse häufig auch bei Personen, die Feedback als richtig und sinnvoll erkannt haben, Angst und Widerstand hervorzurufen:

In einem Unternehmen der Druckereibranche, in dem reziprokes Feedback via Fragebogen eingeführt werden sollte, erlebten wir z.B., daß diese Aktion ein Vierteljahr im voraus angekündigt wurde. Durch entsprechende Artikel und Kommentare von seiten der Firmenleitung und des Personalrats in der Betriebszeitung wurde die Aktion immer wieder als positive Errungenschaft dargestellt, durch die man miteinander ins Gespäch kommen könne. „In letzter Minute" wurde darauf hingewiesen, daß das Feedback zum Schutze der Mitarbeiter selbstverständlich auch anonym gegeben werden könne. Zum Erstaunen der Mitarbeiter fehlte jedoch in der Fragebogenaktion jede Möglichkeit, mit seinem Namen freiwillig zu seinem Feedback zu stehen. Als die Mitarbeiter zu fragen begannen, wie dann ein entsprechendes Gespräch über ihre Rückmeldungen aussehen könnte, erhielten sie zur Antwort: Von diesem Gedanken sei man abgekommen. Für das erste Mal reiche es total, wenn die Fragebögen von einer unabhängigen Gruppe aus Mitgliedern der Geschäftsführung und des Betriebsrates ausgewertet und die Ergebnisse, zu Themenblöcken zusammengefaßt, jeweils der Führungsmannschaft einer Abteilung übermittelt würden. Die Führungskräfte wiederum würden nach angemessener Zeit in einer öffentlichen Versammlung der Abteilung ihrerseits zu den Themen Stellung nehmen. An eine Diskussion bzw. ein klärendes Gespräch zwischen einzelnen Führungskräften und ihren jeweiligen Mitarbeitern sei erst im kommenden Jahr gedacht. Es sei sehr gut, einander Feedback zu geben. Man wolle jedoch darüber nicht den Frieden miteinander riskieren. Insofern wolle man zunächst einmal Erfahrungen miteinander sammeln.

Negative Rückkoppelung

Insgesamt wirkte das beschriebene Geschehen seinerseits als *negative Rückkoppelung*: Die Mitarbeiter waren frustriert, da sie sich in ihrer Hoffnung, „endlich" ernstgenommen und beachtet zu werden, getäuscht erlebten. Die Folge war ein deutliches Nachlassen der Motivation.

Gleichzeitig zeigt dieses Beispiel der negativen Rückkoppelung, daß indirekte Formen von Feedback immer geschehen. Dies geschieht auf unterschiedlichen, manchmal kaum wahrnehmbaren Kanälen, von denen einige erlaubt bzw. erwünscht, andere geduldet und wieder andere gar verpönt sind, wie die bekannte Gerüchteküche.

Arten des Feedback

Bereits indirekt angeklungen ist der Unterschied zwischen *verbalem* Feedback (z.B.: „Durch Ihre klare Analyse haben Sie uns geholfen, das Problem differenzierter zu sehen") und *nonverbalem* Feedback (z.B. durch wortloses aus dem Raum Gehen), desgleichen der Unterschied zwischen *formalem* Feedback (z.B. via Fragebogen) oder *nicht-formalem* Feedback (z.B. Beifallklatschen). Wir können Feedback bewußt geben (z.B. durch ein Kopfnicken) oder auch unbewußt (z.B. durch „Einschlafen"), wir können es *spontan* geben (z.B.: „Das war toll") oder nur, nachdem es *erbeten* wurde (z.B.: „Wenn Sie mich so fragen, dann ..."). Jede Form wirkt anders und transportiert neben dem Inhalt positive oder negative Zuwendung.

Effektvolles, auf Achtung und Respekt aufbauendes Feedback sollte grundsätzlich unter Führung des Erwachsenen-Ich-Zustandes gegeben werden. Es **Regeln** folgt dabei bestimmten *Regeln*, die sich in der Praxis als hilfreich erwiesen haben.

Für den, der Feedback gibt, gilt:

➤ *Feedback sollte angemessen sein.*
Feedback kann zerstörend wirken, wenn wir dabei nur uns und nicht die Bedürfnisse der Personen, denen wir Feedback geben wollen, berücksichtigen. Angemessenes Feedback wird die Bedürfnisse aller beteiligten Personen berücksichtigen.

➤ *Feedback sollte beschreibend sowie klar und genau formuliert sein.*
Die eigenen Beobachtungen und Reaktionen sollen in einer klaren Sprache beschrieben sein. Vermeiden Sie auf jeden Fall, das Verhalten des anderen zu bewerten, zu interpretieren oder seine Motive zu erraten. All dies, vor allem moralische Bewertungen, erhöhen den Drang des anderen, sich zu verteidigen und die angebotenen Informationen abzulehnen.

➤ *Feedback sollte konkret und korrekt sein.*
Es ist günstig, sich auf konkrete Einzelheiten, die Sie selbst beobachtet haben, sowie ihre eigenen Reaktionen zu konzentrieren. Das ermöglicht es dem anderen, die Beobachtungen nachzuprüfen. Diese Nachprüfung kann in einer Gruppe z.B. durch Befragung der anderen unterstützt werden.

➤ *Feedback sollte zur rechten Zeit gegeben werden.*
Feedback soll so bald wie möglich gegeben werden. Normalerweise ist es um so wirksamer, je kürzer die Zeitspanne zwischen dem betreffenden Verhalten und der Information über die Wirkung dieses Verhaltens ist.

➤ *Feedback sollte brauchbar sein und reversibel formuliert werden.*
Alles Feedback setzt an den Stärken des anderen an, ohne dessen Schwächen oder Fehler zu vermeiden. Es vermeidet, die Schwächen und Fehler des anderen auszunutzen. Gleichzeitig darf sich Feedback nur auf Verhaltensweisen beziehen, die der Empfänger zu ändern fähig ist. Wenn jemand auf Unzulänglichkeiten aufmerksam gemacht wird, auf die er keinen wirksamen Einfluß ausüben kann (z.B. Erröten), fühlt er sich wahrscheinlich frustriert oder gekränkt. Respektvolles Feedback beinhaltet zudem entweder im Sprachlichen

oder in der Haltung des Feedbackgebers Hinweise darauf, daß es sich um die Meinung des Feedbackgebers handelt, der selbstverständlich auch irren kann.

Um all das zu gewährleisten, sollte der *Feedback-Geber* darin geübt sein: **Feedback-Geber**
➤ seine Gedanken zu organisieren, bevor er spricht,
➤ sich genau auszudrücken,
➤ möglichst nur wenige Argumente in einer Aussage zusammenzufassen,
➤ auf die Auffassungskapazität seines Partners zu achten,
➤ sich u.U. durch Nachfragen zu vergewissern, in welchem Umfang seine Aussage beim Zuhörer angekommen ist.

Um den Feedback-Prozeß zum Lernen nutzen zu können, sollte auch der **Feedback-** *Feedback-Nehmer* einige Regeln beachten, die wiederum die Aktivierung sei- **Nehmer** nes Erwachsenen-Ichs erfordern:
➤ dem Sprecher ungeteilte Aufmerksamkeit zollen,
➤ nur auf das vorgetragene Argument hören, ohne bereits Antworten oder Gegenargumente zu kreieren,
➤ sich auf die wesentlichen Mitteilungen statt auf Details konzentrieren,
➤ genau achtgeben und ggf. nachfragen, wenn er etwas nicht verstanden hat, statt das Gehörte in seinem Sinne (z.B. als Kritik) zu interpretieren,
➤ nicht argumentieren, sich verteidigen oder rechtfertigen.

Das zu *üben* scheint uns infolge unserer Erfahrung nicht nur wichtig, sondern sehr wichtig. Daß dabei vor allem anfänglich mit Widerstand zu rechnen ist, mag angesichts der zu erwartenden positiven Effekte von Feedback zunächst verwunderlich erscheinen. Unserer Erfahrung nach ist das oftmals sehr zöger- liche Eingehen von Managern und Führungskräften auf diese neuen Techni- ken – wie in unserem Beispiel – jedoch eher damit zu erklären, daß diese Per- sonen keine entsprechenden Modelle besitzen oder, anders ausgedrückt, daß sie das noch nie in der vorgeschlagenen Weise praktiziert haben. Demon- striert man ihnen die geschilderte Methode durch geeignete Beispiele oder so- gar im Rollenspiel, in dem sie den Part dessen übernehmen, der Feedback er- hält, beginnen sie bald danach selber damit, zu experimentieren und Freude daran zu gewinnen, anderen etwas respektvoll und konstruktiv rückmelden zu können.

Noch wichtiger wird dieses „Einüben", wenn es sich um *Kritikgespräche* han- **Kritikgespräche** delt. Obwohl das Wort Kritik in seiner ursprünglichen Bedeutung von „Urteil,

Schiedsspruch" beide Richtungen, also positiv/konstruktiv und negativ/destruktiv, umfaßt, wird darunter im Alltag in der Regel fast ausschließlich das Ansprechen störender Ereignisse und Verläufe sowie das notwendige Setzen von Grenzen verstanden. Kritik in diesem Sinne gehört zum Tagesgeschäft. Ihre Bandbreite reicht vom Ansprechen morgendlichen Zuspätkommens über die Abmahnung wegen Alkoholkonsums am Arbeitsplatz bis zur kritischen Auseinandersetzung mit den Aktionären. Gerade die sogenannte „negative" Kritik bedarf einer Grundhaltung von Achtung und Respekt, um das zu bewirken, was sie bewirken soll, nämlich eine konstruktive Korrektur, die die Dinge oder Abläufe wieder ins Lot und damit in den rechten Fluß bringt. Wird die Kritik dagegen auf eine elternhaft-kritische, abwertende oder beschämende Weise vermittelt, lädt sie allzu leicht zu einer trotzigen Reaktion ein, die sich beispielsweise als innere Kündigung (Rückzug) oder in Form von Beziehungsabbrüchen darstellt. In jedem Fall aber demotiviert solche Kritik deutlich und läßt das soziale Klima erkalten.

Dieselbe Sorgfalt wie beim Äußern von Kritik gilt es auch bei notwendigen *Grenzsetzungen* zu wahren. Egal, ob es sich um die Begrenzung einer Etatbefugnis, um die individuelle Begrenzung einer Laufbahn oder um das Zurückweisen von unerwünschtem oder ungebührlichem Lob handelt, immer bedarf es eines feinen Gespürs für die Würde und Achtbarkeit des anderen, um das Ziel ohne Flurschaden zu erreichen.

Hinsichtlich der Bedeutung, die der Umgang mit negativer Kritik oder Grenzsetzung im betrieblichen Alltag einnimmt, läßt sich unseres Erachtens folgende *These* formulieren:

> **Der sensible Umgang mit negativer Zuwendung (Kritik) offenbart die hohe Schule der Führungskunst.**

Nur wenn es der Führungskraft gelingt, ihre kritische Rückmeldung so zu formulieren, daß sich das Gegenüber trotz Kritik anerkannt, zumindest aber respektiert sieht, werden anschließend alle kognitiven und emotionalen Kräfte für die notwendige Optimierung der Problemlösung zur Verfügung stehen. Andernfalls wird sich der Gesprächspartner sehr leicht genötigt sehen, sich zu rechtfertigen oder aber eine Verteidigungshaltung einzunehmen. Spätestens dann jedoch konzentrieren sich die Kräfte der Beteiligten nicht mehr ausschließlich oder überwiegend auf die Lösung der Probleme, sondern verzetteln sich in blockierenden Prozessen zwischenmenschlichen Rechthabens, Gesichtwahrens und/oder in Machtspielen.

Damit diese Klippen vermieden werden und Kritikgespräche statt dessen zu persönlichem Wachstum, zur Steigerung der Professionalität und Klimaverbesserung beitragen, kann es hilfreich sein, folgenden *Regelkanon* zu beachten: **Regelkanon**

Regeln für Kritikgespräche

1. Vergegenwärtigen Sie sich die objektive Relation dessen, was Sie jetzt konkret ansprechen wollen. Erstellen Sie dazu unter Umständen ein T-Konto für den Mitarbeiter und stellen Sie dem, was Sie zu kritisieren haben, auch das gegenüber, was er gut macht.

2. Konkretisieren Sie das, was Sie ansprechen wollen, auf Fakten, Abläufe und Verhaltensweisen hin.

3. Achten Sie ständig auf eine Grundposition von Achtung und Respekt.

4. Nennen Sie nüchtern, sachlich und klar die Fakten.

5. Wenn es Ihnen notwendig und für den Mitarbeiter verkraftbar erscheint, schildern Sie Ihre eigene emotionale Situation – z.B. Ihren Ärger oder Ihre Betroffenheit – in Form von Ich-Botschaften.

6. Sagen Sie genau, was Sie in welcher Weise verändert sehen möchten.

7. Nennen Sie die Konsequenzen, die aus diesen Veränderungen erwachsen, bzw. auch die Konsequenzen, die bei einem nicht veränderten Verhalten entstehen werden.

8. Sprechen Sie noch einmal die Qualität des Mitarbeiters im Ganzen an und zollen Sie ihm Ihre Anerkennung.

9. Wenn Sie davon überzeugt sind, bestätigen Sie, weiterhin Vertrauen in die korrekte Arbeit Ihres Mitarbeiters zu haben, wenn nicht, so legen Sie Ihre Zweifel offen.

10. Sprechen Sie einen Zeitpunkt ab, zu dem Sie die Umsetzung Ihrer Gesprächsinhalte gemeinsam besprechen und auswerten werden.

(in Anlehnung an *Schmidt* 1989)

Es braucht Zeit, um zu lernen, persönlich mit diesem Regelkanon umzugehen. Ihn auf eigene (unvergleichliche) Weise handhaben zu lernen stellt einen Reifeschritt dar, Reife in der Kunst der Führung. Und Kunst hat immer persönliche Merkmale.

3.4 Wachstum und Veränderung: Wie sage ich, was ich denke?

Wenn wir Personal- oder Teamentwicklungsmaßnahmen durchführen und erleben, daß der Umgang mit Feedback oder Kritikgesprächen noch ungeübt ist oder diese Prozesse infolge der bisher vorherrschenden Firmenkultur ausschließlich zu Disziplinierungsmaßnahmen und/oder Machtinstrumenten **Schrittfolge im** „verkommen" sind, kann eine *Schrittfolge im Training* hilfreich sein. Wir be-**Training** ginnen dann damit, die derzeitige Handhabung von Rückmeldeprozessen bewußtzumachen. Dazu arbeiten wir – in Anlehnung an *Antons* (1973, 110) – mit paper-pencil-Übungen.

Für den Feedback-Empfänger nutzen wir z.B. folgenden Fragebogen:

INDIVIDUELLER UMGANG MIT FEEDBACK

Tragen Sie bitte Ihre Antworten zu den folgenden Fragen in das Arbeitsblatt ein.

1. Erlebe ich wenig oder viel Feedback?

2. Neige ich zu Widerspruch?

3. Neige ich dazu, mißzuverstehen oder falsch zu deuten?

4. Neige ich zu Gegenangriffen?

5. Akzeptiere ich Feedback mit Worten, handele aber nicht so, als ob ich wirklich daran glaube?

6. Akzeptiere ich Feedback unkritisch und ohne zu prüfen?

7. Gewinne ich aus dem Feedback Einsichten, die es mir ermöglichen, in neuer Weise zu handeln?

8. Habe ich die Gültigkeit des erhaltenen Feedbacks durch Suchen nach weiteren Reaktionen in meinem Verhalten geprüft?

Abb. 32: Individueller Umgang mit Feedback (nach *Antons* 1973)

Dabei können die Teilnehmer z.B. herausfinden, daß sie sehr schnell dazu neigen, Äußerungen ihres Feedback-Gebers auf sich persönlich zu beziehen und als Bewertung zu verarbeiten, die entweder ihre (Arbeits-)Moral, ihre Integrität oder ihre fachliche und menschliche Kompetenz in Frage stellen. Sie erleben, daß sie dann dazu neigen, sehr schnell zum Gegenangriff überzugehen, und dabei eher den Stimmen ihrer inneren Dialoge lauschen, als sich auf die Rückmeldung ihres Gegenübers einzulassen. Andere merken, daß sie unkrititsch und ohne jede Überprüfung akzeptieren, was der Feedback-Geber sagt. Manchmal berichten die Teilnehmer auch, daß sie gewillt waren, sich mit dem Feedback und/oder der Kritik der anderen auseinanderzusetzen, sich aber durch deren ungeübte oder ungehobelte Art „persönlich angefaßt" fühlten.

In all diesen Fällen empfehlen wir den Teilnehmern, sich innerlich oder, „falls es die Situation erlaubt", auch laut eine ähnlich ritualisierte Artwort zu sagen, wie sie vom sogenannten „heißen Stuhl" bekannt ist: „Ich danke Ihnen, daß Sie mir das gesagt haben. Ich bin jedoch nicht dazu da, so zu werden, wie Sie mich haben wollen." Denn diese ritualisierte Antwort, laut oder leise ausgesprochen, trägt unserer Erfahrung nach fast immer zu einer gesunden inneren Distanzierung bei und fördert so die problemlösungsbezogene Erörterung. Durch diese Distanzierung von den Übungsergebnissen lernen die Teilnehmer, sich autonomer mit Feedback auseinanderzusetzen und es nicht aus der Haltung des angepaßten Kindes entgegenzunehmen.

Im Falle, daß der angemessene und konstruktive Umgang mit Feedback daran zu scheitern „droht", daß den Teilnehmern im Training oder Coaching zwar genügend Negatives, aber absolut nichts Positives einfällt, greifen wir gerne auf folgende Übung zurück, die wir eigens dafür entwickelt haben, den gewohnten Blickwinkel zu verändern und den *Umgang mit sogenannten beeinträchtigenden, einschränkenden oder negativen Eigenschaften* zu erleichtern. Ihr Titel lautet:

Übung zur Umkehrbarkeit von Eigenschaften

Jeder Teilnehmer und jede Teilnehmerin fertigt eine Liste mit fünf negativen Eigenschaften, die sie/er bei sich selbst am wenigsten mag. In Gesprächen in der kleinen Gruppe oder mit dem Berater wird anschließend darüber nachgedacht und gesprochen, welchen positiven Nutzen die Teilnehmer aus dieser angeblich (nur) negativen Eigenschaft ziehen könnten, vorausgesetzt, sie wären bereit, ihren gewohnten Blickwinkel aufzugeben und einmal unbefangen und unvoreingenommen hinzuschauen.

„Hätt' ich nicht vermutet" oder: „Das ist ja faszinierend" sind Aussagen, aus denen wir entnehmen können, daß sich bei den Teilnehmern durch diese Übung eine Einstellungsänderung anbahnt.

Daß solche Übungen nicht nur Feedback-Prozesse erleben und sich daher besonders effektvoll einüben lassen, sondern darüber hinaus auch der Klärung der Beziehungen der Teilnehmer dienen können, wurde bereits ersichtlich. Gerade im Hinblick auf die Klärung von Beziehungen ist es uns wichtig, noch einmal ausdrücklich auf die Notwendigkeit hinzuweisen, daß diese Übungen zweckmäßig nur dann durchgeführt werden, wenn der Übungsleiter durch seine Person genügend Schutz für den Prozeß selbst wie für mögliche, im Nachhinein auftretende Folgen dieses Prozesses bei einzelnen Teilnehmern bieten kann. Sollte der Übungsleiter innere Schwiergkeiten oder ungenügende Erfahrungen im Umgang mit emotionalen Prozesssen haben, z.B., wenn ein Teilnehmer bestürzt ist, gar weint oder plötzlich den Raum verlassen will, so sollte er diese Übung nicht durchführen. Vielleicht haben gerade deswegen so viele BeraterInnen oder TrainerInnen eine Zusatzausbildung in einem therapeutischen oder Beratungsverfahren, um mit solchen Übungen und den vielleicht möglichen Folgen kompetent und respektvoll umgehen zu können. Unserer Erfahrung nach ist das nur von Vorteil.

Einen anderen Aspekt des *Umgangs mit Eigenschaften* zeigt die folgende Übung, die wir für Personalentwicklungs-Trainings kreiert haben. Wir haben ihr den Titel gegeben:

Ich nehme ... Ich gebe zurück ...

Die Teilnehmer erhalten pro Mitteilnehmer acht kleine Zettel mit Klebeheftung. Jeder Teilnehmer hat die Aufgabe, jeden seiner Mitteilnehmer mit vier positiven Eigenschaften, Fähigkeiten, Fertigkeiten und vier störenden oder negativen Eigenschaften zu kennzeichnen. Jede dieser Eigenschaften ist auf einen gesonderten Zettel zu schreiben, wobei in der Regel die Farbe der Zettel für positive Eigenschaften anders ist als die Farbe der Zettel für einschränkende Eigenschaften. Jeder Teilnehmer klebt anschließend seine Zettel unter die Namen der „beurteilten" MitspielerInnen, die inzwischen auf eine große Wandtafel geschrieben wurden. Am Ende eines solchen Rückmeldeprozesses findet beispielsweise bei einer Anzahl von zehn Mitspielern insgesamt jeder neunmal vier positive und neunmal vier beeinträchtigende (negative) Eigenschaften über sich selbst an der Wandtafel angeheftet.

Nunmehr geht es in einer zweiten Runde darum, zunächst drei der positiven Eigenschaften auszuwählen, die sie/er durch öffentliches Vorlesen in der großen Runde unterstreichen will. Daraufhin gilt es, die einschränkenden oder negativen Eigenschaften daraufhin durchzusehen, welche von ihnen der Teilnehmer akzeptieren will und welche er zurückgeben will. Denn jeder Teilnehmer hat die Möglichkeit, pro Absender zwei einschränkende Eigenschaften zurückzuweisen und sie auf diese Weise als für sich selbst nicht zutreffend zu deklarieren. „Positive" Eigenschaften können nur dann zurückgegeben werden, wenn der Teilnehmer sie als „unangemessene Lobhudelei" oder „schiefes Streicheln" empfindet.

Da die Rückgabe wie auch viele positive Rückmeldungen in der Regel mit einer Informationsfrage beginnen, warum die Eigenschaft erteilt worden ist, ergeben sich eine Menge guter Gespräche in kleineren Gruppen oder bei nicht allzu großer Gesamtgruppe auch in der gesamten Runde.

Mit dieser Übung lernen die Teilnehmer einerseits, Feedback nicht kritiklos anzunehmen, sondern es zurückzugeben, wenn es sich in der kritischen Überprüfung als nicht zutreffend erweist. Andererseits ermöglicht auch diese Übung eine respektvolle Klärung der Beziehungen der Teilnehmer untereinander und schafft dadurch eine offene und energievolle Atmosphäre, die zu gemeinsamem Handeln anregt.

3.5 Abrundende Gedanken zum Thema „Feedback"

Zusammenfassend läßt sich feststellen, daß es viele Zugänge zu den oftmals heiklen Themen „Feedback" und „Kritik-Gespräche" gibt. Wir haben uns entschieden, diesen Feedback-Prozessen im Zusammenhang mit Zuwendung und Beachtung einen sehr breiten Raum einzuräumen, da wir die Teilnehmer unserer Maßnahmen häufig als ganz hungrig nach diesen Formen von Beachtung erleben. Das hat u.E. verschiedene Gründe: Zum einen wird das Bedürfnis nach Beachtung und Gesehenwerden im Leistungsbereich wenigstens manchmal durch Fakten, wie eine Gehaltserhöhung, oder bestimmte Privilegien, wie z.B. eine Incentive-Reise, befriedigt. Das rein persönliche Gesehenwerden findet – wie schon oft in diesem Kapitel angesprochen – viel seltener seinen Ausdruck. Zum anderen „verlieren" sich die Menschen in einer Welt, wo der Begriff „Kommunikation" bereits überwiegend für technische, virtuelle Prozesse eingesetzt wird und nicht mehr für den Ausdruck von Begegnung und Bindung. Insofern entsteht ein Mangel, der durch einen bewußten Umgang miteinander aufgehoben werden muß, wenn der Mensch in seiner Organisation lebendig bleiben will. Lebendigkeit – d.h., ein offenes System zu sein – ist aber die Voraussetzung für ständiges persönlich-professionelles

Wachstum. Dazu brauchen Menschen – wie alle anderen offenen Systeme auch – immer wieder Einflüsse von außen, um sich genau diese Lebendigkeit zu erhalten. Feedback, mit dem wir uns auseinandersetzen, ist ein solcher Input. Es kann eine Herausforderung sein, an der wir wachsen.

Es gibt jedoch viele Organisationen, deren Kultur von jener falsch verstandenen Form von Respekt geprägt wird, in deren Folge ein (großer) Teil von Gedanken und Gefühlen, die Kollegen, Mitarbeiter und Vorgesetzte betreffen, zurückgehalten werden. Damit begegnen sich Menschen nur in Teilaspekten und nicht als Gesamtheit (Abb. 33). Das aber führt genau zu dem bereits erwähnten Hunger, persönlich gesehen zu werden.

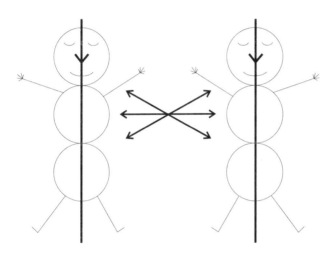

Abb. 33: Die „halbe Begegnung"

Damit verarmen die Menschen und gleichzeitig auch die Organisationen, in denen sie leben. Für das Wachstum zu *integrierten Persönlichkeiten* bedeutet das eher Rück- als Fortschritt. Insofern gilt:

> **Feedback ist einer der Motoren für die Entwicklung von Menschen, Teams und Gruppen im Spannungsfeld ihrer Organisation.**

3.6 Über den Umgang mit der Zeit:
Der Hunger nach Information und Sicherheit

Menschen brauchen, wie wir gesehen haben, neben Stimulation Beachtung, Anerkennung und Zuwendung. Die Erfüllung dieser Grundbedürfnisse macht einen wesentlichen Teil der Freude an unserer Arbeit aus und wirkt motivationssteigernd. Um die komplexen Zusammenhänge motivationalen Geschehens noch klarer zu begreifen, müssen wir auch das dritte Grundbedürfnis, den Hunger nach Struktur, in unsere Betrachtungen einbeziehen.

Unter *„Hunger nach (Zeit-)Struktur"* verstehen wir ein ebenfalls – wie bei den anderen Grundbedürfnissen zuvor – körperlich verankertes Bedürfnis, unsere Zeit zu strukturieren und auszufüllen. Damit sollen einerseits Eintönigkeit und Langeweile vermieden und andererseits genügend Informationen über uns, die anderen und die Welt erreicht werden, um uns einigermaßen ausgeglichen und sicher durchs Leben gehen zu lassen.

Der Wunsch nach Sicherheit im Hinblick auf das benötigte Maß an Stimulation, Zuwendung und Information hat uns Menschen – sicherlich auf einer unbewußten Ebene – komplexe Muster entwickeln lassen, unsere Zeit zu strukturieren. Transaktionsanalytiker stellen diese Muster als sechsstufiges Modell dar, in dessen Kategorien wir uns in jedem Moment unseres Lebens „wiederfinden" können (Abb. 34). Dabei sind die Formen der Zeitstrukturierung allerdings nicht als trennscharfe Größen zu verstehen. D.h., man kann verschiedene Formen auch miteinander kombinieren.

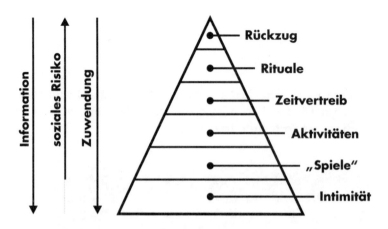

Abb. 34: Das Zusammenwirken von Zeitstruktur und Bedürfnisbefriedigung

Welche Kategorie wir im einzelnen und wie häufig wählen, d.h. die spezifische Art, wie jeder von uns seine Zeit strukturiert, hängt wiederum von dem bereits häufig erwähnten Bezugsrahmen, unserer „Streichelökonomie" und weiteren erlernten Erlebens-, Denk- und Verhaltensweisen ab. Zudem wird selbstverständlich auch der Kontext, in dem wir uns freiwillig oder gezwungen befinden, mit darüber entscheiden, welche Möglichkeiten uns offen sind, mit unserer Zeit umzugehen. Dabei besitzt jede der Formen Vorzüge und Nachteile oder zumindest Einschränkungen, ist also im privaten wie im Arbeitsleben konstruktiv oder destruktiv zu nutzen. Alle enthalten unterschiedliche Möglichkeiten, Zuwendung zu erhalten, aber auch unterschiedliche Risiken im sozialen Bereich sowie ein Mehr oder Weniger an Information.

Ingesamt handelt es sich um die Kategorien:

➤ Rückzug   ➤ *Aktivität*

➤ Rituale   ➤ *Rackets und „Spiele"*

➤ Zeitvertreib   ➤ *Intimität*

3.6.1 Rückzug

Unter *Rückzug* verstehen wir ein nicht-aufgabenbezogenes Erleben, an dem die anderen keinen Anteil haben. Menschen können sich entweder physisch oder psychisch zurückziehen, sowohl offensichtlich (z.B. durch Entzug ihrer Person) als auch in verdeckter Form (z.B. durch Tagträume). Sie können z.B. phantasieren, lesen, spazierengehen, laufen, ins Kino gehen, Patiencen legen, Musik hören oder schlafen.

Bei positiver Verwendung schafft der Rückzug Freiraum für verschiedene Regenerationsformen, die als „self-stroking" erlebt werden können, oder aber auch Schutz vor unerwünschter Begegnung und Beachtung. Bei negativer Verwendung bewirkt der Rückzug den Verlust bzw. die Vermeidung von zuwendungsnotwendigem Kontakt. Unter Umständen dient er sogar der Aufrechterhaltung depressiver Stimmung und eigenbrödlerischen Denkens. Außerdem schneidet er die Person vom Informationsfluß ab. „Ach, ist ja interessant. Das hab ich gar nicht mitgekriegt" ist eine dafür typische Aussage.

In der unmittelbar nach der Mittagspause fortgesetzten Diskussion einer Projektgruppe „Erweiterung der Osteuropamärkte" breitet sich – ganz im Gegensatz zum Vormittag, wo kreative Ideen einander beflügelt hatten – zunehmend Lähmung aus. Während die Redner teilweise ihren eigenen Beiträgen zu lauschen scheinen, beschäftigen sich andere, den Kopf in die Hände gestützt, mit einem „intensivem Studium der Akten" und sinnieren dabei vermutlich über die nächste Urlaubsreise. Erst als der Projektleiter Kaffee servieren und die Teilnehmer Aufgaben in Kleingruppen bearbeiten läßt, bessert sich dieser Zustand. Anscheinend hatte die Mittagspause zur Rekreation nicht ausgereicht und mußte „nachgeholt" werden.

3.6.2 Rituale

Rituale sind gesellschaftlich programmierte Ereignisse, bei denen alle das gleiche tun. Als stilisierte Interaktionsfolge, wie z.B. bei Begrüßungsritualen oder Kultritualen, garantieren sie einen sicheren und voraussagbaren Austausch von Beachtung, Zuwendung und Anerkennung bei gleichzeitigem Schutz vor allzu großer Nähe. D.h., auch hier ist das soziale Risiko gering. Bekannte Formen sind Begrüßung, Abschied oder Empfänge sowie Zeremonien, die in bestimmten Gruppen üblich sind: militärisches Zeremoniell, Schlafzimmerrituale, Ausschußsitzungen und Parteitage oder auch kirchliche Feiern. Der Informationsgehalt ist relativ gering und oberflächlich, aber manchmal durchaus hilfreich.

Positiv eingesetzt dienen Rituale der Kontaktaufnahme und Wahrung gesellschaftlicher Formen. Für Menschen in Organisationen ist es sogar außerordentlich notwendig, einen Teil ihrer Zeit den Ritualen zu widmen. Die typische Frage nach dem Verlauf des Urlaubes oder dem Wetter am Wohnort des Kunden erlaubt einen gefahrlosen Austausch von Zuwendung und Informationen. Menschen können sich so willkommen geheißen fühlen und die in Organisationen übliche Form von Bindung aufnehmen, bevor sie „zur Sache kommen". Ohne Respekt und wirkliches Interesse für den anderen verkommen Rituale jedoch leicht zur Floskel, die wirklichen Kontakt verhindert und Flucht vor Auseinandersetzungen und Intimität ermöglicht.

Typisches Beispiel eines Rituals in Trainings- oder Entwicklungsgruppen ist das sogenannte „Blitzlicht" zu Beginn oder am Ende einer Sitzung. Für dieses werden die Teilnehmer aufgefordert, kurz ihre Erwartungen oder ihren momentanen Eindruck vom Seminarverlauf und ihr tatsächliches Gefühl hierüber zum Ausdruck zu bringen. Dabei soll jeder versuchen, seinen Beitrag in einem Satz zusammenzufassen, der weder von den anderen Teilnehmern noch vom Trainer oder Leiter kommentiert wird.

Durch diese Form werden verschiedene Ziele anvisiert:

➤ Durch das Ritual wird die Gruppe einerseits im Sinne von Beziehungen zusammengeschweißt, werden ihre Kräfte gebündelt.

➤ Durch die Inhalte des Rituals werden unbekannte Erwartungen bzw. Unzufriedenheiten im Seminarablauf aufgedeckt und Feedback offengelegt.

➤ Alle erhalten genügend Beachtung und Anerkennung bei gleichzeitigem Schutz vor Diskussionen und Angriffen.

3.6.3 Zeitvertreib

Zeitvertreib kann als halb-ritualisierte Begegnungsform bezeichnet werden, wobei sich die zwischen den Personen ausgetauschten Meinungen, Gedanken oder Empfindungen auf relativ ungefährliche Themen wie z.B. die neuesten Gerüchte, Autos oder die Frauen bzw. Männer der Abteilung etc. beziehen. Typische Männergespräche drehen sich dabei um Sport, Autos und das Geschäft; typische Frauengespräche um Kinder, Mode, Einkaufsmöglichkeiten und karitative Probleme. Aber auch alte Leute, die auf der Parkbank sitzen und „Weißt du noch?" austauschen bzw. darauf warten, daß etwas geschieht, gestalten Zeitvertreib. Insgesamt kann also gefahrloser, oberflächlicher Gedanken- und Informationsaustausch zwischen Menschen, die sich nicht näher kennen, als Zeitvertreib bezeichnet werden.

Positiv erweist es sich im Hinblick auf den relativ ungefährlichen Austausch von Zuwendung, den gesicherten Informationsmarkt und die Sondierungsmöglichkeiten für weitere Kontaktaufnahmen, negativ im Hinblick auf die Zwänge des Small talk mit seiner Vermeidung echten Sich-miteinander-Einlassens.

Veteranen-Treffen bei den Lkw-Fahrern einer Transportfirma: Nach der lebhaften Begrüßung, die auch kurze Momente schmerzhaften Aufmerkens beinhaltet, wenn jemand, nach dem man fragt, als gestorben benannt wird, richtet sich das Thema immer mehr auf den Austausch alter Erlebnisse und Begebenheiten. Man schwärmt von alten Zeiten, der damaligen Schwerfälligkeit der Fahrzeuge, den Gefahren unbefestigter Wegstrecken etc. Alle reden mit erhitzten Köpfen, lachen und scheinen bestens vergnügt. De facto ist jede Menge Austausch von Stimulation sowie Anerkennung und Beachtung gegeben. Vermieden wird aber z.B. das eher schmerzhafte Hinschauen auf den jeweiligen Gesundheitszustand der einzelnen bzw. die Verluste aus den eigenen Reihen, die an das eigene Alter und die Gebrechlichkeit des Lebens erinnern könnten. Über diese diffizilen Themen, mit denen man im oft allein verlebten Alltag „genügend" konfrontiert wird, läßt man sich nur allzu gerne durch den gemeinsamen Zeitvertreib hinwegtragen.

3.6.4 Aktivitäten

Bei *Aktivitäten* geht es darum, die Zeit durch Vorhaben zu strukturieren, das heißt z.B., die Zeit zu nutzen, um zu arbeiten oder etwas fertigzubringen. Durch Aktivitäten erreichen die Menschen, was sie wollen oder brauchen. Aktivitäten können produktiv und/oder kreativ und in sich befriedigend sein. So können sie manchmal z.B. zu ungeahnten Einfällen oder besseren Ergebnissen führen. Bekannte Formen sind: in der Produktion tätig sein, Pläne zeichnen, ein Buch schreiben, den Rasen mähen, eine Sitzung abhalten, die Schule besuchen oder eine Rakete programmieren. Diese Tätigkeiten beinhalten in vielen Fällen Beziehungen auf der Erwachsenenebene (ER-ER), können jedoch auch alle anderen Begegnungsformen einbeziehen.

Sie erweisen sich positiv im Hinblick auf die Sicherung von Informationen und Anerkennung, sei es in Form von Lob oder Geld als gesellschaftlichem Wert, negativ z.B. in der Form, wie manche Menschen mittels Arbeit den Kontakt zu anderen vermeiden oder bestimmte Grundentscheidungen (schaff's nicht, arbeite hart) aufrechterhalten (siehe Kap. 4) und Freude und Nähe ausschließen.

Es ist Sonntag nachmittag, gerade gegen 16.00 Uhr, als Herrn W., dem Cheftrainer einer Beratungsfirma, „die zündende Idee" für das am nächsten Tag beginnende Seminar bei einem neuen Großkunden kommt, die dem bislang erarbeiteten Konzept das Tüpfelchen auf das „i" setzt. Sofort begibt er sich in sein Arbeitszimmer, um die nötigen Unterlagen zusammenzusuchen und gleich die übrigen Co-Trainer anzurufen. An seinem bewegten Schritt merkt man ihm geradezu die freudige Erregung an, die ihn gepackt hat. Deshalb ist er höchst erstaunt, als er auf seine Anrufe hin eher zurückhaltende Begeisterung erfährt und immer wieder zu hören bekommt, man habe mit diesem Anruf zu dieser Zeit nicht gerechnet, stehe jedoch selbstverständlich zur Verfügung. Da es Herrn W. jedoch außerordentlich wichtig ist, diesen Großkunden zu gewinnen, er seine Idee auch für „ungeheuer" effektvoll hält, entscheidet er sich, alle diese Signale nicht zu hören und die anderen in einer Konferenzschaltung auf seine Idee einzustimmen. Erst als er spät am Abend in den Schoß seiner eigenen Familie zurückkehrt, liest er an den Gesichtern seiner Familie, in welcher Weise er wiederum mit dem allgemeinen Bedürfnis seiner Mitmenschen nach Ruhe, Nähe und Beisammensein umgegangen ist. Ebenso schmerzhaft wird ihm bewußt, wovon er sich selbst zugunsten seiner „ach so guten Idee" und deren sofortiger Durchsetzung abgeschnitten hat.

Wir haben absichtlich dieses Beispiel negativer Nutzung gewählt, weil seine Art uns vor allem im Coaching immer wieder begegnet: Herr W. erhält im Rahmen seiner Aktivitäten zwar bedingt positive Anerkennung, nachdem seine Kollegen am nächsten Tag bemerken, wie gut die Idee ankommt. Der

Mangel an unbedingt positivem Streicheln, den er durch seine Familie erhalten könnte, wird jedoch immer größer. Wird er nicht für eine Zeitstruktur sorgen, die ihm eine Balance zwischen den beiden Arten des Streichelns ermöglicht, kann das allzu leicht zum sogenannten „Burn-out" beitragen. Eine integrierte Persönlichkeit wird daher diese Balance immer wieder neu herstellen.

3.6.5 Rackets und „Spiele"

Unter *Rackets* und *„Spielen"* versteht man eine Abfolge von Einzelaktionen, die von verborgenen Motiven beherrscht werden. Sie stellen Formen negativer Zuwendung bereit und bestätigen alte Vorurteile und Glaubenssätze über sich selbst, die anderen oder die Welt. „Spiele dienen denen als Schutzmechanismus, die den Mangel an Zuwendung in einem Rückzug nicht ertragen können und das Anstandsstreicheln in Ritualen als ungenügend empfinden, aber eine direkte, echte menschliche Begegnung nicht riskieren wollen" (*Bennett* 1977, 103).

Da Rackets und „Spiele" in Organisationen einen breiten Raum einnehmen, werden wir sie in gesonderten Abschnitten darstellen. Dabei wird auch deutlich werden, warum das soziale Risiko sinkt und gleichzeitig die Informationsmenge steigt (Abb. 34, S. 106). Wir werden deshalb hier keine Beispiele dazu anführen.

3.6.6 Echte menschliche Begegnung (Intimität)

Unter *Intimität* versteht man in der Transaktionsanalyse eine Beziehung, die frei ist von Spielen und Manipulationen, eine Beziehung, in der der direkte Austausch von Gefühlen, Gedanken und Erfahrungen in einer Atmosphäre von Offenheit, gegenseitiger Achtung und Vertrauen möglich ist. Dieser erstrebenswerte Zustand menschlicher Interaktion, der Freiraum für verschiedene Formen der Begegnung und Auseinandersetzung bietet und in dieser Offenheit einen hohen Informationsgehalt hat, ist zwar nicht direkt planbar. Er kann aber durch eine entsprechende Grundhaltung der beteiligten Personen sowie durch eine aufmerksame Steuerung ihres Denkens, Erlebens und Verhaltens mittels ihrer erwachsenen Anteile vorbereitet und gefördert werden.

Im Berufsleben kann Intimität z.B. als respektvolles gegenseitiges Sich-Verstehen in einer Sitzung oder als gemeinsames, sich wechselseitig förderndes Engagement für ein Ziel erlebt werden oder auch als Bindung, die sich aus einem gemeinsam erlebten Erfolg oder einer gemeinsam erlebten Niederlage ergeben hat. Sie kann ebenso das Ergebnis einer gelungenen Beziehungs- oder Konfliktlösung sein.

Positiv dient Intimität als Quelle aller Formen von Zuwendung einerseits und hoher Motivation und Engagement andererseits. Negativ könnte sie nur im Hinblick auf ihre mögliche Verkennung als einzig erstrebenswerter Zustand ewiger, „verklärter" Harmonie wirken.

In Organisationen fragt man uns öfter, ob man bei dieser Art der Begegnung nicht besonders verletzlich sei, d.h., das soziale Risiko nicht über Gebühr hoch sei. Das ist jedoch nur dann der Fall, wenn Menschen meinen, daß das Erwachsenen-Ich mit seiner Wachsamkeit, seiner Behutsamkeit und Fairneß und seinen vorausblickenden Schutz ausgeschaltet sei.

Ein Produktmanager ist von seinem Marketingdirektor zum Gespräch hinsichtlich der letzten Produktpräsentation gebeten, die nicht so gut verlaufen ist. Bangen Herzens macht er sich auf den Weg. Der Marketingdirektor eröffnet das Gespräch mit der Feststellung: „Ich habe Sie in den letzten zweieinhalb Jahren unserer Zusammenarbeit als einen qualitätsbewußten und kompetenten Mitarbeiter erlebt. Im letzten Vierteljahr scheint dieses Erscheinungsbild von Ihnen durch mehrere kleine Einbrüche, wie z.B. bei der letzten Präsentation, gestört. Mich interessiert weniger, mit Ihnen über die letzte Präsentation zu reden, die für mich nur ein Beispiel ist. Mich interessiert vielmehr, mit Ihnen darüber zu sprechen, was die Gesamtheit der kleinen Einbrüche ausmacht. Haben Sie selber eine Idee?" Als der Mitarbeiter herumzudrucksen beginnt und sich in fadenscheinigen Gründen verliert, unterbricht ihn der Marketingdirektor und ermutigt ihn, offen zu sagen, was wirklich los ist. Gleichzeitig versichert er ihm, daß dieses nicht zu seinem Nachteil sein würde, auch dann nicht, wenn es z.B. ihr Verhältnis betreffen würde. Darauf zögert der Produktmanager kurz und berichtet dann von einem Zusammenstoß mit dem Geschäftsführer, bei dem der Marketingdirektor auch anwesend gewesen war. Die „permanente" Frage des Geschäftsführers an den Produktmanager: „Warum denn alles schon wieder unter Druck geschehen müsse" habe ihn, da dieser Ausspruch immer wieder falle, sehr verletzt. Denn er habe dem Geschäftsführer bereits mehrfach erklärt, warum solche Zeitverzögerungen zustande kämen und daß sie durch die Notwendigkeit der internationalen Koordination verursacht seien, also nicht gänzlich der eigenen Kontrolle unterlägen. Die Uneinsichtigkeit, die in persönliche Vorwürfe gekleidet würde, habe ihn ein Stück demotiviert, offener gesprochen, auch ein Stück seines Selbstbewußtseins „angekratzt", so daß er sich oftmals nicht mehr mit demselben Elan und demselben „Biß" arbeiten sehe, wie er das früher getan hätte. Der Marketingdirektor, der sich an die Begegnung erinnern kann, steuert bei, daß er diese Bemerkung zwar anders aufgefaßt habe, das heißt, er habe ihr nicht so große Bedeutung zugemessen, daß er aber selbstverständlich die Empfindungen des Produktmanagers ernst nähme. Gemeinsam erörtern sie, in welcher Weise der Geschäftsführer auf diesen Vorfall angesprochen und zur „Heilung der empfundenen Kränkung" eingeladen werden könne. In ihren Überlegungen kommen sie zu dem Schluß, daß das Zweckmäßigste ein Gespräch zu dritt sein würde, welches der Marketingdirektor initiieren werde. Beide trennen sich mit dem Empfinden, einander verstanden und respektiert zu haben sowie hinsichtlich der weiteren gemeinsamen Aufgabe erfolgreich gewesen zu sein. Beide haben zudem den Eindruck, daß sie auch in weiteren Begegnungen die anstehenden Probleme in einer beide Seiten befriedigenden Weise lösen werden.

Insgesamt gesehen bietet das Wissen über die Formen der Zeitstrukturierung gute diagnostische Möglichkeiten, sich über die (eigene) Zeitstruktur klarzuwerden. Jeder einzelne kann nicht nur Kenntnisse über seinen faktischen Umgang mit Zeit gewinnen, sondern sich auch die Frage stellen, ob seine spezifische Weise, mit der Zeit umzugehen, genügend Anreize (Stimulation) enthält, um Eintönigkeit und Langeweile zu entgehen. Er kann sich ebenso fragen, ob sein Umgang mit der Zeit überhaupt genügend Beachtung, Anerkennung und Zuwendung von der richtigen Art enthält, außerdem, ob seine Zeiteinteilung ihm ermöglicht, die von ihm gewünschten oder für notwendig befundenen Informationen in ausreichender Menge zu erhalten. Möglicherweise muß eine Person auch überprüfen, ob ihre Zeiteinteilung durch ihre Angst vor sozialen Risiken mitbestimmt ist. Und schließlich kann sie sich auch fragen, ob sie weniger Zeitvertreib mit vielen anderen Personen zugunsten mehr intimer Begegnungen mit ihr vertrauten Menschen „austauschen" will.

Persönliche Zeitstruktur

3.7 Wachstum und Veränderung: Zeit und Informationssicherheit im betrieblichen Alltag

De facto gehen nicht nur unterschiedliche Menschen in unterschiedlicher Weise mit ihrer Zeit um, sondern auch ganze Abteilungen und Unternehmen. Um dies zu verdeutlichen, empfiehlt sich die Nutzung eines *Zeitprofils*. Dieses Zeitprofil kann wiederum in Form von Selbst- und/oder Fremdbild verwandt werden und zu entsprechender Selbsterkenntnis bzw. Diskussion in der Kleingruppe oder im Team führen. Wir nutzen in der Regel folgende Vorlage (Abb. 35, S. 114):

Zeitprofil

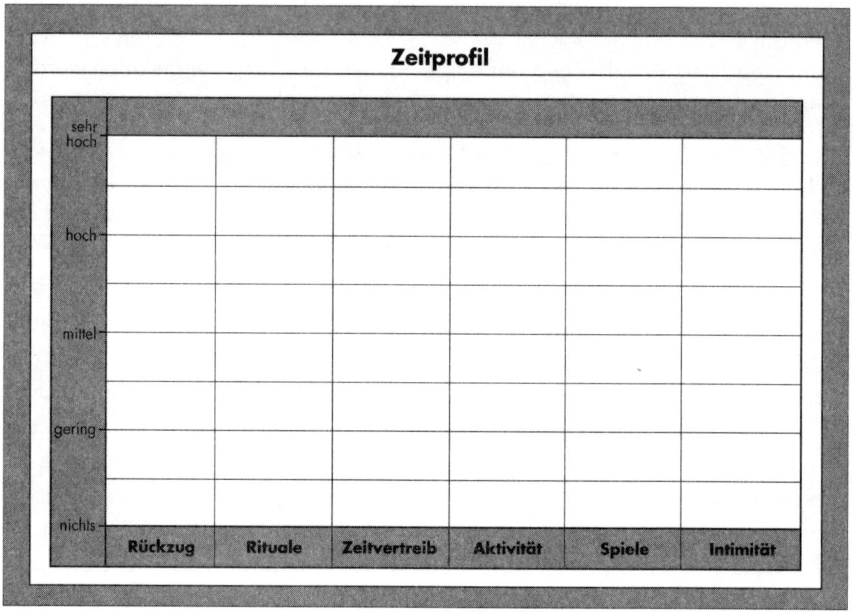

Zeitprofil

	Rückzug	Rituale	Zeitvertreib	Aktivität	Spiele	Intimität
sehr hoch						
hoch						
mittel						
gering						
nichts						

Abb. 35: Zeitprofil

Dabei kann es sich durchaus herausstellen, daß beispielsweise das immense Arbeitspensum vieler Manager – man kommt gegen halb acht und bleibt bis kurz von zwanzig Uhr – täglich oder wöchentlich viele Stunden beinhaltet, in denen Rituale und Zeitvertreib oder Machtspiele statt Aktivitäten die Zeit ausfüllen. Diese Erkenntnisse führen häufig zu lebhaften Diskussionen darüber, ob die eruierte Zeiteinteilung betrieblich notwendig sei. Von da ist es dann nur ein kurzer Schritt zu Änderungsvorhaben, die allen Beteiligten nutzen: den Mitarbeitern, die oftmals involviert sind, dem Betrieb, der weniger Kosten und Ressourcen bereitstellen muß, und schließlich dem beteiligten Manager selber und dessen Privatleben, z.B. der Familie.

Dabei stellt sich regelmäßig auch die Frage nach jenen Zeiten in Unternehmen, die als Intimität eingestuft werden. Da sie von den meisten als bereichernd – Zeit zum seelischen Auftanken, wie es einmal ein Manager ausdrückte – empfunden werden, soll ihr Umfang in der Regel eher erhöht als verkleinert werden: „Können wir die Art, wie wir aktiv sind, nicht dahingehend verändern, daß darin offene und aufrichtige, respektvolle Begegnungen möglich sind? So daß beides berücksichtigt ist, Mensch und Aufgabe?" ist eine typische Fragestellung, die wir nur allzu gern unterstützen. Denn, wie auch betriebswirtschaftlich zunehmend klarer wird, sind jene Personen und Personengemeinschaften, die das zu vereinen wissen, in Hinblick auf die Arbeitsergebnisse wie die Motivation und Gesundheit aller Beteiligten im Vorteil (*Panse & Stegmann* 1996).

In der Beschäftigung mit dem Grundbedürfnis nach Struktur geht es außer um die Zusammenhänge von Zeit und Zuwendung immer auch um *Informationssicherheit*. Das aber scheint ein besonders leidiges Kapitel betrieblichen Geschehens zu sein, bzw. scheinen menschliche Grundbedürfnisse in diesem Aspekt selten ausreichend befriedigt zu werden. Das Thema Information ist ein Wespennest, in das man besser nicht hineinstechen sollte – könnte man es denn vermeiden. Denn hinsichtlich dieses Themas besteht leider Einigkeit über alle Unternehmen hinweg, sei es im Profit- oder Non-Profit-Bereich: Fast immer behaupten die Mitarbeiter/Führungskräfte/Vorgesetzen, entschieden zuwenig Informationen zu erhalten, um sich sicher und in der Lage zu fühlen, mit allen Kräften zum Unternehmensziel beitragen zu können.

Informations-sicherheit

Das stimmt und stimmt nicht, wie nähere Recherchen in einem Beratungszusammenhang erbrachten, wo diese Behauptung zur Kontroverse zwischen Geschäftsleitung und Betriebsrat geführt hatte. Dabei zeigte sich, daß der „Mangel an Informationen" mehrfach begründet ist. In einigen Fällen handelt es sich schlichtweg um „Realität". Die Gründe dafür reichen von Vergessen über Unsicherheit hinsichtlich der vorhandenen Daten bis hin zu bewußtem Zurückhalten aufgrund strategischer Überlegungen. Das ist manchmal ärgerlich, aber kaum zu verhindern. Viel häufiger kommt der „Mangel" jedoch dadurch zustande, daß die Informationen entweder ungenügend umfangreich oder genau bzw. zu beiläufig oder (zeitlich) unpassend weitergegeben werden. Und noch häufiger entsteht der „Mangel" dadurch, daß die Informierten ebenso wie die Informanten den Daten keine oder nur geringe Bedeutung zubilligen. „Was interessiert meinen Maschinenführer unsere Absatzpolitik? Da kann der doch gar kein Interesse dran haben" oder: „Angeblich sollen wir ja jetzt in Zukunft besser informiert werden. Aber da werden sie (die Führungskräfte) doch wieder nur ‚schön reden'" sind zwei typische Aussagen, in denen diese Bedeutungsverkennung zum Ausdruck kommt. (Insgesamt werden wir auf diesen Sachverhalt der Reduktion von Bedeutung in Kap. 8 näher eingehen, da er sehr viele betriebliche Konflikte erklären kann.)

Die Klage über unzureichende Informationen wird in den Bereichen oder gar Betrieben besonders laut vertreten, in denen es nur wenig oder zumeist nur negative Zuwendung gibt. Hier scheint es, dem alten Brechtschen Spruch „Der Mensch will was zu fressen" folgend, zunächst um die Sicherung von genügend Beachtung zu gehen, die z.B. dadurch gesichert werden kann, daß man zusammen mit den Kollegen auf die Geschäftsleitung schimpft. Erst wenn dieses Grundbedürfnis einigermaßen erfüllt ist, steigt das Grundbedürfnis nach Erhalten und Geben von Informationen, die über den unmittelbaren Arbeitszusammenhang hinausgehen. Und auch hier gilt wiederum, je mehr offene, in der Sprache der Zeitkategorien „intime Begegnungsformen" etabliert sind, um so höher werden das Interesse und die Motivation der Beteiligten, sich mit ihren vollen kreativen, organisatorischen, planerischen und administrativen Kompetenzen einzubringen und die Arbeitsprozesse durch gegenseitige Information und Feedback verantwortlich mitzugestalten.

Allerdings müßten sich jede Führungskraft im einzelnen und die Führungsmannschaft eines Betriebes als Ganzes auch klar darüber sein bzw. werden, wie viele wirklich autonom handelnde Mitarbeiter und Kollegen sie im betrieblichen Alltag tatsächlich wünschen. Sie müßten sich fragen, ob sie bereit sind, für deren Handeln entsprechende Strukturen zu schaffen, und ob sie in der Lage sind, deren „Kompetenz" auch dann zu ertragen, wenn eine(r) sich als kreativer, pfiffiger, kompetenter erweisen würde als man selbst. Denn Einladungen zu autonomem Handeln bzw. zur Entwicklung *integrierter Persönlichkeiten*, die nicht eingehalten oder gar zurückgenommen werden, demotivieren beträchtlich, sind Steine statt Treibstoff im Motor der Organisation.

VIER

GEFÜHLE ALS AUSDRUCK
MENSCHLICHER LEBENDIGKEIT

Ausführungen über menschliche Lebendigkeit wären unvollständig, ohne sich mit dem Thema „Gefühle" als ihrem Ausdruck zu befassen. Wir sprechen damit einen für Organisationen sehr brisanten Bereich an: „Gefühle sind wie dicke Tinte, die alles vernebeln und uns von daher nur stören", so der Anfangskommentar einer Führungskraft zu Beginn eines Seminarabschnittes, als wir die Arbeitsschwerpunkte vorstellten. Damit hat der Teilnehmer in drastischer Weise ausgedrückt, was in vielen Organisationen als heimliche oder offene Regel für den Umgang mit Gefühlen gilt. Denn ähnlich wie die Reduzierung von Zuwendung *folgt auch der Ausdruck emotionaler Befindlichkeiten bestimmten gelernten Gesetzmäßigkeiten.*

Gesetzmäßigkeiten

Eugen Drewermann hat diese „Vorschriften" in ironisch-spitzer, unseres Erachtens aber durchaus zutreffender Art und Weise benannt:

Anweisungen zum Nichtssagen
oder: Über den Umgang mit Gefühlen

Geht man die unausgesprochenen und unbewußten Spielregeln einmal durch, mit denen wir als Erwachsene – man kann nicht sagen, miteinander reden, aber – plappern und schwätzen, so laufen diese Anweisungen zum Nichtssagen auf ein paar handfeste Formeln hinaus, die da lauten: „Greife nie ein wirkliches Gefühl des anderen auf, denn sonst würdest du zudringlich und gerietest in Gefahr, den anderen bloßzustellen; verlautbare aber auch von dir selber nie etwas Wesentliches, sonst müßtest du fürchten, dich zu blamieren und in den Augen des anderen als lächerlich dazustehen. Äußere auch kein Problem, das dich betrifft, denn entweder gibst du sonst den anderen Macht über dich, oder du erklärst dich ihnen gegenüber zu einem schwierigen Fall." Desgleichen: „Wenn du Gefühle hast, so äußere sie in Gesellschaft tunlichst nach den Regeln der Diplomatie, des Anstands, der Wahrung der Würde, kurz: Habe am besten gar keine Gefühle, oder wenn schon, so disziplinere und reduziere sie auf das übliche Maß anständiger Heuchelei." Und vor allem:

„Vermeide es, den anderen mit Worten zu berühren; rede getrost an ihm vorbei, sprich vom Wetter, von den Preisen, von der Gesundheit, von der Ernährung, von der Kleidung, sprich von allem, nur nicht von dir selber und dem anderen. Sprich von keinem Menschen und zu keinem Menschen wirklich" (aus: *Drewermann* 1992, 125-126).

Wenn wir diesen „Regeln" folgen, so schneiden wir uns einerseits von etwas ab, was ein wesentlicher Anteil unserer Person ist. Andererseits nehmen wir den anderen nicht als ganze, individuelle Person wahr und können so letztlich auch keine Intimität erleben. Darüber hinaus sind die Bewußtheit für die eigenen Gefühle und ihr angemessener Ausdruck jedoch auch insofern von besonderer Wichtigkeit, als sie Hinweise auf einen bestimmten Handlungsbedarf geben, helfen, ein Erleben zu „verdauen", oder Signale senden, besonders aufmerksam zu sein. Insofern „brauchen" Menschen ihre Gefühle im Arbeitsleben genauso wie im Privatleben.

4.1 Angeborene, authentische Gefühle

Gefühle sind im weitesten Sinne psycho-physiologische Reaktionen auf die Befriedigung oder Nicht-Befriedigung unserer Bedürfnisse. Menschen empfinden den Wunsch, ihre Gefühle „nach außen zu bewegen; wir sprechen deshalb auch von Emotionen" (*Schneider* 1997, 68). Nach *Schneider* ist das Äußern von Gefühlen sogar in sich selbst ein Grundbedürfnis. Wird dieses Grundbedürfnis nicht befriedigt, so kommt es – wie bei mangelnder Befriedigung aller Grundbedürfnisse – zu Gereiztheit, fehlender Lebendigkeit, Niedergeschlagenheit und Lustlosigkeit, ja sogar zu psychosomatischen Erkrankungen.

Gefühle sind als eine jeweils spezifische Körperempfindung wahrnehmbar, die entsprechend gelernter Erfahrungen dann z.B. als Angst, Ärger, Trauer, Freude oder Schmerz interpretiert wird. Diese fünf Gefühle werden in der Transaktionsanalyse als *authentische oder Ursprungsgefühle*[*] bezeichnet, die **Ursprungsgefühle** vor allem in ihren Funktionen deutlich gegen die sogenannten Ersatzgefühle abzugrenzen sind.

Abb. 36: Angeborene, authentische Gefühle oder Ursprungsgefühle

---

[*] Einige Autoren subsumieren hier noch weitere Gefühle, wie z.B. Ekel, Scham und Schuld oder Liebe, die wir jedoch mit *Schneider* (1997) als komplexes Gefühl, das sich aus Grundbedürfnissen, Grundgefühlen, Reflexionen und Entscheidungen zusammensetzt, bezeichnen und deshalb nicht hier einordnen.

4.1.1 Ärger

Der zuvor genannte Personalleiter hat auf vielfachen Wunsch der Mitarbeiterschaft ein differenziertes Beurteilungssystem entworfen. Als es zum Einsatz kommen soll, lehnt das Leitungsteam die Anwendung ab, weil sie im Augenblick „zuviel Unruhe stifte".

Dieses Beispiel enthält eine typische Auslösesituation für *Ärger*, nämlich Frustration. Der Personalleiter will etwas Bestimmtes, möchte „etwas bewegen" und wird daran ebenso gehindert wie in seiner persönlich-professionellen Entwicklung. D.h., seinem Wollen stellt sich eine Barriere in den Weg. Die Funktion des Ärgers besteht nun darin, diese Barriere möglichst aus dem Weg zu räumen. Da solche Hindernisse hier und jetzt zu beseitigen sind (damit z.B. der Personalleiter wirksam werden kann), ist die Funktion des Ärgers auf die Gegenwart bezogen.

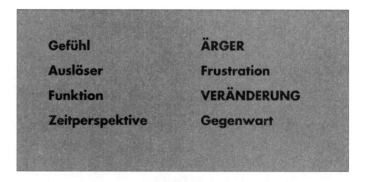

Gefühl	ÄRGER
Auslöser	Frustration
Funktion	VERÄNDERUNG
Zeitperspektive	Gegenwart

Abb. 37: Analyse des authentischen Gefühls „Ärger" (nach *Schneider* 1997, 69)

Je autonomer eine Person ist, desto differenzierter kann sie mit dem notwendigen Ausdruck ihres Ärgers umgehen.

Der Personalleiter könnte z.B. einen „Wutanfall" kriegen und nachdrücklich, klar oder energisch deutlich machen, wie ärgerlich er sei, aus Angst vor Unruhe dieses deutlich kulturverändernde Instrument nicht einführen zu können. Er könnte auch die Energie, die mit dem Ärger einhergeht, nutzen, um endlich seinen lange Zeit gehegten Plan, sich auf dem Stellenmarkt anderweitig umzusehen, in die Tat umzusetzen.

Wir stimmen mit *Bernd Schmid* (1994) überein, daß sich Autonomie auch darin zeigt, daß wir unsere Gefühle so ausdrücken, daß wir uns im Einklang mit unserer Person, der Situation und der jeweiligen Rolle erleben. Voraussetzung ist jedoch, daß wir uns generell erlauben, unsere Gefühle zunächst wahrzunehmen, und daß wir es grundsätzlich für sinnvoll erachten, sie zu äußern. Denn Gefühle, die zurückgehalten werden, werden manchmal gesammelt, wie man „Rabattmarken" aufzubewahren pflegte, um sie, in ein Büchlein eingeklebt, später als Prämie einzutauschen. Sind dann genügend „Rabattmarken" beieinander, kann es gerade bei aufgestautem Ärger am falschen Platze zu einer solchen Entladung kommen, daß nicht wiedergutzumachender Schaden entsteht.

Würde der Personalleiter z.B., nachdem er eine große Menge Ärger angesammelt hat, seinem Geschäftsführer gegenüber in Anwesenheit eines wichtigen Kunden „platzen", so wäre vermutlich eine sogenannte „gütliche Trennung" vorprogrammiert. Der Personalleiter könnte sich in seinen inneren Dialogen dann „bestätigen", daß man seine Gefühle eben doch nicht zeigen sollte, vor allem nicht im Betrieb.

Dieselbe negative Rückkopplung kann auch dann erfolgen, wenn Ärger auf eine andere Person „umgeleitet" wird.

Das wäre z.B. der Fall, wenn der Personalleiter nach der Sitzung seine Sekretärin ärgerlich anfährt, weil sie ein Telefonat, welches sie für außerordentlich dringlich hielt, zu ihm in die Sitzung weiterleitete. Spürt der Personalleiter die Betroffenheit und den Unmut seiner Mitarbeiterin (die vermutlich auch nicht wagt, ihre Gefühle auszudrücken), so kann er sich wegen seines Ärgers als abgelehnt empfinden und seine sonstige Vermeidung von Gefühlen mit dieser Begebenheit rechtfertigen.

4.1.2 Trauer

Ein junger deutscher Ingenieur bekommt die Chance, als Betriebsleiter für eine neu aufzubauende Tochtergesellschaft nach Vietnam zu gehen. Begeistert schließt er den Vertrag ab, zumal seine Frau dort Unterricht an einer deutschen Schule geben kann. In den letzten zwei Monaten vor dem Wechsel erlebt er sich jedoch immer energieloser und erschöpfter. Er schiebt dies auf die viele Arbeit, die er noch erledigen will, um seinen Arbeitsplatz entsprechend geordnet weiterzugeben. Zudem empfindet er auch die unterschiedlichen Abschiedsfeste, die für ihn und seine Frau gegeben werden, als sehr anstrengend und mag die Glückwünsche zu seiner Chance gar nicht mehr hören. Er ist gespannt auf Vietnam und will dort mit „neuer Energie" beginnen. Nach den ersten aufregenden Anfangstagen dort stellt er erneut eine ihm bis dahin unbekannte Lethargie fest. Er „kennt sich selbst nicht wieder", weil ihm seine normale Tatkraft fehlt.

Was war geschehen? – In seiner Freude über die berufliche Veränderung und aufgrund der Erwartung seiner Kollegen, seiner Familie und seiner Freunde hat der Ingenieur seine Trauer über den Verlust, den eine solche Veränderung trotz aller Begeisterung für das Neue auch bedeutet, nicht zugelassen, d.h. nicht wahrgenommen und damit nicht angenommen.

Nur durch das Gefühl seiner *Trauer* hätte er in einem ersten Schritt spüren können, was ihm sein Leben in seiner Heimat wirklich bedeutete und was daran wertvoll war. In einem zweiten Schritt hätte er danach das Vergangene loslassen können. Denn das ist die normale Funktion der Trauer. Nur eine Person, die getrauert und losgelassen hat, ist offen für neue Dinge. Sie hat sozusagen die Hände frei. Ungelebte Trauer dagegen führt zu „Lethargie".

Dabei wird sich die Intensität solcher Ersatzreaktionen je nach Schwere des unbetrauerten Verlustes gestalten. Darf z.B. die Trauer über den Verlust eines geliebten Menschen nicht angemessen intensiv und lange ausgedrückt werden, so kann es von depressiven Verstimmungen bis hin zu schweren Depressionen kommen. Bei persönlich weniger schwerwiegenden Verlusten kommt es dagegen häufig zur oben beschriebenen Lust- und Kraftlosigkeit oder zu Mangel an Lebensfreude. Manchmal erleben die betroffenen Menschen dann einen unerklärlichen Widerstand gegen das Neue. Je nach Persönlichkeit und Umständen klingen die Ersatzreaktionen jedoch mittelfristig, häufiger aber erst nach längerer Zeit wieder ab. Manchmal führen sie auch zu vegetativen und/oder psychosomatischen Beschwerden, die behandlungsbedürftig sind.

Gefühl	TRAUER
Auslöser	Verlust
Funktion	LOSLASSEN
Zeitperspektive	Vergangenheit

Abb. 38: Analyse des authentischen Gefühls „Trauer" (nach *Schneider* 1997, 71)

Unserer Erfahrung nach ist Trauer das Gefühl, welches in Organisationen am häufigsten vermieden wird. In vielen Organisationen wird eine gute Leistung durch Veränderung von Positionen und Rollen belohnt. Damit wird die Veränderung zum deutlichen Anzeichen von Erfolg. Gedanken über die Verluste, die damit verbunden sind, passen nicht oder nur heimlich in das erfolgreiche Bild, welches die Betreffenden von sich selbst und andere von ihnen haben. Veränderung in Positionen und Hierarchien sind jedoch Teil des unerbittlich schnellen Wandels, den Organisationen in der gegenwärtigen Gesellschafts- und Wirtschaftslage vollziehen (müssen). Viele Menschen gestatten sich aber nicht, die dabei notwendig zu fühlende Trauer zu empfinden oder sogar zu zeigen. Sie befürchten dann, für zu wenig flexibel, zu wenig nach vorn orientiert oder für zu ungenügend unternehmerisch gehalten zu werden. Nur gelebte und ausgedrückte Trauer würde jedoch die Regeneration dieser notwendigen Eigenschaften beschleunigen. Insofern blockieren sich Menschen und damit Gruppen und Organisationen selbst durch das ungeschriebene Gesetz, daß Trauer nicht gespürt und nicht gezeigt werden darf.

Auch ein stimmiger Ausdruck von Trauer kann sehr unterschiedlich sein. Er reicht vom einfachen Aussprechen bis zu einem tiefen Weinen, von kurzen Momenten bis zu längeren Phasen. Wichtig ist hier, wie bei allen Gefühlen, die innere Erlaubnis, gepaart mit der sinnvollen Überlegung, bei welchen Menschen man wieviel von seiner Trauer zeigen will. Denn es ist wenig sinnvoll, sich mit diesem Gefühl zu isolieren oder in den absolut privaten Raum zurückzuziehen. Zum einen können wir unsere Trauer leichter annehmen, wenn wir damit nicht allein sind. Zum anderen können wir in der Phase des Abschieds wertvolle Intimität erleben, wenn wir zugestehen, daß wir traurig sind – auch in Organisationen. Und zum Dritten können sich z.B. auch Kollegen wertgeschätzt fühlen, wenn sie spüren und erleben, daß eine Person darüber traurig ist, sie zu verlassen.

4.1.3 Angst

Ein 45jähriger Lagerverwalter hört mehrfach, daß einige zu seiner Gesellschaft gehörende Lager, die in Deutschland verteilt sind, wegen der Erweiterung des Osteuropamarktes in Süddeutschland zu einem Zentrallager zusammengeschlossen werden sollen. Er fragt seinen Vorgesetzten, der jedoch angeblich von nichts etwas weiß. Schließlich faßt er sich Mut und spricht den Leiter der Abteilung „Materials Management" direkt an. Dieser sagt, daß es noch zu früh sei, irgendwelche Entscheidungen zu treffen, und natürlich gehe die Firmenpolitik nicht dahin, Leute freizusetzen. Mit dieser sehr ungenauen Auskunft wächst die Angst des Lagerverwalters jedoch um so mehr. Er fühlt sich und seine Familie in der wirtschaftlichen Existenz bedroht und nimmt daher überstürzt das Angebot einer Konkurrenz-firma an, die einen Mann mit entsprechender Erfahrung für ihr neues Hochregalla-ger braucht.

Über viele Jahre hatte er sich seiner Firma gegenüber sehr loyal empfunden und verhalten, jetzt aber scheint es ihm notwendiger, sich und seine Familie zu schüt-zen. Erst das Wahrnehmen und das Akzeptieren seiner Angst führte zu zweckmä-ßigem Schutzverhalten in Hinblick auf die Zukunft.

Angst kann bei dem Betroffenen nicht nur durch reale Situationen ausgelöst werden, sondern auch durch Phantasien, die um so intensiver werden kön-nen, je weniger konkrete Informationen eine Person hat.

Mit Informationen über die wirklichen Chancen hätte der erfahrene und kompe-tente Lagerverwalter z.B. seine Angst reduzieren und möglicherweise einen ande-ren Arbeitsbereich im Unternehmen finden oder den Übergang zu einer anderen Firma so gestalten können, daß er zuvor für seine alte Firma hilfreich und kosten-sparend an der Umstellung mitgewirkt hätte.

Gefühl	ANGST
Auslöser	Bedrohung
Funktion	SCHUTZ
Zeitperspektive	Zukunft

Abb. 39: Analyse des authentischen Gefühls „Angst" (nach *Schneider* 1997, 70)

Auch der Ausdruck von Angst ist in Organisationen eher selten, da auch er angeblich nicht ins Bild der kompetenten Persönlichkeit paßt. Viele Men-schen verwechseln zudem Angst mit Panik und befürchten, daß sie ihre Denk- und Handlungsfähigkeit beeinträchtigt. Deshalb lassen sie die Angst gar nicht zu. Aus dieser falschen Einstellung wollen viele Führungskräfte, wie hier der Leiter des Materials Management, auch ihre Mitarbeiter nicht ängstigen und geben dann unklare und ungenaue Auskünfte. Damit verstärken sie jedoch, wie schon im Beispiel, nicht nur die Angst, sondern sie blockieren auch reali-tätsangemessene Handlungsenergien. Dies ist durch viele Untersuchungen der allgemeinen Psychologie belegt, die zeigen, daß unstrukturierte, unklare Situationen Angst erzeugen, statt Angst zu mindern oder abzubauen.

Demgegenüber erleichtert das Deutlichmachen von Angst und Befürchtungen häufig die Flexibilität von (betrieblicher) Kommunikation und Interaktion. Denn dieser Prozeß lädt zu gegenseitiger Offenheit ein und ermöglicht deutlich größere Planungs- und Handlungsspielräume. Die Funktion von Angst ist damit zukunftsbezogen.

4.1.4 Schmerz

Was *Schmerz* bedeutet, konnte ansatzweise bereits im Beispiel zur „Intimität" (siehe S. 112f) deutlich werden. Dort fungierten die als Herabsetzungen empfundenen Äußerungen des Geschäftsführers als Auslöser für den wahrgenommenen Schmerz des Produktmanagers.

Immer wenn wir uns in unserer körperlichen und seelischen Unversehrtheit, Ganzheit oder Identität beeinträchtigt fühlen, so löst das Schmerz aus. Häufig geschieht dies auf der psychischen Ebene, indem wir uns, wie der Produktmanager aus dem Beispiel, nicht oder falsch gesehen fühlen. Die Funktion des Schmerzes besteht darin, im weitesten Sinne zum Heilsein in Form von Wiedergutmachung zu führen. Damit ist sie gegenwartsbezogen.

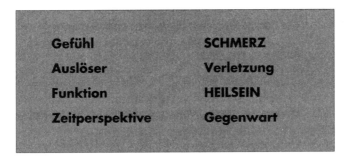

Gefühl	SCHMERZ
Auslöser	Verletzung
Funktion	HEILSEIN
Zeitperspektive	Gegenwart

Abb. 40: Analyse des authentischen Gefühls „Schmerz" (nach *Schneider* 1997, 71)

Die notwendige Wiedergutmachung geschieht, wie in unserem Beispiel, häufig durch das ausdrückliche Sehen und Anerkennen der Person. Damit Verletzung oder Schmerz jedoch von anderen gesehen werden können, müssen sie gezeigt werden. Dabei kann beispielsweise auch deutlich werden, daß das

Verhalten oder die Äußerung, die Schmerz ausgelöst haben, vom Absender anders gemeint waren, als sie vom Empfänger interpretiert wurden. Oder die verletzte Person erfährt, wie betroffen eine andere über ihre Vorgehensweisen ist. Auf diese Weise kann das Zeigen von Schmerz zum wachstumsfördernden Feedback werden.

Auch im Hinblick auf Schmerz ist es sinnvoll, den Ausdruck des eigenen Gefühls unter Kontrolle des Erwachsenen-Ichs so zu steuern, daß er der eigenen und der anderen Person sowie den Umständen und der Rolle gerecht wird. Am wichtigsten jedoch ist, daß der Schmerz benannt wird. Das ist allemal sinnvoller, als sich „heimlich aus der Beziehung zu schleichen". Denn auch Schmerz, der nicht gezeigt wird, sammelt sich ebenso an wie andere Gefühls-Rabattmarken. Dabei werden gefüllte Heftchen von Schmerz-Rabattmarken häufig dadurch eingelöst, daß Beziehungen in mehr oder weniger starkem Umfang abgebrochen werden. Dieser Beziehungsabbruch kann von trotzigem Rückzug, der das Klima in einer Abteilung erkalten läßt und zum Mobbing einlädt, über die innere bis zur konkreten Kündigung reichen. Ebensooft führen Schmerz-Rabattmarken zu (psychosomatischen) Erkrankungen.

4.1.5 Freude

Dem Personalleiter aus dem Ärger-Beispiel ist es im weiteren Verlauf doch noch gelungen, sein Leitungsteam von der Qualität seines Beurteilungssystems ebenso zu überzeugen wie von der Sinnhaftigkeit des Instrumentes. Die Kollegen stimmen dem Einsatz zu und melden ihm nach kurzer Zeit zurück, daß sie mit etlichen Mitarbeitern über die eigentliche Beurteilung hinaus sinnvolle und effektive Gespräche über die Gestaltung der Arbeit und die Form des Unternehmens insgesamt geführt hätten. Der Personalleiter freut sich über seinen Erfolg und die positiven Resonanzen. Dies ist für ihn besonders wichtig, da das System „sein Kind" war und ist. Da er seine Freude zudem bei der nächsten Sitzung des Führungsteams ausdrückt, erlebt das Team aus dem Gefühl, etwas miteinander bewältigt zu haben, zusätzlich einen Augenblick der Intimität.

Die Funktion von *Freude* ist es zum einen, Gemeinschaft zu stiften. Damit wird sie zum hohen Motivationsfaktor. Zum anderen zeigt sie den Menschen aber auch, daß sie mit sich, den anderen und der Welt stimmig sind. Freude ist einerseits direkt auf die Gegenwart bezogen, entwickelt sich andererseits häufig auch aus vergangenen Ereignissen und zeigt zum dritten Richtungen für die

Zukunft. „Jemand, der tiefe Freude empfindet, weiß um seine Vergangenheit, bewegt sich ganz im Hier und Jetzt und sieht (s)eine Zukunft" (*Schneider* 1997, 72).

Gefühl	**FREUDE**
Auslöser	**Erfüllung**
Funktion	**GEMEINSCHAFT/** **Spiegel von Stimmigkeit**
Zeitperspektive	**Integration von Vergangenheit, Gegenwart, Zukunft**

Abb. 41: Analyse des authentischen Gefühls „Freude" (in Anlehnung an *Schneider* 1997, 73)

Für Organisationen ist Freude von besonderer Bedeutung:

Der Ausdruck und das Mit-Teilen von Freude sind für die Gesundheit einer Organisation genauso unabdingbar wie das Geben und Annehmen von Zuwendung und Beachtung.

4.2 Ersatzgefühle

Wie bereits ausgeführt, sind wir nicht frei, auf innere und äußere Reize nicht zu reagieren oder nichts zu empfinden. Unser Organismus antwortet auf jede Situation mit körperlich-seelischen Empfindungen, d.h., er reagiert ohne unser aktives Zutun.

„Ersatzgefühle" Doch die meisten Menschen reagieren nicht immer mit authentischen Gefühlen. Manchmal zeigen sie statt dessen sog. *„Ersatzgefühle"*. Diese Ersatzgefühle lernen wir bereits als Kinder, weil unsere authentischen Gefühle nicht in das Erfahrungsmuster der Eltern paßten und diese z.B. durch unsere Trauer „peinlich berührt" waren oder weil unsere Gefühle bestimmten gesellschaftlichen Normen nicht entsprachen (Mädchen sollen nicht aggressiv, Jungen nicht traurig oder ängstlich sein); oft auch, weil unsere Eltern selbst Modelle für Ersatzgefühle darstellten. Ähnlich dem Umgang mit Streicheln gibt es in

„Gefühlsmuster" jeder Familie ein *„Gefühlsmuster"*, das festlegt, welche Gefühle erlaubt und welche verboten sind. Wenn eines der authentischen Gefühle nicht zu diesem Familienmuster „paßt", so lernt das Kind, dieses Gefühl mit einem „erlaubten Gefühl", dem sog. „Ersatzgefühl" zu verdecken. Als Ersatzgefühle können dabei Empfindungen wie Einsamkeit oder Überlegenheit, aber auch Schuldgefühle oder Gereiztheit dienen. Auch authentische Gefühle können als Ersatzgefühle fungieren. So kann beispielsweise Angst mit Ärger verdeckt werden. Als Erwachsene reagieren wir dann in entsprechenden Situationen in der Regel mit dem Ersatzgefühl und nicht mit dem authentischen.

Anders als authentische Gefühle, die wellenförmig kommen und gehen, wie z.B. Trauer, und die abebben, wenn ein dem Gefühl entsprechendes Handeln zum Erfolg geführt hat, halten Ersatzgefühle länger an als die authentischen. Manchmal sind Ersatzgefühle sogar „chronisch". In keinem Falle bewirken sie die Lösung des Problems. Manche Menschen „baden" auch in ihrem Lieblings-Ersatzgefühl, beispielsweise das „Opfer" in seinem dauernden Unglücklichsein, der „Verfolger" in seinem Ärger und der „Retter" in seinem Überlegenheitsgefühl (siehe auch Kap. 6). Trotzdem muß man folgendes beachten: Die Person, die ein Ersatzgefühl empfindet, kann dieses ebenso intensiv erleben wie die sogenannten authentischen Gefühle und spielt daher kein Theater.

Häufig erleben Personen, die ein Ersatzgefühl zeigen, daß sie damit beim Gegenüber nicht „ankommen". Das stimmt insofern, als Ersatzgefühle bei anderen Menschen häufig keine Empathie, kein Mitschwingen auslösen und nicht zu der Intimität führen, die durch die Äußerung authentischer Gefühle entsteht. Oft werden Ersatzgefühle von anderen Personen auch dadurch „beantwortet", daß diese ebenfalls mit Ersatzgefühlen reagieren. Beide Seiten befinden und erleben sich dabei dann in einem letztendlich wenig befriedigenden Austauschprozeß.

4.2.1 Racketeering

Der zuvor angesprochene Austausch von „gelernten Gefühlen" wird von *Fanita English* (1980) als Racketeering bezeichnet. Sie übernahm diesen Begriff aus dem Sprachgebrauch der amerikanischen Unterwelt, wo darunter die Erpressung von Schutzgeldern verstanden wird. Durch den Begriff wollte sie zum Ausdruck bringen, daß das Äußern eines Ersatzgefühls so intensiv und ausdauernd werden kann, daß die andere Person sich quasi gezwungen oder emotional erpreßt fühlt und dann ihrerseits meistens mit einem komplementären Ersatzgefühl reagiert.

So kann z.B. ein Mitarbeiter aus einer Position der Hilflosigkeit (Ersatzgefühl) immer wieder an die Hilfsbereitschaft seines Chefs oder auch seiner Kollegen appellieren, ihm Arbeit abzunehmen oder dieselbe Arbeit nochmals zu erklären. Obwohl diese „Hilflosigkeitsmasche" alle Beteiligten stört, wagt das keiner anzusprechen, da jede dieser Bitten des Mitarbeiters mit großer Höflichkeit vorgetragen und von einem traurigen, ermüdeten und verzweifelten Gesichtsausdruck begleitet wird. Im Gegenteil finden sich prompt Personen, die aus einem Gefühl der Überlegenheit (komplementäres Ersatzgefühl) dem Anliegen des Mitarbeiters nachkommen. Dabei kann diese Form von Austausch so lange fortgesetzt werden, wie die andere Person bereit ist, zu helfen und auf diese Weise indirekt Zuwendung zu geben.

Analysiert man diese Situation, zeigt sich, daß sich zwei Personen gefunden haben, die ein jeweils typisches Verhaltensmuster – von *Fanita English* Typ I und Typ II genannt – zeigen, das so aussieht:

Verhalten vom Typ I:

Der hilflose Mitarbeiter verkörpert eine Person, die *English „untersicher"* **Untersicher**
nennt. Sie fühlt sich unterlegen und besitzt den Glauben, daß nur die anderen etwas taugen. Sie beginnt ihre „Manöver" stets aus einer Haltung, die wir mit dem angepaßten Kind-Ich beschreiben, und sucht andererseits Personen, deren elterliches Verhalten, vor allem deren fürsorglichen Teil, sie ansprechen kann. Typische Aussagen einer solchen Person wären: „Ich habe große

Schwierigkeiten", „Ich fühle mich schlecht", „Ich bin ganz depressiv", „Ich bin völlig mutlos"; alles Einladungen, die den anderen dazu bringen sollen, zunächst einmal nachzufragen, um dann helfend „einzusteigen".

Verhalten vom Typ II:

Übersicher Die andere Person, die die komplementäre Rolle übernimmt – hier etwa der hilfreiche Kollege –, nennt *English „übersicher"*. Mit einer Grundeinstellung: „Ich bin besser und meistens überlegen" und entsprechend überheblicher Attitüde beginnt sie ihre „Ersatzmanöver" in aller Regel aus fürsorglicher oder überkritischer Haltung, um sich damit zu beweisen, wie potent, überlegen, ja unvergleichlich sie gegenüber anderen ist.

Das entsprechende Verhalten dieser Typen könnte man wie folgt darstellen:

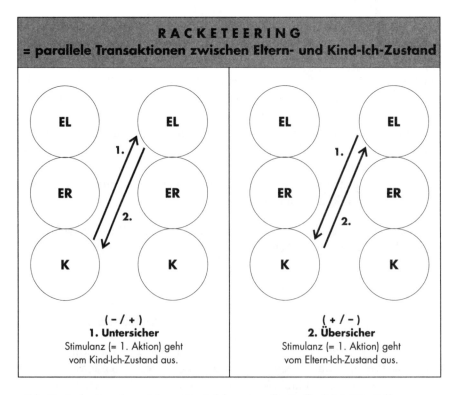

RACKETEERING
= parallele Transaktionen zwischen Eltern- und Kind-Ich-Zustand

(– / +)
1. Untersicher
Stimulanz (= 1. Aktion) geht
vom Kind-Ich-Zustand aus.

(+ / –)
2. Übersicher
Stimulanz (= 1. Aktion) geht
vom Eltern-Ich-Zustand aus.

Abb. 42: Ausbeutungstransaktionen (in Anlehnung an *Fanita English* 1982, 42ff)

Der Zusammenhang von Racketeering und dem auch hier zugrundeliegenden Wunsch nach Zuwendung läßt sich folgendermaßen darstellen:

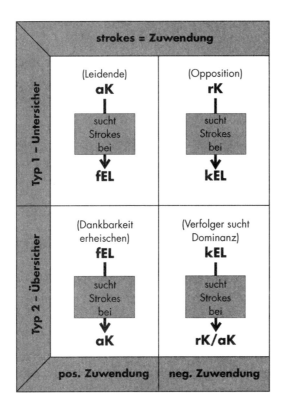

Abb. 43: Zuwendungsmöglichkeiten durch Racketeering

Daß es entsprechende Muster und solche Typen auch im betrieblichen Alltag in Fülle gibt, braucht kaum erwähnt zu werden. Wichtig und nochmals zu erwähnen ist jedoch der Gedanke, daß beide Typen aus Not, nicht aber aus Böswilligkeit handeln. Für beide stellte das Verhalten, das wir heute beobachten können, oftmals die einzige Möglichkeit dar, wie sie in ihrer Ursprungsfamilie Zuwendung und Beachtung fanden. Vor allem in Streßsituationen greifen wir Menschen häufig auf die Verhaltensweisen zurück, die wir als Kinder gelernt haben. Wir „versprechen" uns davon die Sicherheit, die wir gerade in schwierigen Situationen brauchen. D.h., wir glauben, durch die „gewohnten Muster" kein soziales Risiko eingehen zu müssen. Wenn dann solche Ersatzgefühle und die damit gekoppelten Verhaltensweisen ausagiert werden, sind sich al-

Not statt Böswilligkeit

lerdings die Menschen nicht darüber im klaren, daß sie sich nach alten Anpassungsmustern und in keiner Weise autonom verhalten. Sie merken daher auch nicht, daß sie mit diesen Mustern anstehende Probleme gerade nicht langfristig lösen können. Das aber kennzeichnet ihre erneute Not.

4.3 Sachlichkeit versus Emotionalität

Bei unserer Arbeit in Organisationen hören wir immer wieder Aussprüche wie: „Wir wollen doch nicht emotional werden" oder: „Probleme müssen sachlich und nicht emotional gelöst werden" oder: „Y oder X ist mal wieder emotional geworden" usw. Bereits durch diesen Sprachgebrauch wird die unangemessene Idee aufrechterhalten, Gefühle hätten in Organisationen nichts zu suchen. Dabei jedoch wird das Kind mit dem Bade ausgeschüttet. Denn solche Aussprüche beziehen sich fast immer auf Personen und Situationen, in denen Ersatzgefühle überstark ausagiert statt authentische Gefühle angemessen ausgedrückt werden. Und natürlich führt, wie wir dargestellt haben, das Ausagieren von Ersatzgefühlen de facto nicht zum Lösen von Problemen, zu angemessenem Feedback oder zur Etablierung angenehmer Arbeitsbeziehungen mit Momenten von Nähe, Gemeinsamkeit und Intimität. Das könnte nur durch den angemessenen Umgang mit authentischen Gefühlen erreicht werden. Infolge der mangelnden Differenzierung von Gefühlen und Ersatzgefühlen kommt es jedoch häufig zu einer so generellen Ablehnung von Gefühlsäußerungen, daß damit nicht nur die Lebendigkeit auf der menschlich-seelischen Ebene, sondern – wie wir immer wieder sehen können – auch die Flexibilität auf der Sachebene eingeengt wird. Das schränkt sowohl die Effizienz als auch das Wohlergehen ein.

Dementsprechend lehren wir in unseren Trainings, Seminaren, Beratungen und Coachingsitzungen die Unterscheidung von Gefühlen und Ersatzgefühlen, trainieren den angemessenen Ausdruck authentischer Gefühle und machen Mut, sie zu zeigen – auch im Betrieb, im Konzern, in der Company oder wie sonst auch immer Menschen die Organisation, in der sie arbeiten, bezeichnen.

4.4 Wachstum und Veränderung:
Lernziel: veränderter Umgang mit Gefühlen

Natürlich ist es auch bei diesem wie jedem anderen Ziel vor einer Veränderung zunächst einmal angesagt, sich seiner derzeitigen Verhaltensmuster bewußt zu werden. In Trainings verwenden wir für diesen Schritt häufig folgenden Fragebogen:

UMGANG MIT GEFÜHLEN IM BETRIEBLICHEN ALLTAG

1. Im letzten Jahr hatte ich Angst, als ...

2. Im letzten Jahr war ich traurig, weil ...

3. Im letzten Jahr habe ich mich darüber geärgert, daß ...

4. Im letzten Jahr habe ich mich darüber gefreut, daß ...

Berichten Sie Ihrem/Ihrer PartnerIn anschließend,
wie Sie mit diesen Gefühlen umgegangen sind.

© Ute Hagehülsmann

Abb. 44: Fragebogen zum Thema „Gefühle im Betrieb"

Die Teilnehmer bearbeiten den Arbeitsbogen auch hier zunächst allein, tauschen sich darüber in der Kleingruppe aus und berichten ihre Ergebnisse im Plenum. Dabei haben sie fast immer Schwierigkeiten, Beispiele zu finden, wie sie in dieser Übung gefragt sind. Den meisten Zugang haben sie noch zu „Ärger", der vermutlich gerade in Organisationen häufig als Ersatzgefühl eingesetzt wird. Infolge des zuvor erfolgten theoretischen Inputs zur Funktion von Gefühlen und zur Differenzierung zwischen Gefühlen und Ersatzgefühlen sind die Teilnehmer zudem oft sehr nachdenklich, wenn sie feststellen, daß sie Empfindungen von Freude nur manchmal, Empfindungen von Trauer, Angst und Schmerz jedoch selten oder nie Raum geben. Diese Betroffenheit reicht meistens bereits aus, im Arbeitsalltag vorsichtig neue Erfahrungen mit dem Ausdruck von Gefühlen machen zu wollen, was wir sehr unterstützen. Erst „lange danach" erreichen uns manchmal Nachrichten, daß die Menschen bei der Umsetzung ihrer Vorhaben überrascht von der positiven Resonanz ihrer Umwelt waren und sich auf diese Weise ermutigt gefühlt haben, häufiger und deutlicher zu sagen, was sie gefühlsmäßig empfinden.

Rollenspiel In einer anderen Übung geben wir den Teilnehmern kleine Karten, auf denen Szenarien beschrieben sind, die deutlich Gefühle in den beteiligten Personen hervorrufen:

> Herr Schuhmacher leitet ein Projekt zur Kostenreduktion des Außendienstes. Sein Vorgesetzter, der Vertriebsleiter Herr Martin, ist Mitglied des Projektteams.
>
> Als Herr Schuhmacher nachfragt, bis wann denn die Recherchen, die die einzelnen Teammitglieder einholen wollen, vorliegen könnten, erwidert Herr Martin: „Bei der Unzuverlässigkeit meiner Mitarbeiter kann ich das nicht so genau festlegen."
>
> ➤ Wie fühlen Sie sich als Herr Schuhmacher?
> ➤ Wie fühlen Sie sich als Herr Martin?
> ➤ Wie wollen Sie die Gefühle ausdrücken?
>
> © Ute Hagehülsmann

Abb. 45: Szenische Vorgaben für eine gefühlsgeladene betriebliche Situation (Arbeitskarte)

Wir bitten die Teilnehmer, diese Situation in Kleingruppen durchzuspielen und zu besprechen, wie sie sich in der jeweiligen Situation fühlen würden. Gemeinsam üben sie dann, diese Gefühle in verschiedenen Intensitätsgraden auszudrücken. Im anschließenden Plenum berichten sie, mit welcher Äußerung sie sich wohl bzw. unwohl gefühlt haben. Schildern sie dabei Ersatzgefühle als positives Empfinden, so ermutigen wir sie, nachzuspüren, ob neben dem geschilderten Gefühl, wie z.B. Ärger (als Ersatzgefühl), noch ein anderes, wie z.B. Schmerz (als authentisches Gefühl), wahrzunehmen sei. Häufig wird dann deutlich, daß sie durchaus noch eine zweite Empfindung hatten, diese aber als „nicht so wichtig" nicht mit einbezogen haben. Daraus kann eine Vereinbarung resultieren, in den nächsten Wochen auf solche angeblich unwichtigen „Nebenempfindungen" zu achten. So können die Teilnehmer lernen, sich ihrer ursprünglichen Gefühle bewußt zu werden, und ihren individuellen Weg finden, Gefühle insgesamt auszudrücken.

Besonders sinnvoll und einleuchtend ist der Umgang mit Gefühlen im Coaching. Die Art und Weise, wie der Coach dazu ermutigt, Gefühle zu spüren und auszudrücken, wirkt modellhaft.
Dadurch können die Erfahrungen leichter in den betrieblichen Alltag übertragen werden. Das wird auch am folgenden kommentierten Auszug aus einer Coachingsitzung mit Herrn A., einem Laborleiter mit sieben Mitarbeitern, deutlich:

Coaching

Herr A.	Coach	Erläuterungen
Ich weiß gar nicht, was er (Chef) will. Ich bin doch ganz freundlich zu meinen Leuten. Ich versuche immer zu vermitteln, daß sie nicht alles so tragisch nehmen sollen!		
	Sie haben erzählt, daß Ihr Vorgesetzter Ihnen im Beurteilungsgespräch gesagt hat, daß Sie zuwenig auf die Leute eingehen würden. Setzen Sie „Freundlichkeit" und „alles nicht so tragisch nehmen" mit „Eingehen" gleich?	Die Trübung: „Wenn ich freundlich bin, gehe ich doch schon auf die Leute ein" wird aufgedeckt.
Bislang ja, aber da scheint ja was nicht zu stimmen.		

Herr A.	Coach	Erläuterungen
	Stellen Sie sich vor, Sie sagen zu mir: „Ich habe Angst, daß ich wegen meines Führungsverhaltens auf eine reine Fachfunktion versetzt werde." Und ich antworte Ihnen dann: „Ach, nehmen Sie das mal nicht so tragisch!" Wie würden Sie sich dann fühlen?	Coach beginnt, auf Gefühle hinzuweisen.
Erst zögernd, dann direkt: Verarscht!		
	Das kann ich nachempfinden.	
Herr A. schaut sehr ernst und wird blaß im Gesicht.		
	Sie sehen so aus, als ob Sie Angst hätten.	Coach spricht Gefühl direkt an.
Ich glaube, das stimmt. Ich habe auch tatsächlich in der Wirklichkeit Angst, auf eine Fachfunktion abgeschoben zu werden.		
	Es ist gut, daß Sie das spüren. Was fürchten Sie genau?	Coach ermutigt, das Gefühl zu spüren und über Informationen und Phantasien zu sprechen, die die Angst hervorrufen.

In nachfolgenden Gesprächen kann zum einen erarbeitet werden, daß Herr A. seinen Chef genau befragen wird, welche Veränderungen im Führungsverhalten er von ihm erwartet und was die Konsequenzen sein werden, wenn er sich nicht verändert. Zum anderen werden Vorgehensweisen und Formulierungen erarbeitet, mit denen er auf seine Mitarbeiter eingehen und ihnen zeigen kann, daß er sie ernst nimmt.

P.S.: Herr A. leitet sein Labor immer noch. – Er hat inzwischen Freude daran, herauszufinden, was seine Mitarbeiter bewegt, und das auch zurückzuspiegeln.

Abschließend ist nochmals nachdrücklich auf folgendes hinzuweisen:

> **Im „Umgang mit Gefühlen" haben Trainer und Führungskräfte eine starke, nicht zu unterschätzende Modellwirkung.**

Keine Übung ist so wirksam wie die Möglichkeit, einen Trainer zu erleben, der keine Angst hat, Gefühle zu benennen und auch intensive Gefühle mit Offenheit und Wohlwollen zu begleiten. Das Gleiche gilt für Führungskräfte. Stellen sie in diesem Zusammenhang ein gutes Modell dar, können sie Beachtliches dazu beitragen, die Kultur einer Organisation zu mehr gefühlsorientierter Lebendigkeit hin zu verändern.

4.5 Ersatzgefühle und Skript

Die Ersatzgefühle und die Gedanken, mit denen wir sie interpretieren, sowie die daraus resultierenden Verhaltensweisen sind Teile unseres Skriptes oder Lebensplanes. Damit gehören sie zu jenen erstarrten Teilen unseres Bezugsrahmens, die sich durch neue Erfahrungen nicht selbstverständlich verändern. Denn diese Muster waren, als sie im frühen Kindesalter kreiert wurden, wichtig, erlaubt und lebensnotwendig. In der heutigen Wirklichkeit, im Hier und Jetzt des nunmehr zwanzig, dreißig oder vierzig Jahre alten Erwachsenen, sind sie jedoch inzwischen dysfunktional und führen z.B. im familiären wie betrieblichen Alltag zu erneuten bzw. verstärkten Problemen, anstatt der Bedürfnisbefriedigung, der Aufgabenbewältigung oder Problemlösung zu dienen.

Die Ersatzgefühle haben sich, zusammen mit Glaubenssätzen und den daraus resultierenden Verhaltensweisen, im Laufe der Jahre zu einem *„Skriptsystem"* verdichtet, das zu Erfahrungen führt, durch die sich dieses System immer wieder selbst verstärkt. Dabei werden in der Art eines Regelkreises die alten (Skript-)Glaubenssätze über uns, die anderen und die Welt immer wieder bestätigt und die authentischen Gefühle unterdrückt. Insgesamt liest sich das gesamte System wie eine *„self-fulfilling prophecy"* (Abb. 46). Es läßt sich sehr gut dazu verwenden, private wie auch betriebliche Probleme und Konfliktsituationen zu beschreiben.

„Skriptsystem"

Als Illustration kann man es sich wie folgt vorstellen:

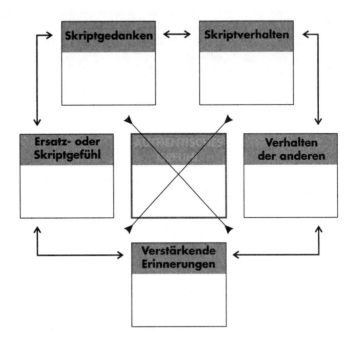

Abb. 46: Skriptsystem (nach *Erskine* & *Moursund* 1991)

Solche (Skript-)Systeme selbsterfüllender Prophezeiungen können sowohl nur „innerhalb" einer Person ablaufen als auch in äußerem Verhalten unter Mitbeteiligung anderer Menschen wirksam werden. Zur Illustration sollen uns folgende Beispiele dienen:

Während eine Person z.B. an ihrem Schreibtisch sitzt und eine Teamsitzung plant, läßt sie in ihrer Phantasie diese Sitzung bereits ablaufen und zu einem skriptsystem-konformen Ergebnis führen. Durch ein Telefonat mit positivem Inhalt kann sie das System jedoch noch unterbrechen und grübelt nicht weiter über das Ende nach. Ohne diesen Anruf wird sie vermutlich aber die nachfolgende Teamsitzung so gestalten, daß ihre phantasierten Wirklichkeiten wahr werden und sie sich ihren (Skript-)Glauben bestätigen kann.

Ein Vertriebsleiter, Herr Q., hat ein neues Zeiterfassungssystem für seine Außendienstmitarbeiter erstellt. Dies war notwendig geworden, weil es immer wieder Klagen darüber gegeben hatte, daß die Kollegen im Außendienst „unterschiedlich frei" mit ihrer Zeit umgingen. Er will das Instrument auf der nächsten Außendienstkonferenz vorstellen und geht daher am Abend zuvor nochmals die Folien durch, die er am nächsten Tag präsentieren will. Es ist ihm klar, daß einige Mitarbeiter das neue System willkommen heißen und andere es eher ablehnen werden. Dabei spürt er zunächst eine leise Nervosität und beginnt dann, sich innerlich zunehmend über die „Ablehner" zu ärgern. In der Folge phantasiert er, wie sie ihn angreifen und in Frage stellen, und nimmt sich vor, morgen besonders durchsetzungsstark zu sein.

Bei der Präsentation am nächsten Tag wehrt Herr Q. Zwischenfragen schon mit unterschwellig aggressiver Kritik, sie seien voreilig, ab. Die Fragen nach der Präsentation des Systems behandelt er knapp und vermittelt dabei auf der psychologischen Ebene (aus dem kritischen Eltern-Ich), daß man eigentlich keine Fragen mehr haben dürfe. Die Stimmung im Raum wird immer aggressiver, bis ein Außendienstmitarbeiter sagt: „Mit Ihrem System wollen Sie uns doch nur über den Tisch ziehen!" Daraufhin schlägt der Vertriebsleiter mit der Faust auf den Tisch und brüllt: „Genau das will ich ja vermeiden, daß irgend jemand über den Tisch gezogen wird! Aber hier glaubt einem ja sowieso keiner! Ab dem 1.4. wird das System angewendet und damit basta!" Anschließend herrscht betroffenes Schweigen, einer der Kollegen schlägt eine Pause vor, und man geht betreten aus dem Raum. Nach der Pause werden die restlichen Punkte der Tagesordnung „durchgezogen". Insgesamt endet der Tag in Kühle und allseitiger Verstimmtheit.

Analysiert man das vorangegangene Beispiel, lassen sich bis hierhin folgende Elemente im Skriptsystem des Vertriebsleiters identifizieren:

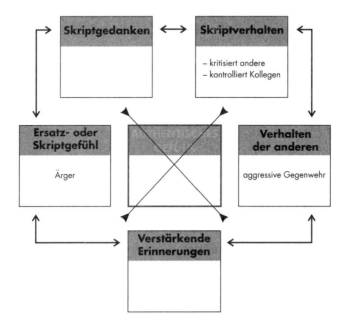

Abb. 47: Skriptsystem des Vertriebsleiters, Herr Q.

Wie die Darstellung plastisch erkennen läßt, hat sich genau „das Resultat eingestellt", welches Herr Q. am Abend zuvor „erahnt" hatte. Genau nach diesem Schema verlaufen „sich selbst erfüllende Prophezeiungen". Genau in dieser Art verläuft Denken, Fühlen und Verhalten von Menschen, wenn es vom zuvor beschriebenen Skriptsystem gesteuert ist.

4.6 Über den Umgang mit Skriptsystemen in der Praxis

Der Vertriebsleiter, Herr Q., war jedoch keineswegs bereit, das „übliche Ergebnis" hinzunehmen. Da ihm diese Außendienstkonferenz noch tagelang im Magen lag, bat er um ein Coachinggespräch.

In ihm erzählte er zunächst die Situation und erklärte die Notwendigkeit des Zeiterfassungssystems. Dabei wurde deutlich, wie er um Gerechtigkeit bemüht ist und daß er außerdem viel Energie und Zeit für die Entwicklung des Systems aufgewendet hat. Auf Nachfragen des Coachs beschreibt er auch die Vorbereitung seiner Präsentation am Abend vor der Konferenz. Er schließt diese Schilderung mit dem Nebensatz „ ... und da war ich schon wütend auf die Jungs." Hier genau hakt der Coach ein und läßt sich die Befindlichkeit des Klienten am Vorabend und in der Situation selbst ausführlicher schildern. Zusammenfassend sagt der Coach: „Es scheint so, als hätten Sie einen Satz im Kopf, der lautet: Niemand sieht, wie ich mich bemühe." „Stimmt", sagt der Vertriebsleiter ganz spontan. „So geht's mir öfter!" Durch gezieltes Nachfragen erhält der Coach dann weitere Informationen, mit deren Hilfe er dem Klienten dessen Skriptsystem aufzeichnen und verdeutlichen kann (Abb. 48).

Dieses System ist Herrn Q. sofort plausibel. Es fallen ihm viele Beispiele ein, in denen er seine Bemühungen in ähnlicher Weise nicht honoriert sah, und auch Situationen, die er mit viel gutem Willen begonnen hatte und die mit dem Ärger aller Beteiligten endeten.

Schließlich kann der Coach auch noch den Speicher „Erinnerungen" füllen, da Herrn Q. einfällt, daß er sich als Kind von den Mitschülern in seiner Dorfschule auch immer dann, wie jetzt bei dem Vorfall, abgelehnt gefühlt hatte, wenn er sich um Gerechtigkeit für Ausländerkinder einsetzte. Auf die Frage hin, wie ein Kind sich fühlt, wenn es in seiner guten Absicht nicht gesehen wird, antwortet er: „Verletzt!" Entsprechend kann das Gefühl „Schmerz" in den dafür vorgesehenen Speicher eintragen werden. Nach der Sitzung ist Herr Q. sehr erleichtert, weil er seine Reaktionen nachvollziehen und verstehen kann.

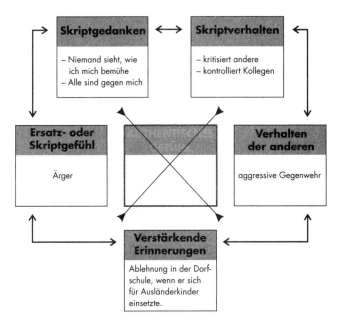

Abb. 48: Erweitertes Skriptsystem des Vertriebsleiters, Herr Q.

Zur nächsten Sitzung kommt er mit dem Bedürfnis, „seinen Regelkreis zu durchbrechen und etwas zu verändern". Im Gespräch darüber wird ihm zunächst deutlich, daß er seinen Skriptglaubenssatz alten Erfahrungen zuordnen kann, die im Kind-Ich gespeichert sind. Als Folge beschließt er, künftig in solchen Situationen sein Erwachsenen-Ich zu mobilisieren und sich selbst die Anweisung zu geben: „Ich werde meine guten Ideen deutlich vertreten", bevor er brisante Themen präsentiert. Auf diese Weise richtet er seine Energie auf die Erreichung seines Ziels und nicht mehr schon im voraus auf phantasierte Angriffe der anderen. Damit ändert sich auch fast automatisch sein Verhalten: Er gibt sachliche Erklärungen und lädt damit nicht zum Kampf ein.

Schwierig ist für Herrn Q. allerdings die Idee, statt seines provokativen Ärgers seinen Schmerz zu zeigen, wenn er sich nicht gesehen fühlt. Er entscheidet sich daher, diese Empfindung zunächst nur als Signal für sich zu sehen, das ihm verdeutlicht, daß er seine guten Ideen noch pointierter vertreten darf. Über Schmerzliches wird er zunächst einmal nur in seiner Familie sprechen.

Wie das Coaching-Beispiel zeigt, können wir *zur Veränderung* an verschiedenen Gliedern des Skriptsystems als sich selbst erfüllende Prophezeiung ansetzen: bei den Glaubenssätzen, bei der Einübung neuer Verhaltensweisen, beim Spüren der authentischen Gefühle oder indem wir das Erleben im Hier

„Gefühlsmuster"

und Jetzt von den alten Erfahrungen abkoppeln. Nur das Verhalten der anderen, obwohl sich das mancher sehnlichst wünscht, werden nicht wir, sondern nur die anderen ändern können.

Die Prozesse der Aufhebung solcher (Skript-)Systeme sind jedoch, aufgrund der anfangs in diesem Kapitel erwähnten „Resistenz", leichter beschreibbar als de facto vollzogen. Deshalb muß man die Klienten darauf hinweisen, daß ihre kognitiv erarbeiteten Erkenntnisse nur dann umgesetzt werden können, wenn das neue Fühlen, Hoffen, Denken und Handeln immer wieder neu geübt und trainiert wird. Trotzdem werden sie am Ende kein „neuer Mensch", keine „neue Führungskraft" sein, sondern die alten Muster des Fühlens, Hoffens, Denkens und Verhaltens durchaus – vor allem in Streßsituationen – fühlen und in ihren Ansätzen wiedererleben. Sie werden sich jedoch entscheiden können, jetzt anderes Verhalten einzusetzen, das sie bei genügend Übung inzwischen in ihrem Repertoire haben. Zu einer *„integrierten Persönlichkeit"* gehört nicht, daß sie ein neuer Mensch geworden wäre, sondern daß sie ihre alten Muster kennt, sie früh genug wahrnimmt und sich entscheiden kann, sie durch entsprechende, gut trainierte Alternativen zu ersetzen.

FÜNF

GRUNDHALTUNGEN UND LEBENSANSCHAUUNGEN

5.1 Das „Menschenbild"

Bevor wir damit fortfahren, weitere Eigenschaften, Züge und Aspekte der „Menschen in Organisationen" anzuschauen, wollen wir zunächst unsere übergreifenden philosophischen und ethischen Ansichten vom Menschsein beleuchten.

Unser eigenes Bild vom Menschen – mit dem Fachterminus „Menschenbild" bezeichnet – deckt sich dabei in vielen Zügen und Aspekten mit den Grundannahmen, die die meisten Transaktionsanalytiker über Art, Wesen, Ausstattung und Entwicklungsmöglichkeiten der Menschen sowie eine sinnvolle Gestaltung menschlicher Existenz haben. Das gemeinsame Verständnis läßt sich wie folgt umreißen:

Wir Menschen sind von Art, Wesen und Entwicklungsmöglichkeiten her in Ordnung, so wie wir sind.[*] Denn „jedes normale menschliche Kind kommt mit der Fähigkeit auf die Welt, seine Möglichkeiten zu seinem und zum Vorteil der Gesellschaft zu entwickeln, sich seines Lebens zu freuen, produktive

---

[*] Diese Grundannahme, als OK-Kürzel mißbraucht, hat leider immer wieder zur Simplifizierung der Transaktionsanalyse beigetragen.

und kreative Arbeit zu leisten und frei von psychischen Störungen zu sein" (*Berne* 1966, 259).

Anders ausgedrückt: *Jeder von uns kommt mit konstruktiven Anlagen auf die Welt, fähig und aus sich selbst bereit, zu wachsen und sich als Person zu verwirklichen.* Er ist, ohne daß ihm dieses durch Erziehung und/oder oft schmerzliche Erfahrung ausgetrieben wird, gewillt und fähig, „mit sich selbst, jedem anderen und der Natur in Harmonie zu leben" (*Steiner* 1974, 4).

Zudem ist „*der Mensch von Natur aus kooperativ ..., und Zusammenarbeit und gegenseitige Hilfestellung sind natürliche menschliche Bedürfnisse*" (*Steiner* 1974, 175).

Darüber hinaus ist *jeder Mensch von Natur aus, d.h. ohne schädigenden Einfluß seitens seiner Umwelt, liebenswert und liebenswürdig.* Damit werden nicht automatisch alle denkbaren menschlichen Handlungen als annehmbar erklärt. (Sonst wären ja auch schädliche Einflüsse, denen mancher unterlegen ist, kaum denkbar.) Die Aussage meint jedoch, „daß jeder von uns, unabhängig von unserem Verhaltensziel, einen inneren Kern besitzt, der liebenswert, ... wichtig und nützlich ist" (*Woollams* & *Brown* 1978, 1).

Eng damit gekoppelt ist eine weitere Grundannahme: *Alle Menschen sind gleichwertig und gleichberechtigt.* Das meint keineswegs, daß alle Menschen von Geburt und Entwicklung gleichartig sind. Das zeigen z.B. schon die körperlichen Unterschiede zwischen den Geschlechtern oder auch die bereits bei Geburt vorhandenen körperlichen und geistigen (Dispositions-)Unterschiede. Alle Menschen besitzen jedoch das gleiche Recht auf ein würdiges und glückliches Leben. Das gilt auch und besonders dann, wenn wir uns noch immer täglich daran hindern, unsere Liebenswürdigkeit und Gleichberechtigung zu erkennen, indem „uns unser Alltag ständig in Konkurrenzstreben und Individualismus trainiert" (*Steiner* 1974, 186).

Wenn die Menschen von Natur aus gleichwertig und gleichberechtigt sind, gebührt ihnen auch die Entscheidung über sich selbst und ihre Art zu leben. Das heißt, *jeder Mensch kann über sich selbst entscheiden.* Nur er allein (mit Ausnahme einiger weniger, eher momentaner Krankheitszustände) besitzt das notwendige Wissen über sich selbst und die Kraft, für sich Entscheidungen treffen und diese in Realität umsetzen zu können. „Niemand anderer kann uns ändern", wie es *Woollams* & *Brown* (1978, 2) in treffender Kürze ausdrücken. Das gilt, obwohl die Willensfreiheit und Selbständigkeit der Lebensführung durch vielerlei Sozialisierungspläne familiärer, beruflicher und gesellschaftlicher Art hart bedrängt und oftmals zerstört werden.

Zur Entscheidungsfreiheit gehört die Verantwortlichkeit. *Jeder Mensch ist für sich selbst und letztlich nur für sich selbst verantwortlich.* Dieser Grundsatz betont vor allem die gerade in unserem Kulturkreis gern geleugnete Tatsache, daß wir niemand anderem für unser Denken, Empfinden und Verhalten die Verantwortung („Schuld") zuweisen können außer uns selbst. Diese Verantwortung umfaßt alle Teile unseres Handelns einschließlich unserer sozialen und gesellschaftlichen Beziehungen. Sie beinhaltet auch die Pflicht, unsere Rechte in Anspruch zu nehmen und sie zu verwirklichen.

Zur Verantwortlichkeit gehört auch der Umgang *mit der in jedem angelegten Neigung, „böse" und egozentrisch zu sein, nur auf seinen Vorteil bedacht und im „günstigen Augenblick" auch grausam in der Behandlung seiner Mitmenschen.* Diesen oftmals unter einer Schicht sozialer Ideale begrabenen Teil, den „prähistorischen Menschen in uns", gilt es nicht auszuklammern, indem wir ihn verleugnen oder schönreden, sondern als Teil von uns bewußtzumachen und in unsere Gesamtpersönlichkeit zu integrieren.

Alle diese Anlagen und Fertigkeiten kann eine Person in einem lebenslangen Prozeß zu ihrer Selbstverwirklichung nutzen. Dazu haben wir von Natur aus die Fähigkeit mitbekommen, uns alle Entscheidungen, d.h. Denk-, Fühl- und Verhaltensmuster, auf denen unser bisheriges Leben basiert, immer wieder bewußtzumachen. Wir können sie dahingehend überprüfen, ob sie weiterhin geeignet und wünschenswert für uns sind oder ob wir neue Entscheidungen für uns treffen wollen und damit unserem Leben eine neue, andere Richtung geben wollen.

Die Kraft dazu kennzeichnet den Menschen als einzigartig unter allen Geschöpfen. Diese Kraft bildet auch die Basis dafür, daß wir überhaupt in Beratung, Coaching oder Training miteinander an der Veränderung und Optimierung unserer Fähigkeiten, Eigenschaften und Fertigkeiten, unserem Denken, Hoffen und Handeln arbeiten können.

Angesichts dieses Bildes vom Menschen, das wir mit unseren (transaktionsanalytischen) Grundannahmen gezeichnet haben, überfällt auch uns oft die bange Frage: Birgt diese Sicht nicht nur ein papierenes Bekenntnis, voll von typisch amerikanischen Überzeugungen („Think positive! Don't worry! Happy go lucky!"), das vielleicht noch für therapeutisches Arbeiten Belang haben mag, in der durch knallharte Konkurrenz geprägten Welt der Organisationen aber nur so viel wert ist wie das Papier, auf das es geschrieben ist?

Das Menschenbild aus Grundannahmen über Art, Wesen, Ausstattung und Entwicklungsmöglichkeiten von Menschen dient in allen Theorien – das gilt für sozialwissenschaftliche wie betriebswirtschaftliche – als Leitbild und Zielvorstellung, die wie alle Leitbilder idealistisch überhöht sind. Leitbilder sind nicht nach Kriterien der Wahrheit zu beurteilen (*Hagehülsmann* 1984). Denn sie sollen weniger Realität abbilden als einen Weg weisen und einer Hoffnung Ausdruck geben. Dabei gilt:

Der Weg ist das Ziel.

Das gilt auch für das zuvor geschilderte Menschenbild, das de facto von jüdisch-christlicher Tradition wie amerikanisch-protestantischer Ethik und demokratischem Humanismus geprägt ist (*Hagehülsmann* 1988). Auch dieses Menschenbild will eine anstrebenswerte Vorstellung von der Vielfalt menschlicher Möglichkeiten und den wünschenswerten Zielen menschlichen Lebens bereitstellen, ein Bild, das in der zuvor geschilderten *autonomen Person* bzw. der *integrierten Persönlichkeit* seinen faktischen Ausdruck im Alltag finden könnte.

Daß sich die in unserem Bild vom Menschen anvisierten Zielvorstellungen in reales betriebliches Handeln umsetzen lassen, haben die bisherigen Ausführungen gezeigt und auch die kommenden werden das zeigen.

5.2 Grundpositionen

Grundeinstellung
Von den zuvor beschriebenen Grundannahmen über den Menschen ist es nur ein kleiner Schritt zum Konzept der Grundeinstellung, einem weiteren Element des Bezugsrahmens. Die *Grundeinstellungen* kennzeichnen die Lebensanschauung eines Menschen und beantworten die Frage, wie jemand sich selbst, die anderen und die Welt bewertet.

Von diesen Grundeinstellungen, in der Fachsprache der Transaktionsanalyse (existentielle) Grundpositionen genannt, sind vier besonders häufig. Eine haben wir anfangs bereits bei Herrn L. kennengelernt: „Ich bin OK – Du bist OK." Weitere Grundeinstellungen sind: „Ich bin OK – Du bist nicht OK" (Herr P.); „Ich bin nicht OK – Du bist OK" (Frau A.) oder: „Ich bin nicht OK – Du bist nicht OK" (Hier wird uns Herr W. als Beispiel dienen.) Diese *Grundeinstellungen sich selbst, den anderen und der Welt gegenüber* meinen weniger eine kurzlebige Empfindung im Hier und Jetzt, sondern charakterisieren sozusagen die Farbtönung einer Brille, durch die wir uns selbst und die Welt wahrnehmen. Sie prägen, wie bereits gesagt, unsere Lebensanschauung.

Inhaltlich müssen die Kürzel „OK" oder „Nicht-OK" übersetzt werden. „OK" meint: wertvoll, wichtig und willkommen in diesem Leben und in der Welt; „Nicht-OK" meint: nicht-wertvoll, unwichtig, unwillkommen und unerwünscht im Leben und in der Welt.

Statt der Bewertung der eigenen Person kann auch „wir", z.B. die eigene Familie, Gruppe („Wir vom Marketing") oder Institution („Wir von der Industrie- und Handelskammer") gemeint sein. Für die anderen kann statt „du" auch „ihr", z.B. andere Gruppen („die Männer" oder „die Frauen") oder Institutionen („die Konkurrenz" oder „der Vertrieb") stehen. Und anstelle des oft abstrakten Begriffes „die Welt" können auch synonyme Begriffe wie „die Natur", „der Kosmos" oder auch bestimmte Eigenschaften wie Reichtum, Hilfsbereitschaft, Religiosität usw. (nach *Schlegel* 1987, 120) eingesetzt werden.

Ausschlaggebend für die Wahl unserer persönlichen Grundposition waren sowohl die Erfahrungen bei der Suche nach Zuwendung (das sogenannte Familienstreichelmuster) als auch unsere Erfahrungen im Umgang mit unseren Bedürfnissen, Interessen und Wünschen. *Eric Berne* und mit ihm viele Transaktionsanalytiker, so auch wir, gehen davon aus, daß diese Erfahrungen bereits in frühester Jugend (bis ca. zum dritten oder vierten Lebensjahr) in jene für uns typische überdauernde Grundhaltung einmündeten, die uns kennzeichnet.

Was diese Grundeinstellungen im betrieblichen Alltag und kollegialen Miteinander bewirken, kann man sich leicht an einer fiktiven Begebenheit klarmachen:

Person A hat ein betriebliches Anliegen, das zum einen ungewöhnlich ist und zum anderen unmittelbar und unaufschiebbar in Angriff genommen werden muß. Der einzige, der die Realisierung ermöglichen kann, ist Person B. Diese ist bekannt für ihr äußerst ungeliebtes, autoritäres Verhalten und ihre ungepflegten Umgangsformen im Betrieb. Trotzdem hat Person A mit B zu verhandeln. – Das Ergebnis der Verhandlungen kann leicht phantasiert werden.

Stellen Sie sich im Gegenteil dazu dieselbe Verhandlung mit einer Person C vor, einem liebenswerten, von allen geschätzten Kollegen, der dafür bekannt ist, daß er seine Aufgaben korrekt und gerecht gegenüber sich und anderen wahrnimmt. – Auch hier kann das Verhandlungsergebnis zwischen den Partnern leicht phantasiert werden.

Doch nun zu den genannten Grundhaltungen im einzelnen.

5.2.1 Ich bin etwas wert und du auch. (+/+)

Menschen mit dieser *konstruktiven* und *humanen Grundeinstellung* billigen sich und anderen Personen die gleiche Wichtigkeit zu. Solche Menschen fühlen sich weder unterlegen noch überlegen, begegnen den anderen offen und gelassen, manipulieren nicht und akzeptieren, daß andere Personen anders sind als sie selbst. Und sollten sie sich z.B. über deren Verhalten ärgern oder es nicht richtig finden, so nehmen sie Anstoß am Verhalten, bestreiten jedoch nicht den Wert der anderen Person. Nach *Eric Berne* (1975, 85) gehören solche Menschen zu den Gewinnern. Außerdem – und das ist in unserem Zusammenhang von besonderem Interesse – zeichnet diese Grundeinstellung nach *Eric Berne* echte Führungspersönlichkeiten aus, die auch unter widrigen Umständen die Achtung vor sich selbst und den Menschen bewahren, die ihnen anvertraut sind. Anders ausgedrückt: Diese Menschen besitzen Selbst*wert* als Führungs*kraft* (*Schibalski* 1997).

5.2.2 Ich bin mehr wert als du. (+/-)

Menschen mit dieser *überzogenen Grundeinstellung* zeigen eine arrogante, überhebliche oder eine überzogen hilfreiche und fürsorgliche Haltung. Aus beiden Haltungen fühlen sie sich (irrtümlicherweise) anderen überlegen. Sie beweisen den anderen diese Überlegenheit, indem sie sie herablassend kritisieren oder ihnen ungebeten helfen. Unter dem Eindruck, daß die anderen nicht so kompetent und mit Verantwortung belastbar sind und deshalb von ihnen erwarten, daß sie die Verantwortung übernehmen, machen solche Menschen lieber alles selber. Deshalb erscheinen sie von ihrem Gehabe der Übersicherheit (*English* 1982, 19) her prädestiniert für Führungsaufgaben. Das entspricht in etwa der Häufigkeit, mit der diese Grundhaltung in Führungskreisen anzutreffen ist. Herr P. ist hier also keineswegs allein.

Obwohl sich solche Personen überkritisch oder überfürsorglich verhalten, sind sie jedoch sehr schnell in ihrem Selbstbewußtsein „angreifbar". Schuld sind dann immer die anderen oder das Schicksal, nur nie sie selbst. *Eric Berne* spricht daher auch von einer projektiven oder arroganten Grundhaltung. Nach ihm (1975) handelt es sich im harmlosesten Fall um Menschen, die sich immer wieder ungefragt in die Angelegenheiten anderer einmischen, im schlimmsten Fall um tyrannisierende Ehemänner/-frauen oder Führungskräfte, Magnaten und Politiker vom Typ „autoritärer Herrscher", manche von ihnen durchaus mit einem offenen oder geheimen Zug zur Gewalt.

5.2.3 Ich bin weniger wert als du. (-/+)

Menschen mit dieser *Grundeinstellung des Selbstzweifels* leiden an Minderwertigkeitsgefühlen. Sie stellen sich vor, daß andere mehr können und wissen, und fühlen sich daher nicht kompetent genug. Obwohl sie de facto kompetent sein können, glauben sie nicht daran und richten sich eher nach anderen Personen, deren Wert sie überbetonen. Häufig verwenden sie mehr Energie darauf, von anderen Hilfe und Unterstützung zu erhalten, als darauf, ihre eigenen Kräfte und Fähigkeiten effektiv einzusetzen. Dementsprechend verhalten sie sich meistens entweder angepaßt bis hin zu überangepaßt oder aber in einer bestimmten Weise kindlich rebellisch. Wenn sie von anderen kritisiert, angegriffen oder herabgesetzt werden, haben sie die Neigung, sich zu entschuldigen, statt sich zu verteidigen. Ja, sie beginnen laut *Leonhard Schlegel* (1987, 121) manchmal sogar einfache Informationsfragen mit einer Entschuldigung oder einer Einleitung wie: „Es ist vielleicht eine dumme Frage, aber ich möchte doch gerne wissen ..."

Aufgrund ihrer vermeintlichen Unterlegenheit und ihrer Minderwertigkeitsgefühle übernehmen solche Menschen ungern, nur bedingt oder begrenzt Verantwortung. In Streßsituationen denken sie zuerst: „Was habe ich nur wieder angestellt?" oder: „Was stimmt mit mir nicht?" und verwenden viel Sorgfalt darauf, herauszufinden, „was man hier tun müßte". Außerdem neigen sie dazu, schwierige Situationen zu überschätzen oder aber gar nicht erst hinzusehen, um der Schwierigkeit nicht ansichtig zu werden.

5.2.4 Ich bin nichts wert und du auch nicht. (-/-)

Personen mit dieser *Grundeinstellung der „Sinnlosigkeit"* können der menschlichen Existenz im Grunde genommen keinen Sinn abgewinnen. Es erscheint ihnen weder sinnvoll, Anerkennung für sich selbst anzunehmen, noch erscheint es ihnen besonders sinnvoll, anderen Anerkennung zu geben. Dabei haben sie keineswegs von sich den Eindruck, daß sie unnormal seien oder etwa zu starke Minderwertigkeitsgefühle hätten. Sie kommen sich in der Regel nur nutzlos vor. „Es hat ja doch alles keinen Sinn" oder der Ausspruch: „Was soll das schon nützen" sind daher typische Bemerkungen dieser Menschen. Personen mit dieser Grundeinstellung gehören nach *Eric Berne* (1975, 89) immer zu den sogenannten Verlierern.

Die verzweifelte Grundeinstellung ist allerdings manchmal nicht offensichtlich, sondern unter Unauffälligkeit und sogar oberflächlichem Erfolg verborgen. Sie kommt häufig auch nur in kritischen Situationen zur Erscheinung, z.B. wenn es um die Stellungnahme zu Lebensproblemen geht. Manchmal bemühen sich diese Menschen sogar krampfhaft, „einen Sinn in ihre Existenz oder in den Lauf der Welt überhaupt zu projizieren, und spielen sich vor, aktiv am Aufbau einer besseren Welt zu arbeiten, an die sie gar nicht glauben" (*Schlegel* 1987, 123). In Organisationen verschwinden diese Personen häufig in der „Masse": „Wir sind ja nur kleine Lichter." Unter Führungskräften sind sie nur äußerst selten anzutreffen.

Herr Z. ist ein Vertreter dieser Lebensanschauung. Zur Führungskraft ist er dadurch geworden, daß er von seinem Vater einen mittelgroßen Schlossereibetrieb geerbt hat. Als der Vater vor 15 Jahren starb, waren die Weichen gut gestellt und die Auftragsbücher gefüllt. Herr Z., der zu diesem Zeitpunkt außerhalb des häuslichen Betriebes Erfahrungen sammeln sollte, diese Zeit jedoch haßte, da sie ihn aus den gewohnten Bahnen warf, und auch oft krank war, verspürte damals zwar keine Lust, aber eine nicht abzuweisende Verpflichtung, den elterlichen Betrieb zu übernehmen, „da sonst niemand einspringen konnte". Entsprechend führt er den Betrieb, wobei er häufig durch Abwesenheit glänzt. Nach Meinung seiner Mitarbeiter wäre das gesamte Unternehmen bereits zusammengebrochen, wäre da nicht ein Altgeselle, der bereits unter dem Vater gearbeitet hat und so etwas wie dessen verlängerter Arm in der Werkstatt gewesen war, der auch jetzt den Betrieb aufrechterhält. Von den Mitarbeitern darauf angesprochen, wann man ihn zweckmäßig erreichen könne, weiß Herr Z. nur mit einem zornigen: „Das geht Sie gar nichts an. Ich kann mit meiner Zeit machen, was ich will" zu antworten, was die Motivation und Kooperationsbereitschaft der Mitarbeiter nicht gerade erhöht.

5.2.5 Grundeinstellungen im alltäglichen (und) betrieblichen Lebensvollzug

Interessanterweise können die meisten Menschen sich in alle vier Lebensanschauungen hineindenken und erleben auch mehrere Grundeinstellungen in unterschiedlichen Situationen bei sich selber. Das kommt daher, daß wir in unserer Entwicklung alle entsprechenden Erfahrungen selbst durchlebt haben. Als Kleinkinder haben wir vielleicht – zumindest zeitweise – überschwengliche, glückselige Allmacht im Sinne umfassenden Angenommenseins erfahren. Zu anderen Zeiten fühlten wir uns ohnmächtig, von Wut und völliger Hilflosigkeit beseelt, was zu einer Empfindung von „Ich bin nichts wert" führte. Wir konnten auch von unseren Fähigkeiten zur Erforschung der Umwelt, von unseren Leistungen im Laufen, Rennen und Türmebauen so angetan sein, daß wir uns „viel besser und toller" dünkten als alle anderen, was einem übersteigerten Selbstwert entsprach. Das heißt, wir erlebten stets

Schwankungen von Wert- und Unwertempfindungen und lernten auf diese Weise, wer Macht innehat über wen oder über was.

Trotz der Bandbreite vergangener Erlebnisse und Erfahrungen bzw. auch der Gestaltungsbreite derzeitiger Erlebnismöglichkeiten sind fast alle Menschen in der Lage, eine *übergreifende Grundeinstellung* zu nennen. Diese wird vor allem in kritischen Situationen deutlich, weil sie in solchen Momenten trotz vieler Anstrengung, eine positive Grundeinstellung einzunehmen, immer wieder überwiegt. Sie entspricht in aller Regel jener Grundeinstellung, die jeder von uns schon früh in seiner Kindheit aus dem Maß und der Qualität der Wertschätzung, die er von anderen erhielt, und aus den Erfahrungen, die er mit seinen Bezugspersonen machte, als für sich zutreffend entschieden hat. An dieser einmal entschiedenen Grundposition halten die meisten Menschen ein Leben lang fest. Denn nur sie bietet uns – vermeintlich – die benötigte Sicherheit im Lebensvollzug.

Dafür bietet eine Organisation viele Beispiele. Am geläufigsten sind den meisten Beispiele, in denen sich die Grundeinstellungen der Beteiligten gegenseitig mehr oder weniger ergänzen.

Herr R., der selber eine (-/+)-Haltung einnimmt, beneidet seinen Chef, Herrn U., der stets gut gelaunt erscheint und alles und jedes mit den Worten „Das ist doch kein Problem" kommentiert, der immer wieder das letzte Wort hat und die Leistungen von Herrn R., obwohl sich dieser anstrengt, nur selten als voll befriedigend bezeichnet. Noch schlimmer ist es jedoch mit Frau Ch., die, gerade frisch von der Universität gekommen, derart hochnäsig ist, daß es Herrn R. immer wieder in den Fingern juckt, ihr eine Falle zu stellen. Aber da er es sich mit keinem verderben will, schluckt er seinen Ärger und seine Enttäuschung zugunsten anstrengender Mehrarbeit, um wenigstens diesmal erfolgreich zu sein.

Im Gegensatz zu Herrn R. beneidet Herr U., der aus einer (+/-)-Haltung lebt, Herrn R. keineswegs. Dessen Ergebnissen mißt er allenfalls mäßige Bedeutung bei. Sie entsprechen in der Regel nicht seinem Qualitätsbegriff. Aber daß wie immer der Löwenanteil der Arbeit und Verantwortung bei ihm hängenbleibt, ist ihm ja bestens bekannt. Entsprechend seiner Position beurteilt er auch Frau Ch. ganz anders. Sie besitzt für ihn den Bonus „der Neuen", weswegen er ihr Auftreten weniger kritisch als vielmehr amüsiert betrachtet. Im Grunde wird auch die Entscheidung über ihre endgültige Übernahme „wiederum kein Problem sein".

Derartige Beispiele gegenseitiger Ergänzung, die jedoch auch leicht in Abhängigkeit umschlagen (worauf wir später noch ausführlich zu sprechen kommen), finden sich im betrieblichen Alltag häufig. Dabei können wir davon ausgehen, daß eine arrogante Haltung auch dazu dienen kann, eine ursprüngliche (-/+)-Haltung, die als schmerzlich und hoffnungslos erlebt wurde, zu kompensieren. Das zeigt sich besonders daran, daß diese Personen trotz der scheinbaren Selbstsicherheit nur äußerst schlecht mit kritischem Feedback umgehen können. Das wird am Beispiel der inzwischen „fortgeschrittenen" Beziehung von Herrn U. zu Frau Ch. deutlich:

Als Frau Ch. im Zuge einer vorläufigen statistischen Auswertung ihrer Befragungs-ergebnisse hinsichtlich der Hautverträglichkeit einer Körperlotion nach einem ihr von der Universität geläufigen neuen Auswertungsprogramm für ihren PC fragt, ist Herr U. zunächst irritiert, da er den Namen dieses Programms bisher nicht gehört hat. Dann jedoch schwingt er sich zu einer amüsiert gönnerhaften Attitüde auf, die mit dem Ausspruch endet: „Ja, selbstverständlich, wenn Sie das brauchen. Aber auch Sie werden bald schon merken, daß die altbewährten Methoden doch stets die besten sind."

Mehrteilige Grundein-stellungen Schon *Eric Berne* (1975, 87) weist auf die Möglichkeit „dreiteiliger Grund-einstellungen" und entsprechender Kombinationsmöglichkeiten hin, wofür sich ebenfalls viele Beispiele im betrieblichen Alltag finden lassen. Z.B. nannte *Eric Berne* selber die Grundhaltung „Ich+/du+/sie+: die Position einer de-mokratischen Gemeinschaft oder einer gutnachbarlichen Familie" oder die Grundhaltung „Ich-/Du-/Sie-: die pessimistische Position von Zynikern". *Martin Groder* hat dieses Konzept zu einem 5-dimensionalen Diagramm ausgeweitet: „ich-du-wir-sie-es". Dabei bezieht sich die Position „wir sind et-was wert" (oder: „wir sind nichts wert") auf die Primärgruppe, wie z.B. die Fa-milie oder das Team, zu der die Person gehört; „sie sind etwas wert" bezieht sich auf umfassende soziale Gruppierungen wie z.B. Nationen, industrielle Betriebe oder auch ideologische Richtungen; „es ist wertvoll" bezieht sich auf das In-der-Welt-Sein , z.B. „daß das Leben einer Person eine positive Ände-rung der menschlichen Entwicklung beinhaltet und bewirkt" (*Groder* 1980, 7).

Wie sinnvoll solche Ausweitungen sind, ist uns vor allem in Seminaren und Projektgruppen aufgegangen, wo wir oft mit einer „betroffenen Freude" ent-sprechende Beispiele aus dem betrieblichen Alltag sammeln und die entspre-chenden Denk- und Verhaltensmuster von Einzelpersonen und Gruppierun-gen analysieren. Dabei zeigt sich immer wieder, daß Menschen bereit sind, vieles zu unternehmen, um ihre Grundeinstellung stets erneut zu verfestigen. Selbst Erfahrungen, die rein logisch unserer Grundeinstellung widersprechen, werden die meisten von uns kaum zum Anlaß nehmen, ihre Lebensanschau-ung zu verändern.

Bei einer Befragung in einem Mittelstandsbetrieb der holzverarbeitenden Indu-strie wurde deutlich, daß die Führungskräfte als wenig kompetent erlebt wurden.

Daraufhin wurden intensive Maßnahmen zur Entwicklung dieser Führungskräfte durchgeführt. Obwohl das zu deutlich meßbaren Änderungen im Verhalten der Führungskräfte führte, zeigte eine Kontrollbefragung nach einem Jahr, daß diese Veränderungen nicht zur Kenntnis genommen wurden: Den Führungskräften fehlte laut Befragung nach wie vor Kompetenz.

Dennoch ist es unser erklärtes Ziel als Berater, Coach oder Trainer Manager, Führungskräfte, Mitarbeiter, Zuarbeiter oder wie immer wir die Menschen im betrieblichen Alltag bezeichnen, zu einer Grundeinstellung einzuladen, die wir in Anlehnung an *Fanita English* (1980, 76) die *„fünfte Grundeinstellung"* nennen oder in unseren Worten die

> **Grundeinstellung des Respekts:**
> **Ich bin etwas wert und du auch**
> **(+/+-realistisch)**

5.2.6 Ich bin etwas wert und du auch.
(+/+-realistisch)

Obwohl uns diese Grundhaltung nicht selbstverständlich erscheinen mag, ist sie unseres Erachtens erstrebenswert. Nur mit einer realistischen „Ich bin etwas wert und du auch"-Einstellung

➤ können wir in Krisen und Belastungssituationen unser Erwachsenen-Ich wirksam einsetzen, ohne an uns selbst oder andere Menschen illusionäre Erwartungen zu richten.
➤ werden wir unser Erwachsenen-Ich nutzen können, um unsere eigenen Möglichkeiten und Begrenzungen sowie die unserer Mitmenschen zu erkennen, ohne uns in Phantasien zu flüchten.
➤ können wir die volle produktive Kreativität unseres Kind-Ichs einsetzen, ohne Trübungen anheimzufallen.
➤ kann unser Eltern-Ich das Anderssein der Mitmenschen und ihr entsprechendes Denken, Fühlen, Hoffen und Verhalten gelten lassen, ohne auf der Richtigkeit seiner (vorurteilsgeladenen) Weltsicht zu bestehen.

Aus der Sicht dieser Grundhaltung werden wir davon ausgehen, daß jeder Mensch seine eigenen Haltungen und Gewohnheiten besitzt, daß jeder – wie man selbst – seine Ecken und Kanten, seine Wunden und Narben aus dem Lebenskampf an sich trägt und daher anders ist als man selbst, daß jeder unterschiedliche Interessen, Wünsche und Bedürfnisse hat und jeder das gleiche Recht besitzt, diese für sich oder mit anderen umzusetzen, daß jedoch jeder gleichwohl liebenswert und liebenswürdig ist und den gleichen Wert besitzt wie man selbst.

Ganz so oder doch ähnlich dachte auch Herr L., der Vorgesetzte von Herrn P., dem neueingestellten Leiter des Controlling. In Erinnerung an seine eigenen Kämpfe, die er durchlebt hatte, um seinen heutigen Stand von Zufriedenheit mit sich und der Welt zu erreichen, billigte Herr L. Herrn P. den Bonus des Neuen zu, der oftmals besonders angestrengt, manchmal sogar verkrampft versucht, sein Bestes zu geben und dabei allzu leicht dem alten Muster des schonungslosen Umgangs mit sich und anderen verfällt. Dennoch war Herr L. aufmerksam für das, was er selber sah bzw. andere ihm berichteten. Da die Probezeit inzwischen zur Hälfte abgelaufen war, entschied er sich, aus der realistisch positiven Grundposition heraus, Herrn P. zu einem Feedback-Gespräch einzuladen, um die heiklen Punkte wie dessen Arroganz und sein oberlehrerhaftes Verhalten anzusprechen.

Der Weg zur realistischen Einstellung Der Weg zur realistischen Einstellung „Ich bin etwas wert und du auch" führt gleichermaßen durch die „Höhen der selbstherrlichen Überlegenheit" wie durch die „Täler der Untauglichkeit und Verzweiflung" hin zur realistischen Sicht der eigenen Person. Am Ende dieses Weges, der um vieles leichter werden kann, wenn er unter vorübergehender Hilfe eines externen Beraters – z.B. eines Lehrers oder eines Trainers oder auch einer „liebenden" Person – gegangen werden kann, steht das Akzeptieren seiner selbst, die Aussöhnung mit der eigenen Geschichte und dem eigenen Gewordensein. Obwohl der Weg dahin schmerzlich sein kann und es manchmal viel einfacher erscheinen mag, die alten Grundeinstellungen beizubehalten, dieser Weg lohnt sich! Der Gewinn, den dieser Weg bereithält, ist ein wesentlicher Schritt in Richtung einer *integrierten Persönlichkeit*. Er erleichtert nicht nur das Umgehen mit uns selbst, sondern auch das operative und funktionale Geschäft unseres Alltags.

5.3 Wachstum und Veränderung: auf dem Weg zu einer positiv realistischen Grundeinstellung

Um den Weg zur Realisierung einer positiven Grundeinstellung „schmackhaft" zu machen, d.h. die (vermeintlichen) Vorteile wie Einschränkungen der anderen Haltungen erleben zu können, laden wir die Teilnehmer von Gruppenprozessen oftmals zu einer Übung *„Wechselspiel der Grundpositionen"* ein:

„WECHSELSPIEL" DER GRUNDPOSITIONEN

➤ Suchen Sie sich eine(n) GesprächspartnerIn.
➤ Wählen Sie ein gemeinsames Thema/Problem aus Ihrem betrieblichen Alltag (wie z.B. die Auswirkungen der betrieblichen Hierarchie, mangelnde Arbeitsmoral, Alkohol im Betrieb etc.).
➤ Nehmen Sie bei dessen Erörterung nacheinander (ca. 3-5 Minuten lang) folgende Positionen ein:

	Partner A (Ich/Du)	Partner B (Ich/Du)
1.	–/+	–/+
2.	–/+	+/–
3.	+/–	–/+
4.	+/–	+/–
5.	–/–	–/–
6.	+/+	–/–
7.	+/+	+/–
8.	–/+	+/+
9.	+/+	+/+

➤ Notieren Sie am Ende jeder Sequenz, wie sich die entsprechende Grundposition auf Ihr **Gesprächsverhalten** und Ihr **Thema/Problem** ausgewirkt haben.

© Heinrich Hagehülsmann

Abb. 49: Arbeitsblatt zu „Wechselspiel der Grundpositionen"

In dieser Übung, in der die beiden Partner jeweils unterschiedliche Grundhaltungen einnehmen, haben wir bewußt nicht alle Variationsmöglichkeiten eingeplant. Das würde ermüden. Auch in der verringerten Form werden bereits spezifische Effekte sichtbar, wenn zwei Partner mit derselben Einstellung aufeinandertreffen, zwei sich ergänzen oder sogar verstärken oder einer gegenüber der unverrückbaren Haltung des anderen sich auf verlorenem Posten fühlt. Dann kommt es entweder dazu, daß man im Problem steckenbleibt, um die Lösung rivalisiert, die Verantwortung an andere (rück)delegiert, sich trotzig zurückzieht oder ärgerlich eskaliert. Daher ist es notwendig, daß jeder der beiden Partner im Verlauf der Übung auf jeden Fall mehrfach die gleicherweise problemlösungsorientierte wie entspannende Haltung des „Ich bin etwas wert und du auch"-realistisch durch eigenes Handeln an sich selbst erfährt.

Eine andere Übung, die auf die eigene Grundeinstellung und deren Auswirkung im (privaten und) betrieblichen Alltag aufmerksam macht, nennt sich *Corralogramm*. Sie wurde von *Franklin Ernst* (1971) entwickelt, der aus den vier Positionen Koordinaten konstruierte und jedem Quadranten eine der Grundeinstellungen zuordnete. Zusätzlich beschreibt er die Einstellungen und Haltung in jedem Quadranten schlagwortartig in Stichworten, die primär den Umgang mit Mitmenschen und Problemen des privaten und beruflichen Alltags thematisieren. Daraus entsteht folgendes Schaubild, das er den *OK-Corral* nannte:

OK-Corral

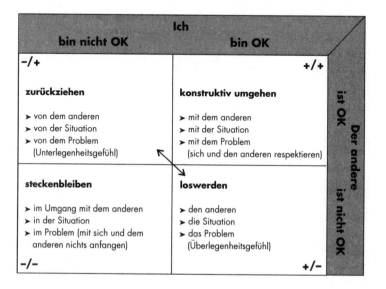

Abb. 50: OK-Corral (Gitter der Grundpositionen) nach *Franklin Ernst* (1971)

Wie aus dem Schaubild gut ersichtlich, wird eine Person mit der Grundhaltung (-/+) aufgrund ihrer Unterlegenheitsgefühle sich nur allzu gern aus verfänglichen Beziehungen oder Aufgabenstellungen zurückziehen. So vermeidet sie, wie oben schon angedeutet, Verantwortung, die gleichzeitig immer auch fehlerhaftes Verhalten, also Schuld, zur Folge haben könnte. Demgegenüber wird jemand, der aus einer überlegenen Position des (+/-) agiert, versuchen, mit allen situativen wie persönlichen Problemen möglichst schnell und effektiv umzugehen, um sich seine Überlegenheit zu bewahren. Daher bemüht er sich, den oder die anderen oder auch eine Aufgabenstellung ohne Fehl und Tadel möglichst schnell loszuwerden. – Was dann geschieht, wenn beide aufeinandertreffen, ist deutlich erkennbar.

Nachdem dieser OK-Corral erklärt und mit Coaching- oder Trainingspartnern besprochen wurde, wird die *Corralogramm-Übung* eingeführt (Abb. 51, S. 158):

Corralogramm-Übung

ÜBUNG ZUM OK-CORRAL (CORRALOGRAMM)

Kreisen Sie bitte auf den Achsen des OK-Corrals ein, wieweit Sie sich Ihrer Meinung nach an einem durchschnittlichen Tag in jedem Quadranten empfinden.

Beispiel:
Wenn Sie sich die überwiegende Zeit im +/+ Bereich fühlen, etwas weniger im +/− Bereich, ganz wenig im −/+ und am wenigsten im −/−, so würde Ihr Corralogramm folgendermaßen aussehen:

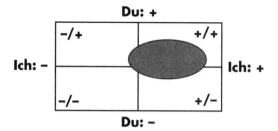

➤ *Tragen Sie bitte hier Ihr Corralogramm ein:*

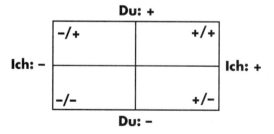

Beantworten Sie dann folgende Fragen:
1. *Welches sind die typischen Bedingungen, unter denen Sie eine der Grundpositionen wählen?*
   Was tun, sagen, fühlen Sie, wenn Sie aus der jeweiligen Grundposition heraus handeln?
2. *Aus welchen Ich-Zuständen (Funktionsmodell) handeln Sie, wenn Sie in einem bestimmten „Quadranten" sind?*
   In welche Ich-Zustände laden Sie andere ein?
3. *Welche Art von Anerkennung geben und erhalten Sie in jedem Quadranten?*
4. *Wenn Sie sich Ihr Corralogramm ansehen, wollen Sie dann etwas verändern?*
5. *Wenn ja, machen Sie einen Vertrag für die nächste Woche.*

Abb. 51: Arbeitsbogen „Übung zum OK-Corral"

Auch diese Übung endet wiederum mit der Frage nach Veränderungswünschen. Selbstverständlich kann dabei auch herauskommen, daß jemand mit seiner eigenen Haltung und dem Handeln, das daraus resultiert, zufrieden ist. Gerade ein solches Ergebnis verdient besondere Aufmerksamkeit und verstärkende Anerkennung.

Das träfe etwa auf Herrn L. zu, dessen Corralogramm (in unserer Fremdeinschätzung) etwa so aussieht:

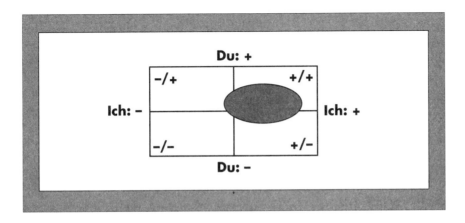

Abb. 52: Corralogramm von Herrn L.

Wie aus diesem Beispiel zusätzlich ersichtlich wird, kann man auch Corralogramme als Selbst- und/oder Fremdbild erstellen. Als Fremdbild – darauf soll nochmals ausdrücklich hingewiesen werden – können sie wiederum nur als Anregung zum Nachdenken für die eingeschätzte Person dienen und erheben keinerlei Anspruch auf „erlebte Wahrheit".

Sollte das Selbst- und/oder Fremdbild zu Veränderungswünschen Anlaß geben, so sind die einzelnen *Schritte der Veränderung* – wie immer – sorgfältig zu planen und hinsichtlich ihrer Realisierung abzusichern: **Schritte der Veränderung**

➤ Als erstes gilt es, den Veränderungswunsch selber in konkretes Denken, Reden, Verhalten, also sichtbare und meßbare Tatbestände umzusetzen.
➤ Danach ist zu bestimmen, was daran wann, wo, wie, in welcher Weise verändert werden soll.

➤ Als nächstes ist zu fragen, woran man selbst oder die anderen merken können, daß man diese Veränderungen tatsächlich durchgeführt hat.

➤ Schließlich ist zu überlegen, auf welche Weise man sein eigenes Vorhaben, hier die Veränderungswünsche, boykottieren kann.

Denn darin sind viele von uns Meister, sich entweder aufgrund situativer Gegebenheiten oder aber persönlicher Empfindungen (Aufgabenstreß, Zeitmangel etc.) an genau dem zu hindern, was sie sich für sich persönlich vorgenommen haben.

➤ Am Ende sind die Konsequenzen der Veränderung zu bedenken.

Das meint zum einen die Auswirkungen des veränderten Verhaltens auf andere, zum anderen die Frage, was man selber an Positivem dafür erhält, daß man diese Veränderung durchgeführt hat.

All diese Überlegungen werden gebündelt und in Form von sogenannten Verhaltensverträgen (Kap. 10.2) niedergelegt, die der einzelne aufschreibt und als „Merkzettel" bei sich trägt.

SECHS

„SPIELE" ALS AUSDRUCK FEHLGELEITETER BEDÜRFNISSE

Wie in den vorangegangenen Kapiteln deutlich wurde, tendieren Menschen dazu, sich immer wieder ihre Grundpositionen zu bestätigen und soziale Interaktionen zu suchen, in denen sie ihre Ersatzgefühle ausleben können. Dieses Anliegen führt häufig zu Kommunikationssequenzen, die wir in der Transaktionsanalyse als „Spiel" bezeichnen. Darunter verstehen wir eine bestimmte, vorhersagbare Abfolge von Transaktionen zwischen zwei oder mehreren Personen, an deren Ende sich alle Beteiligten unwohl fühlen.[*]

Diese „Spiele" haben insofern einen *verführerischen Charakter*, als ein oder auch mehrere „Spieler" dabei eine bestimmte Rolle einnehmen, durch die andere Personen dazu eingeladen werden (sollen), die komplementären Rollen zu übernehmen. Im Rahmen dieser Rollen tauschen die „Spiel"partner nach jenen Mustern Zuwendung und Beachtung aus, die sie in früher Kindheit gelernt haben.

---

[*] Da diese Definition vom üblichen Sprachgebrauch abweicht, setzen wir das Wort „Spiel" in Anführungsstriche.

6.1 „Spiele" in Aktion

Psychologische „Spiele" laufen meistens nach einer bestimmten Regie ab, wie in einem *Drama*: Jeder Mitspieler hat eine bestimmte Rolle, d.h., er aktiviert Denk- und Fühlmuster, die zu Transaktionen führen, die aus einem spezifischen Ich-Zustand gestartet werden und auf die der/die andere(n) mit parallelen Transaktionen antworten. Im weiteren Verlauf dieses Dramas wechselt mindestens ein „Spieler" die Ich-Zustände, wird aber, wie wir später sehen werden, oftmals am Ende des Dramas wieder in seiner Ausgangsposition landen. Ganz wie in einem klassischen Drama haben Menschen dabei drei bevorzugte Rollen entwickelt:

Das Opfer

In der Opferrolle verhält sich eine Person so, daß es ihr immer schlecht geht. Ihr wird von anderen übel mitgespielt, sie fühlt sich klein, dumm und unterlegen. Oder sie braucht Hilfe für Dinge, die sie selbst erledigen könnte, wenn sie ihr Erwachsenen-Ich und Eltern-Ich mit Energie besetzen würde.

Eine Maschinenführerin bringt z.B. ihre Helfer immer dazu, alle Bürogänge für sie zu erledigen. Ein Mann in der Rolle des Opfers versteht es, sofort nachdem seine Partnerin ihn verlassen hat, eine neue Freundin zu finden, die ihm liebevoll-fürsorglich immer wieder klarmacht, daß er an dem Verlassenwerden keinen Anteil hatte. Ein anderer Opfer-„Spieler" kommt notorisch jeden Morgen 5-10 Minuten zu spät zur Arbeit und beklagt sich dann jammernd bei den Kollegen über die Rüge des Vorgesetzten.

Während die ersten beiden Personen gelernt haben, daß sie mit abhängigem Verhalten positive Zuwendung erfahren, hat die dritte Person gelernt, sich über Rebellion zumindest negative Aufmerksamkeit zu sichern. Alle reagieren aus der Kind-Ich-Haltung, entweder aus der Überanpassung oder aus der Rebellion.

Der Retter

Wer die Retterrolle einnimmt, reagiert oft aus einer überfürsorglichen Eltern-Ich-Haltung und braucht die oben beschriebenen Opfer-Positionen gerade so, wie diese ihn brauchen, damit es zu einem „Spiel" kommt. Insofern ergänzen sich beide Rollen. Aus der Retterrolle hilft er anderen ungefragt und stellt dabei eigene Bedürfnisse zurück. Es geht ihm gut, wenn er anderen helfen kann.

Eine Frau tröstet z.B. die Nachbarin, die mit dem Ehemann immer wieder Ärger hat, obwohl sich durch das Trösten nichts verändert. Eine andere weiß ganz genau, welches Essen ihrem Mann gut tut (auch wenn dieser es gar nicht richtig mag). Auch ein Vorgesetzter, der „für alle Probleme ein offenes Ohr" hat, ein Arzt ohne Freizeit ebenso wie der Mann, der alle Reparaturen in der Nachbarschaft ausführt, können aus der Retterrolle heraus agieren.

Ein solcher Retter wurde häufig schon früh für die Übernahme von Verantwortung gelobt, war Mamas „kleiner Mann" oder Muttis „große Stütze" oder auch Papas „Beste", weil sie ihn „besser verstand als die Mama".

Von der Rolle des Retters zu unterscheiden ist die *Position echter Hilfe.* Helfen als menschliche Qualität basiert im Gegensatz zur Retterrolle auf einer (möglichst) klaren Absprache über Art, Umfang und Zeitraum der Hilfestellung. Der Helfer hat sich klar für sein Handeln entschieden; der, dem geholfen wird, signalisiert zumindest seine Zustimmung. Andere Formen der Hilfe, die nicht auf einer möglichst klaren Absprache basieren, beinhalten nach unserer Erfahrung die Möglichkeit, in psychologische Retterspiele auszuarten, obgleich viele Menschen im Alltagsleben diese Folge noch rechtzeitig stoppen können oder aber die Effekte der Spielfolge „großmütig" (siehe unten) übergehen.

Echte Hilfe

Der Verfolger

Der Dritte im Bunde oder die zweite komplementäre Rolle zu der des Opfers ist die des Verfolgers. Eine Person in dieser Rolle braucht andere, die unterlegen oder provokativ sind, um ihnen zu zeigen, daß sie nicht in Ordnung sind.

Das kann z.B. der Vorgesetzte sein, der das notorisch unpünktliche „Opfer" braucht, um ihm keine sachliche Kritik, sondern eine persönlich abwertende Rüge zu erteilen: „Ich soll Sie wohl demnächst persönlich anrufen, damit Sie zum Dienst erscheinen!" Eine Mutter, die ihr Kind für Fehler bei den Hausaufgaben unnachsichtig bestraft, kann ebenso die Verfolgerrolle innehaben wie ein politischer Redner, der behauptet, daß der Redner der anderen Fraktion es wie üblich versäumt habe, sich ein klares Bild von dem Problem zu machen.

Der Inhaber der Verfolgerrolle reagiert aus dem überkritischen Anteil des Eltern-Ich-Zustandes und wurde als Kind vermutlich für seine Überlegenheit anderen gegenüber gelobt oder aber erlebte starkes Rivalitätsverhalten, nach dem Motto: Wer nicht überlegen ist, ist unterlegen, und dafür muß man sich schämen.

Nochmals: „Opfer" und „Retter" bzw. „Opfer" und „Verfolger" „brauchen" sich gegenseitig, um die früh gelernten Rollen mit ihren Kommunikationsmustern auszuleben. Von daher hat auch jede beteiligte Person das gleiche Maß an Verantwortung, wenn Menschen auf diese Weise skriptabhängig in einen Dialog treten.

Ablauf Im „Spiel"-Geschehen folgt nach einem bestimmten Ablauf von komplementären Transaktionen als wesentliches Merkmal eines „Spieles" ein *Rollenwechsel*. Das heißt, daß z.B. eine Person, die aus der Opferrolle heraus Hilfe von einer Retter-Person erheischt, sich plötzlich von dieser „kindlich" behandelt vorkommt (de facto besetzt sie in der Opferrolle dabei auch primär ihr Kind-Ich mit Energie), in das kritische Eltern-Ich wechselt und die Retter-Person für ihr Verhalten „anklagt", so daß diese in die Kind-Position gedrängt wird und die Opferrolle einnimmt, während das „Opfer" nunmehr die Verfolgerrolle einnimmt. Oder aber der Retter wird „ungeduldig", wechselt in die Verfolgerposition und beginnt, das Opfer anzuklagen. Im Ablauf ist also der Wechsel von jeder in jede Position möglich, was sich durch das sog. *Drama-Dreieck* veranschaulichen läßt, das von *Stephen Karpman* (1968) in die Transaktionsanalyse eingeführt wurde:

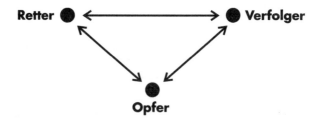

Abb. 53: Drama-Dreieck (nach *Karpman* 1968)

Dramatische Rollen Wir alle haben diese „dramatischen Rollen" bereits als Kinder gelernt. Manchmal geschah das nicht nur, weil wir als Kind dafür immer wieder Beachtung erhielten, sondern auch, weil wir beobachten konnten, wie die Eltern oder andere Erwachsene für bestimmtes Rollenverhalten Beachtung erfuhren. Eng verknüpft sind diese Rollenmuster auch mit Ersatzgefühlen. Ein Opferverhalten wird von Gefühlen der Ängstlichkeit oder Verlassenheit, ein Retterverhalten von Gefühlen selbstgefälliger Überlegenheit und ein Verfolgerverhalten von Ärgerlichkeit begleitet. Gleichzeitig dient das Ausagieren dieser Denk-, Fühl- und Verhaltensmuster einer immer wieder neuen Bestätigung der Grundposition.

Unabhängig davon, ob diese Rollen über Modellernen erworben oder als Fazit eigener Erfahrungen entwickelt wurden, gehören sie zu jenen erstarrten Teilen unseres Bezugsrahmens, den wir Lebensplan oder Skript nennen. Folglich sind sie nicht nur *Rollen,* die *gespielt* werden, sondern *gelernte Haltungen,* mit denen eine Person einer anderen begegnet. Dabei wird das Gegenteil von Autonomie gelebt: Quasi automatisch greifen wir zu alten, vermeintlich sicherheitsgewährenden Mustern, ohne zu überprüfen, ob sie angemessen sind, den Erfolg bringen, den man sich verspricht, oder ob authentische Bedürfnisse befriedigt werden. Das „Fahren auf den alten Gleisen" schränkt unsere Handlungsfähigkeit ebenso ein wie unsere Möglichkeit der Kommunikation und unsere Lebendigkeit insgesamt. Das wirklich Dramatische an diesem Geschehen zeigt sich jedoch in einem weiteren Anliegen, das Menschen zusätzlich zu den bislang behandelten Gründen haben, wenn sie „Spiele" spielen: Sie wollen ein altes Drama zu einem besseren Ende bringen, als sie es damals erlebt haben. Da sie jedoch die alten Mittel wählen, endet es im alten Desaster. Ein heutiges „Opfer" hätte sich z.B. schon als Kind Zuwendung und Beachtung für sich und seine Stärken gewünscht. Da dies nicht möglich schien, entwickelte es Opferstrategien. Heute, Jahre später, kann der Ausgangspunkt für ein „Spiel" das Bedürfnis nach genau dieser Zuwendung sein, die es früher schon nicht bekommen hat. Da es jedoch die alten Mittel wählt, endet es auch im alten Desaster und erreicht wiederum die Ersatzzuwendung für seine Schwächen und nicht für die starken Seiten seiner Persönlichkeit.

Zur graphischen Darstellung dieser Fakten ergänzen wir das sogenannte „Drama-Dreieck":

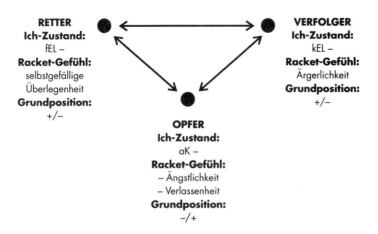

Abb. 54: Erweitertes Drama-Dreieck

Gott sei Dank spielen wir nicht immer „Spiele", sondern haben auch autonome Handlungsweisen zur Verfügung, so daß wir nur in spezifischen – meist Streß – Situationen auf die „alten bewährten" Muster zurückgreifen.

Als Beispiel für einen spielträchtigen Kommunikationsablauf sei das folgende Gespräch zwischen einem Abteilungsleiter (A) mit seinem Mitarbeiter (B) und dem Meister (C) wiedergegeben, in dem der Abteilungsleiter seine Unzufriedenheit mit dem vor drei Monaten neu eingestellten Mitarbeiter ausdrücken will:

Person	Aussage	Rolle	Einordnung in das Dramadreieck
(A) Abteilungsleiter (zum Mitarbeiter in leicht aggressivem Ton)	*Soziale Ebene:* *Lassen Sie uns noch mal kurz über Ihr Arbeitsverhalten sprechen. Der Meister bleibt zweckmäßig auch dabei.* *Psychologische Ebene:* *Ich will Ihnen sagen, daß Sie nichts taugen.*	Verfolger-Rolle (V) wird angeboten.	Pers. A R ←→ V O
(B) Mitarbeiter (zum Abteilungsleiter in „genervtem" Ton)	*Soziale Ebene:* *Ist in Ordnung. Worum geht es?* *Psychologische Ebene:* *Aber bitte bloß kein Problem.*	Das Opfer (O) „hakt" ein.	Pers. A R ←→ V O Pers. B
(C) Meister (wohlwollend)	*Soziale Ebene:* *Okay, ich bleibe.* *Psychologische Ebene:* *Na, wenn das man gut geht.*	Der Retter (R) macht sich bereit.	Pers. C Pers. A R ←→ V O Pers. B
(A) Abteilungsleiter (zum Mitarbeiter)	*Soziale Ebene:* *Langsam habe ich oft genug versucht, Ihnen die Zusammenhänge in dieser Abteilung zu erklären, aber Sie erbringen in keiner Weise die von Ihnen geforderte Leistung. Sie sollten sich eine andere Arbeit suchen!*	Verfolger (V)	Pers. C Pers. A R ←→ V O Pers. B
(B) Mitarbeiter (zum Abteilungsleiter)	*Soziale Ebene:* *Ich weiß gar nicht, was Sie von mir wollen. Wie soll ich denn schon nach drei Monaten volle Leistung bringen! Mir sagt hier ja niemand etwas.*	Opfer (O)	
(C) Meister (zum Abteilungsleiter)	*Soziale Ebene:* *Na ja, wollen Sie dem Mann nicht doch noch eine Chance geben? Möglicherweise können wir in den nächsten Wochen zusammen herausfinden, was ihn von seiner vollen Leistung abhält.*	Retter (R)	

Person	Aussage	Rolle	Einordnung in das Dramadreieck
(A) Abteilungsleiter (zum Mitarbeiter)	**Soziale Ebene:** Ich weiß überhaupt nicht, wie ich dann noch meine Vorgaben erfüllen soll! Ohne selbständige Mitarbeiter schaffe ich das nicht!	Opfer (O)	Pers. C (R) ←→ Pers. B (V), O Pers. A
(B) Mitarbeiter (zum Abteilungsleiter)	**Soziale Ebene:** Aber nicht auf meinem Rücken! Einerseits werde ich nicht richtig eingearbeitet, und andererseits soll ich volle Leistung bringen!	Verfolger (V)	
(C) Meister (zum Abteilungsleiter)	**Soziale Ebene:** Also Chef, das haben wir doch immer noch hingekriegt. Das werden wir auch diesmal irgendwie schaffen.	Retter (R)	
(A) Abteilungsleiter (zum Mitarbeiter)	**Soziale Ebene:** Wir können ja die Pläne der letzten Monate noch einmal zusammen durchgehen.	Retter (R)	Pers. A (R) ←→ Pers. C (V), O Pers. A
(B) Mitarbeiter (zum Abteilungsleiter)	**Soziale Ebene:** Was denn jetzt schon wieder für Pläne?	Opfer (O)	
(C) Meister (zum Mitarbeiter)	**Soziale Ebene:** Wenn Sie allerdings die Pläne nicht einmal gelesen haben, dann kann ich Ihnen auch nicht helfen!	Verfolger (V)	
(A) Abteilungsleiter (zum Meister)	**Soziale Ebene:** Also jetzt reicht's, Sie gehen mit dem Mann die Pläne durch, und wenn sich bis Monatsende nichts geändert hat, geht er.	Verfolger (V)	Pers. B (R) ←→ Pers. A (V), O Pers. C
(B) Mitarbeiter (zum Abteilungsleiter)	**Soziale Ebene:** Nun lassen Sie man den Meister in Ruhe, der gibt sich ja alle Mühe.	Retter (R)	
(C) Meister (zum Abteilungsleiter)	**Soziale Ebene:** Ich tu ja, was ich kann.	Opfer (O)	
(A) Abteilungsleiter	**intern:** Die Personalabteilung hat bei der Einstellung wieder mal vollkommen versagt!	Verfolger (V)	Pers. C (R) ←→ Pers. A (V), O Pers. B
(B) Mitarbeiter	**intern:** Ich wußte schon vorher, daß es wieder mal an mir liegt, daß hier nichts funktioniert.	Opfer (O)	
(C) Meister	**intern:** Eigentlich müßte ich mich noch viel mehr um die Mitarbeiter kümmern!	Retter (R)	**Bestätigung der Rollen und damit der Meinung über sich, die anderen und die Welt**

Abb. 55: „Spiel"analyse

Wie Text und Illustrationen erkennen lassen, gibt es in diesem Dialog mehrere Wechsel, die jedesmal eine neue Runde einläuten und das „Spiel" auf diese Weise seinem Höhepunkt entgegentreiben.

Schritte in der Abfolge

In Anlehnung an *Dudley Bennett* (1977), *Rainer Schmidt* (1989) oder *Eric Berne* (1967) lassen sich fünf einzelne, mehr oder weniger klar abgrenzbare *Schritte in der Abfolge eines „Spieles"* unterscheiden:

Einladung

1. Jedes „Spiel" beginnt mit einer *Einladung*, die einer der Spielpartner dem anderen anbietet. Diese ist in der Regel an eine sogenannte Abwertung (siehe Kap. 8.5.1.1) gekoppelt: Entweder wertet A, der zum „Spiel" Einladende, eigene Gefühle, Fähigkeiten, Fertigkeiten oder auch Verantwortlichkeiten ab, oder er ignoriert Fähigkeiten, Fertigkeiten, Verantwortlichkeiten seines Gegenübers bzw. Gegebenheiten der Situation, die seinem Anliegen entgegenstehen. Meistens ist die erste Transaktion eine doppelte, wobei der Gegenspieler entsprechend der „dritten Kommunikationsregel" eher auf die psychologische Botschaft reagiert und damit die Spieleinladung angenommen hat.

In unserem Beispiel besteht die Einladung des Abteilungsleiters darin, „eben mal kurz" über die Arbeitsleistung des Mitarbeiters zu sprechen. Dabei wertet er zum einen die Führungsfähigkeit des Meisters ab, da er ihn nicht vorab fragt, wie er mit den Leistungen des Mitarbeiters zufrieden ist. Zum anderen schwingt auf der Beziehungsebene der doppelten Transaktion zugleich harsche Kritik mit: Ich will Ihnen sagen, daß Sie nichts taugen.

Anbeißen

2. Die unheilvolle Einladung gelingt natürlich nur, wenn der andere *anbeißt*, weil er sich aufgrund seiner gelernten Verhaltensmuster hiervon eine übliche Form von Beachtung verspricht. D.h., jeder „Spieler" erwartet, ohne daß ihm dies in seinem Erwachsenen-Ich deutlich ist, einen „Gewinn". Dabei bedeutet „Gewinn" nicht etwas objektiv Gutes, sondern zum einen die Möglichkeit, auf vertraute Muster zurückgreifen zu können, und zum anderen die Ersatzbefriedigung verschiedener Bedürfnisse.

In unserem Beispiel besteht der erwartete Spielgewinn darin, sich als Chef gut zu fühlen, da man es doch noch geschafft hat, den Mann „einzuorden".

Parallele Transaktionen

3. Meist gibt es nun längere Diskussionen, die aus einer Abfolge *paralleler Transaktionen* bestehen, die fast immer den Eindruck erwecken, als würden die Teilnehmer haarscharf aneinander vorbei reden und/oder wesentliche Teile des Problems oder der Wirklichkeit aus ihrem Dialog ausblenden.

In unserem Beispiel kommt es nicht zu dieser parallelen Transaktionsabfolge, da es sofort einen Rollenwechsel gibt. Mit dem Ausspruch „Mir sagt ja niemand was" zeigt der Mitarbeiter allerdings deutlich, daß er wesentliche Teile der Wirklichkeit ausblendet.

4. Im nächsten Schritt erfolgt ein *Rollenwechsel*, der an einem Wechsel der Ich-Zustände abzulesen ist.   **Rollenwechsel**

In unserem Beispiel werden die Rollen und entsprechend auch die Ich-Zustände mehrfach gewechselt, wobei am Schluß alle wieder in der Ausgangsposition landen.

Mit dem Wechsel der Rollen und Ich-Zustände geht im allgemeinen ein Moment der *Verwirrung* oder der *Verblüffung* einher. Jeder versucht das Geschehen zu ergründen, wobei das „Opfer" entweder auf ein anderes „Spiel" wechselt oder die Szene ein wenig traurig und geknickt verläßt.   **Verwirrung**
Verblüffung

In unserem Beispiel ist der Meister plötzlich der Verfolger, der Mitarbeiter verharrt in der Rolle des Opfers, und der Abteilungsleiter hat sich zum Retter „gemausert", der einen nicht wirksamen Vorschlag offeriert. Danach erfolgt ein weiterer Rollenwechsel.

5. Am Ende der Rollenwechsel blicken alle Beteiligten zunächst verblüfft, dann mit Unbehagen zurück und erleben ihren *Gewinn*, indem sie vertraute, altbekannte Empfindungen spüren und das Geschehen in ihren Bezugsrahmen so einordnen, daß ihre Ansicht über sich, die anderen und die Welt bestätigt wird.   **Gewinn**

In unserem Beispiel hat der Mitarbeiter schon immer gewußt, daß er wieder einmal der Schuldige ist, und der Meister, daß man sich noch viel mehr um die Mitarbeiter kümmern müßte, als das möglich ist. Der Abteilungsleiter „läßt" wieder einmal die anderen die Schuld haben und fühlt sich selbst insofern gerechtfertigt, als er trotz bester Absichten nichts an der Situation ändern konnte, die die anderen verbockt haben.

Das oben beschriebene „Spiel" lief in wenigen Minuten ab. Menschen können Dramarollen jedoch auch langfristig miteinander ausleben.   **Zeitspanne**

Das tut die Ehefrau, die jahrelang aus der Retterposition heraus „alles für den Mann tut", bis er – bislang in der Opferrolle – sich „nicht mehr länger bevormunden läßt" und ein außereheliches Verhältnis eingeht. Als langfristiges „Spiel" kann z.B. auch das Verhalten eines Geschäftsmannes beschrieben werden, der seinem Mitinhaber (aus der Verfolgerrolle heraus) immer wieder vorwirft, daß dieser es ohne ihn längst nicht so weit gebracht hätte. Der Mitinhaber erträgt dies (in der Opferrolle verharrend) so lange, bis er bei einer günstigen Gelegenheit sein Kapital aus der Firma zurückzieht, so daß sein ehemaliger Partner nahe am Bankrott steht oder auch de facto bankrott geht.

Bevorzugte Rollen

Wie wir zuvor gesehen haben, kann jede Person in einer Spielsituation durchaus jede der drei Rollen einnehmen und aus ihr agieren. Trotzdem besitzen (fast) alle Menschen eine bevorzugte (Skript-)Position, die sie sich in unterschiedlichen Spielsituationen immer wieder bestätigen.

In unserem Beispiel beginnt der Abteilungsleiter aus der Verfolgerrolle und endet in ihr. Und auch seine „Mitspieler", der Mitarbeiter wie der Meister, landen trotz Rollenwechsel wieder in ihrer Ausgangsposition, von denen wir annehmen können, daß sie ihre „Lieblingsrollen" sind.

Ebenso häufig bevorzugen Personen, wenn es zu „Spielen" kommt, unterschiedliche Rollen in unterschiedlichen Situationen. So kann sich jemand z.B. im Beruf konstant aus der Retterrolle und in seiner Partnerbeziehung aus der Opfer-Position heraus verhalten.

Nicht immer muß ein Verhaltensablauf aus den beschriebenen Rollen heraus jedoch mit dem spieltypischen Rollenwechsel enden. Manchmal „reicht" einfach der Austausch von Transaktionen aus den komplementären Rollen, um den beabsichtigten Gewinn zu erreichen, z.B. ein Zuwendungsdefizit auszugleichen. Wie zuvor beim Racketeering (siehe S. 129ff) beschrieben, kann es auch ohne Rollenwechsel zum „Einkassieren" von Spielgewinnen kommen. Der vollständige Ablauf eines „Spieles" wird in diesem Zusammenhang erst „notwendig", wenn der angestrebte Gewinn, also z.B. möglichst alle Verantwortung abgeben zu können, nicht mehr gewährleistet erscheint, weil die anderen sich anders als gewohnt und gewünscht verhalten, z.B. indem sie die Transaktion auf der Erwachsenen-Ebene durchkreuzen.

Unterschiedliche Intensitätsgrade

Sowohl die in diesem Sinne „ertragreichen" Transaktionsabfolgen als auch „Spiele" selbst werden durchaus in *unterschiedlichen Intensitätsgraden* „gespielt". Das zuvor geschilderte Beispiel des betrieblichen Gesprächs hat wahrscheinlich in diesem Stadium noch eine geringe Tragweite. Es dient dazu, die „übliche" (= gewohnte) Aufmerksamkeit zu erlangen. Dies wird als *„Spiel 1. Grades"* bezeichnet. Eine heftigere Auseinandersetzung zum gleichen Thema, in der es zu sehr verletzenden Äußerungen bzw. zur Kündigung kommt, nennt man ein *„Spiel 2. Grades"*. „Spiele" dieser Intensität versuchen die Beteiligten häufig vor der Öffentlichkeit zu verbergen. Eskaliert eine Auseinandersetzung noch weiter, so spricht *Eric Berne* von *„Spielen 3. Grades"*. Ein Spielausgang 3. Grades hat immer sehr gravierende, häufig sogar irreversible Folgen, wie z.B. Dauerarbeitslosigkeit, Scheidung, eine Strafanzeige, eine schwere Krankheit, einen Mord oder Selbstmord. Dabei muß die Eskalation nicht von beiden „Spielern" betrieben werden, die das „Spiel" angefangen haben.

Ehepartner, die ihr(e) „Spiel(e)" auf die Spitze treiben, bewirken den Spielge-winn gemeinsam. Der Mitarbeiter aus dem obigen betrieblichen Beispiel könnte sich jedoch in immer wieder neuen Betrieben so lange neue Retter und Verfolger suchen, bis er als Opfer in der Dauerarbeitslosigkeit endet.[*]

Einige besonders *typische Spielverläufe* wurden in der Transaktionsanalyse mit Namen versehen, z.B.: *„Jetzt hab ich dich, du Schweinehund"*, bei dem eine Person aus der Verfolgerrolle heraus darauf erpicht ist, Fehler des/der anderen aufzudecken. Ein anderes „Spiel", das mit Vorwürfen aus der Verfol-gerrolle beginnt, ist das *„Tumult-Spiel"*, bei dem ein Streit vom Zaun gebro-chen wird, um Nähe zu vermeiden. Ein beliebtes „Opfer-Spiel" ist das *„Ja, aber-Spiel"*, bei dem ein Opfer einen Retter immer wieder zu Ratschlägen ver-leitet, die dann solange mit „Ja, aber" abgeschmettert werden, bis die Person aus der Retterrolle in die Verfolgerrolle wechselt oder der Opferrollen-In-haber zum Verfolgenden wird. Beim *„Tritt-mich-Spiel"* unternimmt ein Op-fer alles, um sich zunächst Tadel oder Kritik einzuhandeln und anschließend den Kritiker anzuklagen. Beim „Spiel" *„Überlastet"* zieht der Retter so viele Aufgaben auf sich, daß er am Ende als erschöpftes Opfer zusammenbricht.

Typische „Spiel"verläufe

In ausführlicher wie auch sehr anschaulicher Form sind solche „Spiele" und ihre Verläufe sowie wirksame Gegenstrategien im betrieblichen Umfeld z.B. von *Rainer Schmidt* in dem bereits erwähnten Buch „Richtig miteinander re-den" (1989, 71-91) beschrieben und analysiert. Wir wollen daher nicht näher darauf eingehen, sondern abschließend noch wesentliche Beweggründe be-nennen, die dazu führen, daß Menschen „Spiele spielen". Sie alle haben mit einem vermeintlichen Nutzen zu tun, der sich de facto jedoch stets ins Gegen-teil verkehrt:

Vermeintlicher Nutzen

„Spiele"
➤ befriedigen das Grundbedürfnis nach Stimulation – obwohl sie meist ein unangenehmes oder ödes Gefühl hinterlassen oder zur Überstimulation (z.B. explosivem Ärger) führen.
➤ dienen dazu, sich Streicheleinheiten zu verschaffen – obwohl sie letztend-lich mit viel negativer Zuwendung einhergehen.
➤ sollen helfen, die Zeit zu strukturieren – obwohl diese gleichzeitig z.B. im Hinblick auf Aktivität und Intimität verschwendet wird.
➤ verstärken negative Grundpositionen – obwohl diese unvernünftig sind und im sonstigen Alltag längst zu Gunsten einer „+/+-realistisch-Posi-tion" verlassen worden sind.

---

[*]   Womit wir nicht sagen wollen, daß alle Dauerarbeitslosen in diesem Sinne Opfer sind.

➤ bestätigen immer wieder neu alte destruktive Glaubenssätze über die eigene Person, die anderen und die Welt – obwohl man schon längst erfahren und eingesehen hat, wie töricht diese Sätze sind.

➤ „berechtigen" dazu, Ersatzgefühle zu hegen, zu pflegen und manchmal zu eskalieren – obwohl sie über den aktuellen Anlaß hinausgehen und weder zur Lösung von Problemen noch zur Befriedigung von Bedürfnissen führen.

➤ „helfen" dabei, authentische Auseinandersetzungen zu vermeiden – obwohl die „Spieler" den Anschein erwecken, als suchten sie gerade diese.

Summa summarum gibt es aus den erstarrten Anteilen des Bezugsrahmens heraus viele Gründe, ein „Spiel zu spielen", weil es uns verwehrt war, Denk-, Fühl- und Verhaltensmuster zu entwickeln, die Ausdruck unserer jeweiligen Autonomie sind. Als „Trost" fiel einer unserer Teilnehmerinnen frei nach *Wilhelm Busch* der Ausspruch ein: „Wenn einer meint, daß er kein Spieler wär, so irrt sich der." D.h., wir alle – schränken wir ein: die meisten von uns – neigen dazu, gelegentlich psychologische „Spiele" zu spielen. Dennoch gilt: „Spiele" können aufgegeben werden. Dazu muß ein „Spieler" sich jedoch erst einmal seiner „Spiele" bewußt werden. Er muß erkennen, welche Rollen er in ihnen „spielt" und welchen Gewinn oder Nutzen er aus ihnen zieht. Erst wenn er weiß, wie er sich den Nutzen oder den Gewinn auf konstruktive Weise holen kann, kann er die destruktiven Spielstrategien langfristig gesehen aufgeben. Diese Bewußtmachung ist ebenso ein Teil unserer Arbeit wie das Einüben *spielfreier Alternativen*.

6.2 Wachstum und Veränderung:
Wie aus „Spielern" Gesprächspartner werden

Wachstum und Veränderung lassen sich auch hier, wie bei allen anderen Veränderungsstrategien, wiederum in Einzelschritten angehen, die mit dem Erkennen eigener Spielmuster beginnen und mit einem Training zu ihrer Vermeidung enden.

6.2.1 Erkennen eigener „Spiel"positionen

Nachdem wir in einem Training „Werkzeuge zur Lösung von Konflikten" in die Theorie der „Spiele" eingeführt haben, regen wir die Teilnehmer dazu an, sich damit vertraut zu machen, zu welcher Rolle sie jeweils tendieren. Dazu bilden die Teilnehmer Dreiergruppen. Die verschiedenen Trios verteilen sich **Übung** im ganzen Raum. Jede Person in einer Kleingruppe erhält eine Karte:

Sie vereinbaren jeweils zu dritt ein Thema, über das sie jetzt sprechen werden. Nachdem wir als Trainer das Startzeichen gegeben haben, diskutieren die Teilnehmer in ihren Kleingruppen dieses Thema, wobei jeder aus der Rolle agiert, die auf seiner Karte steht. Nach 7-10 Minuten geben wir ein Signal zum Kartenwechsel, und die Karte wird nach rechts weitergegeben. Jede Person erhält auf diese Weise eine neue Rolle, aus der heraus sie das Thema weiter bespricht. Nach weiteren 7-10 Minuten wird noch einmal ein Wechsel angesagt, so daß jeder Teilnehmer die Gelegenheit hat, auch die dritte Rolle auszuprobieren.

In der anschließenden Auswertung besprechen die Gruppenmitglieder ihre Erfahrungen und vor allem, welche der dramatischen Rollen ihnen am vertrautesten war, welche ihnen sozusagen „gelegen" hat. Hier finden bereits erste „Aha"-Erlebnisse und erste Reflexionen des beruflichen Alltags statt, in denen sie sich oder andere in einer Spielposition erlebt haben.

6.2.2 Analyse eines „Spieles"

Um die Analyse von Spielen zu trainieren und damit die Bewußtheit für das Spielgeschehen zu wecken, arbeiten wir häufig mit Rollenspielen. Dabei ge- **Rollenspiele** stalten die Teilnehmer in Kleingruppen eine Szene, deren Inhalt in einem kurzen Abriß auf einer Karte vorgegeben ist (Abb. 56, S. 174), z.B.:

„SPIELE"

„Spiel"verlauf

Herr Meyer ist in seiner Abteilung der „Trottel vom Dienst". Er macht immer wieder Fehler, über die die Kollegen lachen.

Frau Schmid nimmt sich seiner besonders an und zeigt ihm immer erneut die Arbeitsabläufe.

Als er eines Tages dennoch wiederum alles falsch macht, beklagt sie sich bei ihrer Kollegin. Die Kollegin jedoch beschimpft Frau Schmid: „Wenn Sie sich aber auch immer in alles einmischen … "

---

oder

„SPIELE"

„Spiel"verlauf

Ein Vorarbeiter beklagt sich beim Abteilungsleiter über verschiedene Unzufriedenheiten bei seinen Leuten.

Der Abteilungsleiter macht einen Vorschlag nach dem anderen, wie den Problemen abzuhelfen wäre.

Der Vorarbeiter verwirft jeden Vorschlag mit einem anderen Argument. Am Ende stimmt er einem Vorschlag zu, signalisiert jedoch deutlich, daß auch die Ausführung dieses Vorschlags „nichts bringen" wird.

Der Abteilungsleiter denkt intern: „Irgendwie fasse ich diese Burschen nie richtig an."

Der Vorarbeiter denkt intern: „Wozu werden die in den oberen Etagen eigentlich bezahlt, wenn sie zu dumm sind, mir zu helfen."

Abb. 56: Rollenspielanweisungen zum Thema „Spiele"

Die Ausgestaltung dieser Inhalte bleibt den Teilnehmern völlig frei überlassen. Sie führen die „kleinen Dramen" nach einer bestimmten Vorbereitungszeit im Plenum auf, wobei häufig zu beobachten ist, daß die Rollenspieler intuitiv mit doppelten Transaktionen den Kontakt zum „Spiel"partner aufnehmen. Danach beschäftigen sich die „Zuschauer" mit folgenden Fragen:

Auswertungsgesichtspunkte

➤ In welchen Positionen des Dramadreiecks hat das „Spiel" begonnen, in welchen geendet?

➤ Welche Rollenwechsel waren beobachtbar?

➤ Mit welchen Gefühlen verlassen die Beteiligten die Situation?

➤ Welche Endauszahlung (Skriptgewinn) erhalten die Beteiligten?
➤ Was waren die sozialen und was die psychologischen Botschaften im „Spiel"?

Umgehend ergibt sich dann die Frage: „Was kann man tun, um *aus Spielen auszusteigen?*" **Ausstieg aus „Spielen"**

Im Sinne von Options sammeln wir dann Ideen für Verhaltensalternativen, die durchgespielt und dahingehend diskutiert werden, welche Reaktionen sie in Spielpartnern und Zuschauern hervorrufen und ob das „Spiel" damit unterbrochen werden kann oder nicht. Es zeigt sich immer wieder, daß folgende Optionen am sinnvollsten sind, um aus „Spielen" auszusteigen:

➤ *unerwartete Antworten geben,*
z.B. als Kollegin zu Frau Schmid sagen: „Och, wenn ich Herr Meyer wäre, würde ich mich auch nicht ändern!"

➤ *das Gespräch aus dem Erwachsenen-Ich strukturieren,*
z.B. als Abteilungsleiter den Vorarbeiter fragen: „Womit erklären Sie sich denn die Unzufriedenheit Ihrer Leute?"

➤ *Gefühle, Bedürfnisse und Wünsche direkt ausdrücken, anstatt sie manipulativ zu agieren,*
z.B. als Abteilungsleiter sagen: „Es macht mich ganz ärgerlich, wenn Sie alle meine Vorschläge ablehnen, ohne sie zu prüfen."

➤ *fragen, welche Erwartungen der andere an uns hat, statt einfach zu agieren,*
z.B. als Kollegin von Frau Schmid: „Was kann ich jetzt für Sie tun?" oder als Abteilungsleiter: „Welche Form von Hilfe erwarten Sie von mir?"

➤ *Erwachsenen-Ich-orientiert auf die soziale Ebene eingehen und die psychologische Ebene bewußt überhören,*
z.B. sich als Abteilungsleiter nicht in das „Spiel" einladen zu lassen und sich mit immer neuen Vorschlägen anzustrengen, sondern klare Informationen abfragen: „Was wissen Sie über die Gründe der Unzufriedenheit?"

➤ *die psychologische Ebene wahrnehmen und thematisieren,*
z.B. als Abteilungsleiter sagen: „Ich habe den Eindruck, daß ich ganz viele Lösungsvorschläge mache, und Sie wollen gar keine hören."

Durch diese Optionen bekommen die Teilnehmer ein Gespür dafür, in welcher Weise sie aus einem „Spiel" „aussteigen" können oder wie es gelingen kann, eine Spieleinladung nicht anzunehmen.

Häufig besprechen wir auch, was wir dazu tun können, erst gar keine „Spiele" zu spielen. Dazu möchten wir zunächst den Ausspruch einer Seminarteilnehmerin zitieren, der wie eine Maxime über allen Strategien stehen könnte:

> **„Die beste Art, ,Spiele' zu unterbrechen,
> ist, seine eigenen Ziele zu verfolgen."**

Insofern ist es sinnvoll, damit aufzuhören

➤ Retter zu „spielen", d.h., denen zu helfen, die keine Hilfe brauchen.
➤ Verfolger zu „spielen", d.h., Leute zu kritisieren, die keine Kritik brauchen.
➤ Opfer zu „spielen", d.h., uns nicht hilflos und abhängig zu machen, wenn wir sehr wohl auf eigenen Füßen stehen können.

Vorbeugung Wir beugen „Spielen" vor, indem wir

➤ in betrieblichen Zusammenhängen Aufgaben, Verantwortungen und Kompetenzen eindeutig definieren und durch Verträge (siehe Kap. 10) festschreiben, d.h. klare Rahmenbedingungen für das Miteinander-Arbeiten, Miteinander-Umgehen sowie die Verteilung von Verantwortung schaffen.
➤ in Gesprächen mit anderen immer wieder das Ziel im Auge behalten und uns in unseren Gesprächsbeiträgen nur auf dieses konzentrieren, d.h. den anderen notfalls auch wieder zum Thema zurückholen.

Persönlich bin ich nicht mehr auf manipulative „Spiele" angewiesen, wenn ich

➤ andere Möglichkeiten kenne und wahrnehme, um mitmenschliche Beziehungen zu pflegen.
➤ meine eigenen Schwächen und Stärken nicht mehr übertreibe und mich nicht mehr dadurch, daß sie angesprochen werden, manipulieren lasse.
➤ bei Auseinandersetzungen nicht mehr darauf achten muß, oben oder unten zu sein, recht oder unrecht zu haben, zu siegen oder besiegt zu werden.
➤ auch einmal einen Vorwurf auf mir sitzen lassen kann, ohne ihn zurechtzurücken.

➤ mehr Zeit mit Intimität und Spaß strukturiere und ausreichend positives Streicheln gebe und annehme, statt mir negatives zu holen.

Auf der betrieblichen Ebene ist es von großer Wichtigkeit, sich daran zu erinnern, daß „Spiele" häufig dazu dienen, Aufmerksamkeit und Beachtung zu provozieren. Beachtung läßt sich in vielen Firmenkulturen jedoch nur dann mit Sicherheit erreichen, wenn es ein Problem gibt oder Fehler auftreten. Dann erhalten alle Beteiligten negative Zuwendung, d.h. Vorwürfe und Kritik. Dieser Ablauf wird oftmals durch „Spiele" strukturiert, die ja bekanntlich ebenfalls mit negativer Zuwendung enden. Da negative Beachtung jedoch besser ist als keine Beachtung, wird sich an Häufigkeit und Umfang betrieblichen Spielverhaltens auch so lange nichts ändern, wie wir

Kultur der positiven Anerkennung

➤ keine Kultur der positiven Anerkennung, Beachtung und Zuwendung schaffen, die – dem englischen Vorbild „Catch them doing right" folgend – Mitarbeiter und Vorgesetzte dabei „erwischt", daß sie etwas gut machen, und dies spontan anerkennt.
➤ keine Kultur etablieren, in der man nicht nur für Leistungen gelobt wird, sondern auch z.B. für die Art des Miteinander-Umgehens Zuwendung erfährt und in der offenes und aufrichtiges Interesse an anderen gestattet ist und nicht als unproduktives Geschwätz gebrandmarkt wird.

Kurz: Nur indem wir eine Unternehmenskultur schaffen, in der aufgabenbezogene Intimität der Menschen zugunsten ihres Wohlbefindens sowie größtmöglicher Effektivität oberstes Gebot sind, werden wir „Spiele" zwar nicht völlig verbannen können, aber doch zunehmend das Interesse an ihnen verlieren, da wir all das, was wir brauchen und was reizt und Spaß macht, einfacher und angenehmer erhalten können.

All dieses Wissen ist wichtig und nützlich und wäre unvollständig, wenn wir uns nicht zugestehen würden, vor allem unter Streß, manchmal nach den altvertrauten, jedoch einschränkenden Reaktionsweisen zu greifen und damit just ein „Spiel" anzuzetteln oder uns in einem wiederzufinden. Uns das einzugestehen und zu „verzeihen" entlastet nicht nur uns selbst im betrieblichen wie privaten Alltag. Es ermöglicht uns auch, beim Gedanken: „Wenn einer denkt, daß er kein „Spieler" wär, so irrt sich der" zu lächeln und uns angenehmeren und nützlicheren Dingen zuzuwenden, statt stunden- oder tagelang mit den persönlichen und zwischenmenschlichen Folgen des *„Spiel"gewinns* umherzulaufen. Uns „ein ‚Spiel' zu verzeihen" ermöglicht es statt dessen, die Verantwortung für seine Folgen zu übernehmen, was in aller Regel heißt, sie zu beseitigen und Negatives durch Positives zu ersetzen. Dieses Verzeihen fällt uns dann leichter, wenn wir uns in unserem Gewordensein, in unserer Biographie verstehen. Dazu dient die Analyse unseres eigenen Spielplanes, so wie wir sie manchmal im Coaching anwenden.

6.2.3 Umgang mit „Spielen" im Coaching-Gespräch

In einer Reihe von Coaching-Gesprächen mit einer Produktmanagerin wird deutlich, wie sehr sie sich in eine Position als „Mutter des Marketing" hineinmanövriert hat. Sie hat für alle anderen ein „offenes Ohr", hilft, wo sie kann, und stellt den Kolleginnen auch ihre eigene Kreativität zur Verfügung. Sie geht kaum jemals vor 20 Uhr nach Hause, da sie erst nach 17 Uhr, wenn die meisten anderen gegangen sind, konzentriert ihre eigenen Aufgaben bearbeiten kann. Im Coaching-Gespräch wirkt sie erschöpft und unglücklich und berichtet, daß sie sich trotz aller Anstrengungen in ihrer Abteilung eigentlich einsam fühlen würde. Nachdem ich ihr einige Informationen über die Rollen im Drama-Dreieck gegeben habe, scheint es ihr sehr wahrscheinlich, daß sie häufig aus einer Retterrolle agiert. Als „Hausaufgabe" gebe ich ihr folgenden Fragebogen mit, den sie beim nächsten Mal ausgefüllt mitbringt:

MEIN EIGENER „SPIEL"PLAN ... (1)

Beantworten Sie bitte die Fragen in ihrer Reihenfolge und lassen zunächst die beiden Geheimfragen aus.
Wenn Sie bei 8b angekommen sind, nehmen Sie bitte den 2. Teil des Fragebogens und beantworten die beiden Geheimfragen.

1. Was passiert mir immer und immer wieder?

Ich tue ganz viel für eine andere Person.

2. Wie fängt das an?

Ich höre, daß sie etwas braucht.

3. Was passiert als nächstes?

Die andere bedankt sich und findet das toll.

4. Geheimfrage:

5. Und dann?

Sagt sie plötzlich, ich mache ihr Angst, weil ich so übermächtig sei und man nicht gegen mich ankommen könne.

6. Geheimfrage:

7. Wie endet es?

Sie wendet sich plötzlich ab und will mit mir nichts mehr zu tun haben.

8a. Wie fühle ich mich?

Leer und unglücklich.

8b. Was nehme ich an, wie die andere Person sich fühlt?

Erleichtert.

MEIN EIGENER „SPIEL"PLAN ... (2)

Die Geheimfragen

Zu 4. Welche ist meine geheime Botschaft an die andere Person?

Du kriegst von mir alles, ich brauche nichts.

Zu 6.: Welche ist die geheime Botschaft der anderen Person an mich?

Das, was du gibst, ist mir alles zuviel.

Information:

Die Antworten zu 8a und 8b können beides Racket-Gefühle sein.

Die Antworten der Geheimfragen sind Botschaften auf der psychologischen Ebene, die uns während unserer Kindheit vermutlich von den Eltern übermittelt wurden.

Abb. 57: Ausgefüllter Arbeitsbogen „Mein eigener ‚Spiel'plan" (in Anlehnung an *James* 1973)

Im gemeinsamen Gespräch über die Eintragungen der Klientin wird deutlich, daß hinter ihrem gesamten Retterverhalten eine alte Erfahrung steht: Beide Eltern „brauchten" ihre Aufmerksamkeit, als sie ein Kind war, da sie miteinander sehr unglücklich waren. Insofern standen die Eltern immer im Mittelpunkt des Geschehens. Ging es den Eltern in seltenen Fällen gut, so wurde das Kind mit der Bemerkung „Das Getue ist mir viel zuviel" zurückgewiesen.

Die Klientin versteht in der Coaching-Sitzung, daß sie die alte Erfahrung immer neu reproduziert, und erarbeitet mit mir Veränderungsstrategien, um zu üben, wie sie ihre eigenen Ziele verfolgen kann. Gleichzeitig lernt sie, „Retten" von „Helfen" zu unterscheiden. Wie sie mir später berichtet, hat sie ihr Verhalten, zur anfänglichen Verblüffung der Mitarbeiterinnen, deutlich verändern können. Das gefällt ihr.

Rückschau in die Vergangenheit

Die Rückschau in die eigene Vergangenheit gehört nur selten in die Arbeit in Organisationen. Sie dient jeweils nur dem umfassenderen Verständnis für die augenblickliche Situation oder das derzeitige Problem. Ein tiefergehendes Durcharbeiten von Erinnerungen gehört in die Psychotherapie, die wir deutlich von der beratenden Tätigkeit in Organisationen abgrenzen. Dies gilt auch für jene Erfahrungen und die daraus resultierenden Verhaltensmuster, die wir im nächsten Abschnitt kennenlernen und im Hinblick auf ihre betrieblichen Auswirkungen erörtern werden.

SIEBEN

INDIVIDUAL-BIOGRAPHISCHE ERFAHRUNGEN IN IHRER AUSWIRKUNG AUF BETRIEBLICHES GESCHEHEN

7.1 Frühe Einflüsse

Der Blick auf den Menschen in der Organisation wäre unseres Erachtens verkürzt, würden wir ihn nur in seinem derzeitigen Eingebundensein in Strukturen und Systeme, in seinem Umgang mit diesen Systemen oder in seinen spezifischen sozialen Interaktionen betrachten. Zum Menschen gehört auch sein „Gewordensein" – das gilt auch für den Menschen in seiner Organisation. **Gewordensein** Darunter kann man allerdings zweierlei verstehen: Zum einen seine Entwicklung als Person seit seinem Eintritt in den Betrieb oder das Unternehmen und zum anderen seine biographische Entwicklung, durch die er zu dem wurde, der er heute ist. Obwohl der erste Aspekt nicht nur im Einzelfall von Interesse sein dürfte und sicherlich viele wertvolle Erkenntnisse über hilfreiche und störende Entwicklungsschritte verdeutlichen könnte, wollen wir uns auf die biographische Entwicklung von Personen konzentrieren. Dieser Blickwinkel kann uns das Verständnis dafür eröffnen, inwieweit frühe biographische Erfahrungen, die die Persönlichkeit geprägt haben, auch heute noch Einfluß auf das Verhalten von Menschen im Organisationsalltag haben. Er kann zeigen, ob sich diese Erfahrungen sinnvoll oder einschränkend auswirken, und in welcher Weise wir ihnen begegnen können und wollen.

Kinder machen ihre Erfahrungen mit unterschiedlichen Aspekten von Leben und Lebendig-Sein, wie z.B. dem Angenommensein auf dieser Welt, Vertrauen, kindlicher Neugier, dem Denken, dem Fühlen, dem Bedürfnis, selbständig zu sein, und dem entgegengesetzten Bedürfnis nach Versorgung. Im Ausprobieren und Erleben dieser Dimensionen kann ein Kind unterstützt und ermutigt werden, aber auch Verbote bekommen, zurückgehalten oder für Mißerfolge beschämt oder bestraft werden. Aus der Art der Erfahrung entwickeln sich in einem Kind bestimmte Einstellungen zu sich selbst, die im Kind-Ich gespeichert sind und, ohne dem einzelnen bewußt zu sein, das Verhalten als erwachsener Mensch im privaten wie im beruflichen Bereich mitbestimmen können (siehe z.B.: Trübungen S. 47ff, Stroke-economy, S. 81ff oder Grundpositionen, S. 146ff).

Frühe Einschärfungen

Die Amerikaner *Bob Goulding* und *Mary McClure Goulding* (1981) haben die Lebenserfahrungen vieler Menschen entsprechend gesichtet und sind dabei auf zwölf entscheidende Gebote und Verbote – sie nannten das *frühe Einschärfungen* – gestoßen, die sich skriptprägend auswirken. Zu ihnen gehören z.B. solche Anweisungen wie ein permanentes „Nicht" oder „Nicht doch", mit denen Eltern die neugierigen Erkundungen ihres Kindes einschränken, oder auch die durch Lebensumstände – z.B. als Asylanten – vermittelte Botschaft, nicht dazuzugehören. Werden diese in früher Kindheit erfahrenen Botschaften als „richtig" entschieden – wobei Kinder wenig Möglichkeiten haben, die Richtigkeit zu überprüfen – und akzeptiert, so werden sie zur einschränkenden Richtschnur für die Lebensführung dieser Menschen. In der Sprache der Transaktionsanalyse nennen wir dies eine *Skriptentscheidung*, die zum erstarrten Teil des Bezugsrahmens wird. Dementsprechend beeinflußt sie die künftige Lebensführung und Erfahrungssammlung derart, daß sich die Richtigkeit der Skriptentscheidung immer wieder wie von selbst bestätigt. Da diese Prozesse keineswegs bewußt gestaltet sind, sondern unbewußt, besser: ohne unsere Aufmerksamkeit ablaufen, ist es oft schwierig – keinesfalls jedoch unmöglich –, diese Entscheidungen zu revidieren. Da solche Veränderungen jedoch nicht Thema betrieblicher Bemühungen sein können, werden wir ihnen in diesem Buch keinen weiteren Raum einräumen (hierzu siehe z.B. *Hagehülsmann* 1992).

Skriptentscheidung

Unser Anliegen ist es vielmehr, die Thematik der früh in der Biographie erworbenen Haltungen dahingehend zu nutzen, den Menschen zu helfen, sich ihrer „Ösen" klar und bewußt zu werden, mit denen sie sich mit anderen „verhaken". Denn das erscheint uns wichtig, weil dieses von der alten Entscheidung getragene Verhaken im Alltag zu Störungen der Interaktion führen kann. Trotzdem werden wir hier keineswegs alle, sondern nur einige, für die Arbeit in Organisationen besonders relevante „Einschärfungen" aufgreifen und ein wenig ihren mutmaßlichen Hintergrund beleuchten, vor allem aber das jeweilige Thema der Einschärfung herausarbeiten.

Wir alle sind als Kinder darauf angewiesen, versorgt zu werden. Wenn unsere Entwicklung konstruktiv verlief, ist unser *Bedürfnis, versorgt zu werden* ausgiebig gestillt worden und durfte so langsam immer geringer werden oder andere Formen annehmen, wie es unserer wachsenden Selbständigkeit entsprach. Manchmal müssen Kinder „zu schnell groß" werden, z.B. wenn sie die Ältesten sind und schnell kleinere Geschwister folgen, wenn die Eltern Probleme haben und sich primär mit sich selbst befassen oder wenn ein Elternteil fehlt. Sie dürfen *„kein Kind sein"*, sondern sollen möglichst schnell selbständig, am besten gleich erwachsen werden. Als Erwachsene sind diese Menschen häufig zu Führungspersönlichkeiten geworden, die jedoch oft zuviel Verantwortung auf sich nehmen und wenig für sich sorgen. Sie sind zwar besonders zuverlässig und entscheidungsfreudig, tendieren aber dazu, die Dinge „im Alleingang" zu erledigen, da sie gelernt haben, „sich am besten nur auf sich selbst zu verlassen". Aus dieser Konstellation heraus sind sie z.B. anfällig dafür, Rückdelegationen anzunehmen, was ihre Überlastung häufig steigert.

Bedürfnis nach Vesorgung

Da sie wenig Übung darin haben, für sich selbst zu sorgen, d.h., vor allem, auf einen balancierten Ausgleich zwischen Beruf und Freizeit, zwischen Denken und Fühlen etc. zu achten, neigen sie zu psychosomatischen Beschwerden wie Schlafstörungen, Magen- oder Herzerkrankungen und muskulären Verspannungen. In sozialen Begegnungen neigen sie dazu, aus ihrem Eltern-Ich zu handeln sowie im Streß zu Spielen aus der Retter- oder Verfolgerposition zu greifen. Häufig dient ihnen Alkohol – durchaus im gesellschaftlich akzeptierten Rahmen – dazu, die Lustlosigkeit oder innere Leere, die aus der mangelnden Sorge für die Befriedigung der eigenen Bedürfnisse resultiert, nicht zu spüren.

Auch unsere erwachsene Einschätzung unseres eigenen Wertes und unserer Wichtigkeit ist bereits früh grundgelegt. Darauf hatten wir im vorangegangenen Kapitel über Grundpositionen ausführlich hingewiesen. Kinder, die man nur sehen, aber nicht hören durfte, die immer wieder erleben mußten, daß alle anderen vorgingen und sie zuletzt kamen, oder z.B. nehmen mußten, was übrig blieb, und daheim nichts von Bedeutung tun durften, konnten ihr natürliches *Bedürfnis nach Wichtigkeit* nicht befriedigen. In der Regel werden sie auch als Erwachsene wenig Aufhebens von sich machen, d.h., sich und ihre Meinung wie auch ihre Belange weder wertschätzen noch wichtignehmen. Aus einer Grundhaltung: „Ich bin weniger wert als du" überlassen sie anderen die wirklich wichtigen Dinge und versuchen so gut wie möglich, den anderen

Bedürfnis nach Wichtigkeit

und der Sache gerecht zu werden. Verantwortung übernehmen sie eher ungern, sie teilen sie zumindest lieber mit anderen.

Als Führungskraft versuchen sie, ihre Mitarbeiter durch Liebenswürdigkeit, Kompromißbereitschaft und Unterstützung zu überzeugen: Da sie offene Konflikte scheuen, sind sie bereit, sowohl gegenüber ihren Vorgesetzten wie ihren Mitarbeitern nachzugeben, statt ihre eigenen Wünsche und Vorstellungen durchzusetzen. Das hat jedoch oft zur Folge, daß eine Reihe von Problemen ungelöst bleibt, weil sie nur via Konflikt und Auseinandersetzung gelöst werden könnten. Sind Konflikte nicht zu umgehen, geraten diese Personen immer wieder – wie zufällig – in die Opferposition.

Bedürfnis nach Zugehörigkeit

Ebenfalls sehr früh in unserem Leben sammeln wir Erfahrungen im Hinblick auf unser *Bedürfnis dazuzugehören,* zunächst zu Vater und Mutter, der Familie, später der Nachbarschaft, Schicht, Gemeinde oder noch viel später zu unserem Unternehmen. Erfahren Menschen in ihrer Kindheit eine Außenseiterposition, sei es in der Familie oder auch in einer Randgruppe der Bevölkerung, so entwickeln sie eine mehr oder weniger ausgeprägte Einstellung, aus der heraus sie sich anderen Menschen, vor allem Gruppierungen von Menschen, nicht zugehörig fühlen. Später tendieren sie vielleicht dazu, als Einzelgänger durchs Leben zu gehen.

Das mag zunächst für den betrieblichen Alltag nicht als gravierend erscheinen, da die Arbeitsebenen von dieser Beziehungsebene scheinbar nicht berührt werden. In Wirklichkeit ist es jedoch ein besonders wichtiger Motivationsfaktor, „Teil vom Ganzen" zu sein, d.h., seinen Platz im Gesamtzusammenhang betrieblicher Strukturen und Prozesse zu kennen und einnehmen zu können. Menschen mit einer *gehöre-nicht-dazu*-Einstellung können sich häufig nicht als Teil des Ganzen empfinden und somit ein auch für das Berufsleben wichtiges Grundbedürfnis nicht befriedigen. Das kann zu Unzufriedenheit oder zu Spielen aus allen drei Spielpositionen führen. Abhängig davon, ob die Person ihre mangelnde Zugehörigkeit als Überlegenheit oder als Mangel empfindet, wird sie anderen dabei aus einer (+/-)- oder einer (-/+)-Grundposition heraus begegnen.

Bedürfnis nach Authentizität

Weitere kindliche Erfahrungen kreisen um das *Bedürfnis, man selbst zu sein.* Kinder wollen so angenommen sein, wie sie sind, mit ihren Stärken, Eigenheiten und Schwächen. Sie wollen eine eigene Identität entwickeln, ein Empfinden für das, was sie sind und wie sie sind. Sollen sie anders sein, z.B. größer, besser, intelligenter, sollen sie ein anderes Geschlecht haben, z.B. Mädchen statt Junge sein, oder bestimmten Bildern entsprechen, z.B. der Klugen oder dem Sportler, so entwickeln sich Persönlichkeiten, die *nicht „sie selbst" sein dürfen*. Sie versuchen vielmehr, bestimmten, idealisierten Bildern zu entsprechen, und setzen meist viel Energie ein, um diese Bilder auch tatsächlich auszufüllen. Unser Wirtschafts- und Gesellschaftssystem, in dem Menschen favorisiert werden, die strahlend, fit, elastisch und „ jung, dynamisch, attraktiv" sind, in dem Ideale wie „erfolgreich um jeden Preis" und Statussymbole als Zeichen persönlichen Wertes für viele Menschen richtungsweisend sind, begünstigt die Entwicklung dieser Persönlichkeitsstruktur. Die Vermittlung dieser Werte beginnt jedoch bereits in früher Kindheit. Der Leistungsdruck setzt schon im Kindergartenalter ein, wird in der Schule fortgeführt und zeigt sich z.B. in der „Notwendigkeit", Markenkleidung tragen zu müssen.

Menschen mit dieser Struktur begegnen uns besonders häufig in großen Organisationen, in denen Statussymbole wie z.B. Firmenparkplätze, Flugreisen und Auslandsaufenthalte einen hohen Wert haben und einen bestimmten hierarchischen Level anzeigen. Als Mitarbeiter sind sie bereit, den Belangen der Organisation höchste Priorität gegenüber ihrem Privatleben zu geben, setzen sich besonders stark für Firmenziele ein und stellen dabei Kreativität und häufig auch brillante Ideen zur Verfügung. Dabei ergänzen sich die Belange der Organisation und die Leistungsbereitschaft, die aus dem Bedürfnis, gesellschaftlichen Idealbildern zu entsprechen, resultiert, hervorragend.

Andere Personen haben ganz andere Bilder, denen sie entsprechen wollen oder sollen, Bilder, die sehr individuelle oder spezifische Ausprägungen haben, z.B. ein süßes kleines Mädchen und dementsprechend später auch als Frau „ reizend" und „niedlich" zu sein. Ein anderes Beispiel wäre ein kleiner Junge, der für seine gelungenen Basteleien oder seine besonderen Fingerfertigkeiten schon früh Aufmerksamkeit bekommt und sich dadurch angespornt sieht, dem Bild eines Bastlers oder Tüftlers zu entsprechen, der wenig Kontakt zur Umwelt, sprich zur Gesamtorganisation oder zur Abteilung hat. Wie bekannt, lassen sich auch solche Personen in Organisationen antreffen, häufig jedoch in sehr isolierten oder untergeordneten Positionen.

Alle Menschen mit dieser Struktur haben wenig bewußte Empfindungen für das, was ihnen wesensgemäß ist, d.h. für das, was sie authentisch wünschen und wollen, und für das, was für sie eigentlich befriedigend wäre. Deshalb brauchen sie viel und kontinuierliche (Ersatz-)Bestätigung für die Anstrengung, mit der sie ihren eigenen idealisierten Ansprüchen und den phantasierten Ansprüchen der anderen gerecht zu werden versuchen. Zu Problemen kommt es spätestens dann, wenn die Leistung einer solchen Person nicht so gesehen und gewürdigt wird, wie sie es erwartet hat (z.B. durch den nächsten Karriereschritt). Sie kann sich dann leicht betrogen fühlen und/oder kommt mit ihrer „inneren Leere" in Kontakt, die aus der mangelnden Bewußtheit für die eigene Identität resultiert. In der Folge kann es zu Inaktivität und Rückzug oder einer „depressiven Verstimmtheit" kommen. Eine andere Möglichkeit, mit der Enttäuschung umzugehen, besteht für manche jedoch auch darin, die Organisation möglichst schnell zu verlassen und in anderen Firmen neue Herausforderungen zu suchen; eine weitere darin, Kollegen in ihrer Wut herabzusetzen oder innerlich zu kündigen. In jedem Falle beinhaltet die offenkundige Nichtanerkennung ihrer Leistungen oder die öffentliche Konfrontation mit Fehlern, die sie gemacht haben, eine schwere Erschütterung ihres Grundgefühls, das in der Regel auf einem offenen oder heimlichen „Ich bin besser als ihr" beruht.

Eine weitere Gefährdung dieser Personen stellt der Alkohol dar, der durch das ständige Laufen auf Hochtouren als „zur Entspannung notwendig" erlebt wird. Diese Illusion wird durch viele soziale Ereignisse im Zusammenhang mit Organisationen, wie z.B. Geschäftsessen, oft sehr verstärkt. So wird die Entfremdung vom eigenem Selbst nur selten gespürt und damit die Leistungsbereitschaft aufrechterhalten.

Bedürfnis nach Selbständigkeit

Eine weitere Kategorie kindlicher Erfahrungen betrifft *das Bedürfnis, selbständig zu sein.* Sowohl Überbehütung wie auch stark einschränkende Verbote können bewirken, daß sich ein Kind nicht altersangemessen ausprobieren und damit Vertrauen in seine eigenen Fähigkeiten gewinnen kann. Es wird daher immer wieder andere suchen, die es „an die Hand nehmen" und ihm sagen, was es darf oder nicht darf. Außerdem wird es immer wieder überprüfen, ob es mit dem, was es denkt und will, „richtigliegt". Dieses Kind darf weder selbständig noch *erwachsen werden.*

Als Erwachsener wird eine solche Person zuverlässig Anweisungen ausführen und in großem Umfang auch verläßlich sein. Probleme wird sie eher im Bereich von Eigenständigkeit haben, z.B. selber zu denken, eigenständig Entscheidungen zu treffen und unabhängig von Weisungen zu handeln. Anderen Menschen begegnet sie häufig aus einer unterwürfigen Haltung (-/+), beginnt Transaktionen aus dem Kind-Ich und wählt in Streßsituationen eher die Spielposition des Opfers.

Bedürfnis nach Initiativkraft

Auch das *Bedürfnis, die Initiative zu übernehmen,* kann in mehrfacher Weise bereits in früher Zeit eingeschränkt werden. Sind die Eltern oder sonstige wichtige Bezugspersonen ängstlich im Durchsetzen eigener Belange (= Modellwirkung) oder reagieren sie mit starker Angst, wenn das Kind den nächsten Entwicklungsschritt tut und Neues ausprobieren will, vermittelt sich dem Kind deutlich, daß alles voller Gefahr ist. Durch gängige Aussprüche wie z.B.: „Das Leben ist eine Katastrophe" oder: „Die Welt ist voller Gefahren" unterstützt und „züchtet" das nicht nur übergroße Vorsicht und Ängstlichkeit, sondern bremst auch alle Initiativkraft.

Als erwachsene Person wird sich dieses Kind wahrscheinlich ebenfalls ängstlich und vorsichtig gebärden, vielleicht aber auch – in trotzig-rebellischer Verkehrung und Mißachtung dieser Angst – zu waghalsigen und riskanten Unternehmungen neigen, deren Ergebnis die ursprüngliche Einschärfung vermutlich bestätigt. Wahrscheinlich wird diese Person nur wenig Initiative zeigen und sich eher an jemand anlehnen, der für sie entscheidet und die Verantwortung übernimmt. Denn „die anderen sind stärker als sie".

Um Eigenständigkeit und ihre Einschränkungen geht es auch bei dem *Bedürfnis, eigene Gedanken und Gefühle zu haben.* Viele Kinder werden z.B. häufig dadurch entmutigt, daß die Eltern „besser zu wissen " meinen, was in den Kindern vorgeht, als diese selbst. Die Äußerung: „Du bist nicht wütend, sondern müde" sagt dem Kind, wenn es beispielsweise wütend ist, daß seine Gefühle falsch seien. Dasselbe vermitteln Aussprüche wie: „Wer wird denn gleich weinen" oder ein hart-ironisches: „Da gibt es ja wohl keinen Grund zur Angst." Auch sie vermitteln dem Kind, daß es nicht in der Lage ist, die „richtigen" Gefühle zu fühlen, bzw. besser daran tut, sie nicht auszudrücken, um sich nicht zu blamieren.

Bedürfnis nach eigenständigem Fühlen

Aus solchen Kindheitserfahrungen resultieren *erwachsene Menschen*, deren *Gefühle blockiert* und damit *nicht mehr richtungsweisend* sind. Eine Führungskraft, die z.B. ihre Angst nicht zuläßt, verhindert wichtige Signale, die sie für ihre Entscheidungen nutzen könnte. Zum Schutz vor der eigenen Angst wird sie andere statt dessen besonders leicht aus der Verfolgerrolle heraus kritisieren. Eine andere Reaktion auf das Verbot „zu fühlen" besteht in der Entwicklung aller Arten von Racket-Gefühlen. Welche Komplikationen das mit sich bringen kann, wurde bereits in Kap. 4 dargestellt.

Analog dem mißlichen Umgang mit eigenen Gefühlen erleben Kinder ebenso häufig – manchmal sogar gleichzeitig – eine Einschränkung ihres *Bedürfnisses, eigenständig zu denken.* Wenn Kinder in ihrem Denken blamiert und ausgelacht werden oder wenn das, was die Eltern denken, immer richtig und das, was die Kinder denken, immer falsch ist, lernen diese Kinder, ihrem eigenen Denken nicht zu trauen oder aber eigenes Denken nicht zu äußern.

Bedürfnis nach eigenständigem Denken

Menschen, die als Kinder in ihrem Denken entmutigt wurden, mißtrauen auch als Erwachsene den Ergebnissen ihres eigenen Denkens. Sie überprüfen es daher immer und immer wieder, stellen es in Frage oder bewerten die Denkergebnisse anderer grundsätzlich höher und richtiger als die eigenen: „Ihr seid besser als ich." Eine solche Haltung kann im betrieblichen Alltag wie ein Vorteil *wirken*, wenn es z.B. um Genauigkeit im Sinne des Einhaltens von Vorschriften oder darum geht, bestimmte instrumentelle Anweisungen besonders sorgfältig und präzise auszuführen. In Wirklichkeit ist diese Haltung jedoch hinderlich, weil sie Selbständigkeit und autonome Entscheidungen und Handlungen einschränkt. Das gilt um so mehr, wenn diese Einschränkung nicht allein „auftritt", sondern mit Einschränkungen eigenständiger Gefühle und eigener Selbständigkeit oder mit übergroßer Vorsicht gekoppelt ist. Dann braucht die Person sehr viel Kraft, soziale Beziehungen nicht immer wieder aus der Opferposition zu gestalten.

Bedürfnis nach Erfolg

Ein ähnliches Erscheinungsbild zeigen Menschen, die als Kind die Erfahrung gemacht haben, daß das *Bedürfnis nach Erfolg* nicht akzeptiert wurde. Z.B. durch Aussprüche wie: „Dazu bist du noch zu dumm" oder: „So geht es nicht", „Das kannst du nicht" werden Kinder entmutigt, etwas auszuprobieren und sich auf diese Weise ihrer Fähigkeiten bewußt zu werden. Manche Eltern entmutigen ihre Kinder auch, indem sie sich permanent überlegen zeigen und den Erfolg der Kinder nicht anerkennen.

Als Erwachsene strengen sich Menschen mit diesen Erfahrungen häufig sehr an, ein bestimmtes Ziel zu erreichen, wobei es kurz davor zu einem Mißerfolg kommt. Die Aufgabe muß dann zur Erledigung an den Vorgesetzten zurückgegeben werden, die sehr gut angelaufene Produktion kann plötzlich im Hinblick auf die Stückzahlen nicht mehr eingehalten werden, oder ein Mitarbeiter, der kurz vor einer Beförderung steht, wird nachlässig und ungenau. Die „Technik", mit der ein Erfolg unterlaufen wird, besteht häufig darin, daß eine Person Angst entwickelt, wenn die Dinge „gut laufen", Angst, daß etwas dazwischenkommt, was den Erfolg gefährden könnte. Das „Resultat" besteht dann in einer „Lähmung" oder in einer akribischen Kontrolle, durch die die Person sich in Einzelheiten verliert oder durch die sie Mitarbeiter und Kollegen so verärgert, daß es schließlich zum Mißerfolg kommt.

Charakteristisch ist die hohe Leistungsbereitschaft, aufgrund derer diesen Personen oft wichtige Aufgaben übertragen werden, die dann aber nicht den Erfolg oder die Befriedigung nach sich ziehen, die der Anstrengung angemessen wären. Dies bedeutet nicht, daß die Projekte in jedem Fall erfolglos sind, sondern daß eine solche Person sich häufig mehr anstrengt, als nötig wäre, oder andere braucht, die ihre Aufgabe zu einem guten Ende führen.

Grundregel

Insgesamt läßt sich feststellen, daß *alle hier behandelten Einstellungen bzw. die ihnen zugrundeliegenden Einschränkungen* zu den bereits erwähnten rigiden Anteilen unseres Bezugsrahmens gehören, auf die Menschen besonders in Streßsituationen zurückgreifen, um altgewohnte, scheinbar sicherheitsspendende Anpassungsmuster für den betrieblichen oder privaten Alltag zu aktivieren. Dabei können wir von folgender Grundregel ausgehen: *Je höher*

der Streß, desto stärker die Bereitschaft, alte, einschränkende Verhaltens-
muster wiederzubeleben, und desto geringer die Bereitschaft, die autonomen
Teile des Bezugsrahmens zur Aufgaben- und Problembewältigung einzuset-
zen. Hierzu ist es fast völlig gleichgültig, ob der Streß durch einen unangemessenen Führungsstil, mangelnde Zuwendung, ein überhöhtes Arbeitsaufkom-
men oder durch den drohenden Personalabbau induziert wird.

Im Falle von Streß[*] versuchen alle Menschen als erste, sozusagen vorbewußte
Reaktion, den Streß mit jenen Coping-Strategien (*Lazarus* 1966) – in der
Transaktionsanalyse *frühe Überlebensstrategien* genannt – zu bewältigen, die
sie als Kinder für ihr damaliges physisches und psychisches Überleben („über
die Runden kommen") in der Ursprungsfamilie als hilfreich gelernt haben.
Wieweit sie darüber hinaus willens, fähig und in der Lage sind, trotz Streß ihr
Erwachsenen-Ich „einzuschalten" und ihre autonomen Persönlichkeitsanteile
zu mobilisieren, wird – wie im Kapitel über Gefühle (S. 117ff) angemerkt –
vom Umfang neu verfügbarer Alternativen abhängen.

**Frühe Überlebens-
strategien**

7.2 Frühe Einflüsse:
Auswirkungen und Umgang im betrieblichen Alltag

Unserer Meinung nach gibt es keinen noch so gut durchdachten oder trainier-
ten Führungsstil, keine noch so gekonnte Beratung oder auch kein Coaching,
die bewirken könnten, daß wir die alten, einschränkenden Muster völlig aufgeben. Nur, sie in ihrer Wirkung zu minimieren, indem wir sie beispielsweise
durch gut trainierte Alternativen ersetzen (s. S. 142), das können wir erlernen!
Genau das ist auch das Ziel der entsprechenden Bemühungen in Beratung,
Training und Supervision.

**Ziel in Beratung,
Training und
Supervision**

Frau F., eine 38jährige Marketingleiterin mit vier Mitarbeiterinnen, spürt Aggres-
sionen der Mitarbeiterinnen gegen sich bis hin zur offenen Feindschaft. Ihre guten
Ideen werden dementsprechend nur langsam und zögerlich umgesetzt. Sie will
viele innovative Impulse geben, hat aber den Eindruck, auf taube Ohren zu stoßen. Dieses Erleben steht im Gegensatz zum Anspruch an ihr eigenes Führungsverhalten, demnach sie kooperativ und unter Einbeziehung des Teams führen will.
Unter dieser Situation leidet sie u.a. auch deswegen, weil sie entsprechend ihrer
frühen Entscheidung, *„ nicht sie selbst sein zu dürfen"*, in besonderer Weise erfolgreich sein *muß*.

---

[*] Wobei hier einige Autoren nur von dem sog. „Distreß", der Angst auslöst, sprechen und
nicht vom sog. „Eustreß", der kurzfristig die Arbeitsleistung erhöht.

In einer Coaching-Sitzung beschreibt sie eine Abteilungsbesprechung, in der es darum geht, daß sie – Frau F. – die Werbeagentur wechseln will, weil diese zu konservativ sei. Die Mitarbeiterinnen betonen demgegenüber, wie zuverlässig die bisherige Agentur arbeite und wie kooperativ sie immer mit Änderungswünschen und Ideen der Abteilung umgegangen sei.

Frau F.	Beraterin (B)	Bemerkungen
Mit denen (den Mitarbeiterinnen) ist nichts los, die kleben am Alten, damit kann man nicht weiterkommen.		
	Sie fühlen sich völlig gebremst und haben den Eindruck, daß sich kein Mensch für Ihre Ideen interessiert.	B. spiegelt die Befindlichkeit von Frau F. wider.
Es ist alles so zäh!		
	Wie haben Sie denn versucht, dieses „Dickicht" zu durchdringen?	B. versucht, durch eine bewußte Kreuzung der Transaktionsfolge Frau F. ins aktive Denken zurückzubringen.
Ich habe versucht, sie für die neue Agentur zu gewinnen.		
	Wie denn?	B. fragt nach Konkretisierung.
Na, zuerst habe ich ihnen die Vorzüge mitgeteilt, dann bin ich sauer geworden. Ich habe ihnen gesagt, daß sie mit den langweiligen Spots von X niemanden begeistern, und ob sie genauso von gestern seien wie X.		
	Sie platzen, wenn die anderen nicht sehen, daß Ihre Ideen erfolgversprechend sind und daß Sie mit der neuen Agentur wirklich einen „Knüller" landen könnten.	Gefühle werden widergespiegelt, ohne sie durch Benennung von seiten der B. „festzulegen".

Frau F.	Beraterin (B)	Bemerkungen
Richtig, es zerreißt mich, ich weiß zumeist gut, wo's langgeht, und da ist nur Widerstand.		
	Was zerreißt Sie warum?	Bedeutung der Befindlichkeit wird exploriert.
Daß ich meinen Weg nicht gehen kann, oder nur durch Anordnung, na und dann gibt's Widerstand.		
	Den Weg des Erfolgs, den Weg der brillanten Ideen?	B. bietet Spezifizierung der Bedeutung an.
Genau!	Ist der so wichtig für Sie?	
Klar, sonst wär ich in meinem Job ja wohl fehl am Platze.		
	Das ist richtig. Ihr Job verlangt neue und gute Ideen. Und auf dem Weg der Umsetzung sind Sie ganz verbissen und sehr schnell ärgerlich, wenn andere Menschen andere Ideen und Argumente haben, obwohl Sie einen ganz anderen Führungsanspruch haben.	(Dieser Führungsanspruch wurde in den letzten Sitzungen häufig thematisiert.)
Deshalb bin ich ja so sauer, die (Mitarbeiterinnen) machen es unheimlich schwer, kooperativ zu führen!		
	So daß Sie sich zweifach gehindert fühlen: einmal im Bedürfnis, Ihre inhaltlichen Ideen umzusetzen, und zum zweiten in Ihrem Führungsanspruch.	B. formuliert die in den Aussagen von Frau F. aufkommende Kernaussage und bietet sie zur Überprüfung an.
Ja, so'n Mist.		
	Was bedeutet denn das für Sie, wenn Sie Ihren eigenen Ansprüchen nicht gerecht werden?	B. fragt nach der internen Bedeutung, die Frau F. dem Geschehen beimißt.
Das ist schlimm.		

Frau F.	Beraterin (B)	Bemerkungen
	Was meint das: „schlimm"?	B. bittet um Konkretisierung.
Ich fühle mich sehr, sehr angespannt.		
	Und die Entlastung kommt dann in dem Ärger?	B. bietet auflösende Erkenntnis an.
Ja, das stimmt, und anschließend möchte ich den Ärger ungeschehen machen.		
	Das paßt auch nicht in das Bild, was Sie von sich haben. Meine Phantasie ist, daß Sie von sich ein Bild haben, in dem Sie **immer** brillante Ideen entwickeln und umsetzen **müssen**. Und gleichzeitig eine optimale Führungskraft sein **müssen**, die **jederzeit** gelassen, partnerschaftlich und durchsetzungsfähig gleichermaßen ist.	
Nachdenklich und leicht errötend: „Sie haben mich erwischt!"		Häufig fühlen sich Menschen mit dieser Persönlichkeitsstruktur beschämt, wenn man ihnen ihr eigenes Verhalten widerspiegelt. Sie haben dann den Eindruck, ihrem Gegenüber nicht zu genügen und sich für ihr „So sein" schämen zu müssen.
	Es war nicht meine Absicht, Sie zu „erwischen". Ich will Sie nicht beschämen mit meiner Phantasie, sondern ich möchte Ihnen helfen zu sehen, mit welchen inneren Anforderungen Sie sich selbst manchmal oder häufiger unter Druck setzen und wie die verschiedenen Ansprüche in Ihnen „streiten".	Mit dieser Information auf der ER-ER-Ebene versucht B., das Hin- und Hergerissensein von Frau F., ob sie genügt oder nicht genügt, auf das Kommunikationsproblem zurückzuführen. Damit kann sie das ER mit Energie besetzen. Ihre Energie wird dann nicht von der im Kind-Ich gespeicherten Scham gebunden.

Frau F.	Beraterin (B)	Bemerkungen
„Gut, danke." Kann man denn daran was ändern?		
	Wollen Sie herausfinden, was im einzelnen in Ihnen vorgeht und wie Sie den Druck mildern können?	Vertragsarbeit

Frau F. stimmt diesem Ziel zu und hat damit einen Arbeitsvertrag. Ich erkläre ihr im Anschluß daran das Modell der Ich-Zustände und erarbeite auf diese Weise ihren inneren Dialog zu den Themen „Ideenverfolgung" und „Mitarbeiterführung". Am Ende erlaubt sie sich, beim Umsetzen ihrer Ideen und beim Führen ihrer Mitarbeiter neue Erfahrungen machen zu dürfen, die sie anschließend reflektiert, anstatt jede Schwierigkeit im Umgang mit den Mitarbeiterinnen immer mit eigenem Versagen zu verknüpfen. – Als Hausaufgabe will sie bis zur nächsten Coachingstunde zwei Situationen „mitbringen", in denen sie die „Spannung", die im vorangegangenen Dialog beschrieben wurde, erlebt hat. Und gleichzeitig wird sie berichten, welche „Lernüberlegungen" sie dazu angestellt hat, anstatt mit Versagensgefühlen zu kämpfen.

Wie bereits in den einleitenden Gedanken zu diesem Kapitel ausgedrückt, kann die Thematik der früh in der Biographie erworbenen Einstellungen und Haltungen genutzt werden, um Menschen die eigenen „Ösen" bewußt zu machen, durch die sie sich mit anderen „verhaken". Die Führungskraft Frau F. lernt hier z.B., wie sie durch eigene innere Ansprüche andere Personen zum Widerstand einlädt und wie sie mit sich umgehen kann, um dies zukünftig zu vermeiden. Eine andere Vorgehensweise hätte darin bestehen können, die Transaktionen zwischen den Beteiligten aufzuzeigen und Frau F. zu lehren, weniger kritisches Eltern-Ich zu nutzen und statt dessen eine Kommunikation von Erwachsenen-Ich zu Erwachsenen-Ich im Sinne von Konfliktmanagement zu üben. Die Beraterin entschied sich jedoch für diese Vorgehensweise, da das *Sei nicht du selbst*-Thema Frau F. in vielen Lebenssituationen beeinträchtigt und nicht „nur" ein Kommunikationsproblem darstellt.

Die Thematik der frühen Entscheidungen kann auch genutzt werden, um angemessenes Führungsverhalten und einen integrativen Führungsstil zu entwickeln und zu trainieren. Anlaß für das nachfolgende Beispiel ist ein vom Teilnehmer eines Führungskräftetrainings eingebrachter Konflikt mit einer Mitarbeiterin, hinter deren Verhalten eine *Denke-nicht*-Haltung zu vermuten war.

Rollenspiel Nach einem Impulsreferat zum Thema „einschränkende Haltungen" erarbeiten die Teilnehmer ein vorgegebenes Rollenspiel. Dazu bekommen sie eine Karte, auf der die einschränkende Haltung einer bestimmten Person beschrieben ist:

ANWEISUNG ZUM ROLLENSPIEL

> **PROBLEMBEREICH:**
> **Sich selbst eigenständiges Denken erlauben oder verbieten**

Sie fragen viel und versuchen herauszubekommen, was der andere von Ihnen erwartet.

Bezogen auf das aktuelle Problem erwarten Sie Anweisungen und treffen auf keinen Fall eine Entscheidung.

Sie sind hilflos.

© Ute und Heinrich Hagehülsmann

Abb. 58: Rollenspielanweisung zum Problembereich „Denken"

Bei den Akteuren soll eine Person eine Führungskraft, die „andere" ein Mitarbeiter sein. Die Führungskraft verhält sich „natürlich", der Mitarbeiter entsprechend der Karte. Beide sollen miteinander ein Problem lösen, welches zuvor gemeinsam definiert wird. Die entsprechende Szene wird dann im Plenum gespielt. Die Zuschauer haben zunächst großes Interesse daran, herauszufinden, wer von den beiden die Person mit der „Einschränkung" ist und um welche Einschränkung es sich handelt. Sie interessieren sich ebenso dafür, welchen Verlauf das Rollenspiel nimmt und welche Problemlösung angestrebt oder sogar erreicht wird.

 Im konkreten Beispiel dreht sich das Rollenspiel um einen Mitarbeiter, der selbständig einen Fragebogen darüber erarbeiten soll, welche Hilfen andere Mitarbeiter bei der Einführung eines neuen EDV-Systems erwarten. Entsprechend seiner Spielanweisung kann er es nicht allein, will aber alles richtig machen, obwohl er so etwas noch nie gemacht hat und sich überhaupt nicht vorstellen kann, was die Kollegen wollen. Relativ schnell finden die Zuschauer heraus, daß der „Mitarbeiter" zögert, selbständig zu denken.

Im nächsten Schritt gibt die Gruppe Informationen darüber, welche Kommunikationsanteile der „Führungskraft" hilfreich im Hinblick darauf waren, den Mitarbeiter zum selbständigen Denken und Handeln einzuladen. – Diese einseitig auf die positiven Anteile zielende Fragestellung nutzen wir häufig, um allen Beteiligten deutlich zu machen, daß sie alle bereits gute, förderliche Ideen und Strategien für den Umgang mit gegebenen Problemen besitzen und es im Training vorrangig darum geht, diese einmal festzuhalten und anzuerkennen. Erst danach ist es angesagt, die Ressourcen des einzelnen oder einer Gruppe abzurunden, anzureichern oder auch zu verändern. – Schauen wir noch ein wenig ins Rollenspiel, genauer auf die *sehr relevante Kommentierung der Gruppe*:

Mitarbeiter im Rollenspiel	Vorgesetzter im Rollenspiel	Rückmeldungen der Gruppe im Anschluß an das Rollenspiel
Das kann ich nicht allein.		
	Dann sagen Sie mir, an welchen Punkten Sie meine Hilfe brauchen.	Das war gut, da hat er ihn selber was machen lassen.
(Flehend:) *Sie müssen mir genau sagen, welche Punkte ich da erfassen muß, denn ich will ja auch alles richtig machen.*		
	O.k., dann mache ich einen Entwurf, den Sie dann überarbeiten können.	Damit hat der Vorgesetzte die Rückdelegation angenommen, das war voll der Retter.

Mitarbeiter im Rollenspiel	Vorgesetzter im Rollenspiel	Rückmeldungen der Gruppe im Anschluß an das Rollenspiel
Beauftragen Sie doch Frau X. Ich habe im Augenblick andere Prioritäten. Weil ich ja so was noch nie gemacht habe, würde mich das auch viel zuviel Zeit kosten. Und Sie haben doch selbst gesagt, daß ich Prioritäten setzen soll.		
	Das ist richtig. Es war jedoch nicht zu vermeiden, daß das Projekt „EDV" vorgezogen wurde. Bitte ordnen Sie daher Ihre Prioritäten nochmals um, und besprechen Sie sie dann erneut mit mir. Ich will die Aufgaben nicht an Frau X weitergeben, da ich möchte, daß Sie so etwas lernen.	Der hat klar gesagt „was Sache" ist. Er hat's doch nicht zurückgenommen, aber gleichzeitig auch Hilfe angeboten. Er hat der Sache Rechnung getragen und den Mitarbeiter nicht entmutigt. Und er hat ihm gesagt, was er in Zukunft von ihm will, nämlich daß er's selber kann. Aber der Mitarbeiter könnte ja wirklich überlastet sein und kriegt Angst. Darf er das dann gar nicht sagen?

Insgesamt sehen die Teilnehmer in einer solchen Sitzung, wie sich biographisch bedingte Einschränkungen äußern, wann und wo sich eine Person in Spiele einläßt, wie und wo sie ihr Erwachsenen-Ich benutzt und ob sie ebenso Beachtung für das Gegenüber in die Interaktion mit einfließen läßt wie auch eine Bewußtheit für Gefühle.

Bei einer anderen Anwendungsweise desselben Rollenspiels gibt der Spieler, der die einschränkende Haltung dargestellt hat, selber Rückmeldung darüber, durch welche Reaktion seines Vorgesetzten er sich eher in der Rolle bestätigt gefühlt hat und durch welche Reaktionen er eingeladen worden ist, seine Haltung zu überwinden. Der Vorgesetzte berichtet seine inneren Erfahrungen während der Interaktion mit dem Mitarbeiter. Auch dazu ein Beispiel:

Herr Müller als Mitarbeiter im Rollenspiel	Herr Braun als Vorgesetzter im Rollenspiel	Trainer
Sie müssen mir genau sagen, welche Daten ich da erfassen muß, denn ich will ja alles richtig machen.	Ja, dann mache ich einen Entwurf, den Sie dann überarbeiten können.	Lassen Sie uns mal einen Moment innehalten. Herr Müller, wie ging es Ihnen mit dieser Antwort?
Ich bin erleichtert. „Gott sei Dank, er macht es."		Und wie wäre dann Ihre nächste Reaktion?
Ich würde an meinen Schreibtisch zurückgehen, aber hätte auch irgendwie ein ungutes Gefühl.		Eine Empfindung von ...?
Na ja, die anderen haben eben den Durchblick.		Sie könnten sich bestätigen, daß die anderen „besser denken"?
Na ja, „besser denken" würde ich nicht sagen, aber es ist so eine dumpfe Empfindung, die in diese Richtung geht.		
		Und Sie, Herr Braun, wie geht es Ihnen nach der Äußerung?
	Na ja, irgendwie gut.	Gut?
	Ich fühle mich als Vorgesetzter so „richtig".	
		Was bedeutet das für Sie?
	Na ja, man muß doch Vorbild sein.	Und was heißt für Sie „Vorbild sein"?
	Zeigen, wie's geht.	Das klingt so, als ob Sie „zeigen, wie's geht" und „etwas für den anderen tun" vermischen.
	Mh, das stimmt!	Kennen Sie das außer im Rollenspiel auch aus Ihrem Berufsleben?
	Stimmt auch, das geht mir oft so. Deshalb habe ich immer ganz viel zu tun.	Erinnern Sie sich noch an die „Retterrolle"?

Herr Müller als Mitarbeiter im Rollenspiel	Herr Braun als Vorgesetzter im Rollenspiel	Trainer
	Ja, die kam mir schon in der Theorie vorhin sehr bekannt vor.	Was würde Ihnen helfen, diese Rollen aufzugeben und Ihr Verhalten zu verändern?
	Ich glaube, ich würde gern mal hören, wie es anderen Führungskräften in solch einer Rolle geht.	

Im Anschluß daran kommt es in der Gruppe zu einer langen Diskussion darüber, wie Führungskräfte sich in ihrer Rolle verstehen. Auch andere Führungskräfte sehen ihre Aufgabe darin, „die Dinge zu tun" (zumal, wenn sie kein anderer tut). Verantwortung bedeutet häufig, „mehr zu tun" als die Mitarbeiter, und weniger, etwas zu delegieren. Denn Führungskräfte, vor allem im Produktionsbereich, haben häufig eine berufliche Sozialisation erfahren, in der die Ausführung von Tätigkeiten eher als Verantwortung und Tüchtigkeit verstanden wurden als das Anleiten anderer zu Leistung und Übernahme von Verantwortung (siehe auch Kap. 9, S. 253ff). Sollen sie dann eines Tages andere anleiten und entwickeln, so müssen sie in ihren „inneren Dialogen" erst Aussagen ihres „kritischen (Berufs-)Eltern-Ichs" überwinden, demzufolge Gespräche mit Mitarbeitern, die diesen helfen, selbständig zu werden und eigene Verantwortung zu übernehmen, als unsinnig und eher hinderlich beim Erledigen der tagtäglichen Arbeit angesehen werden. D.h., sie müssen sich mit genau der inneren Einstellung auseinandersetzen, die sich in der häufigen Besetzung der Retter-, oder wenn diese zu anstrengend wird, der Verfolgerrolle widerspiegelt.

Auf Rückfrage zeigt sich, daß die im Beispiel gezeigte Einstellung häufig zusätzlich dadurch „untermauert" und im inneren Verständnis unterstützt wird, daß diese Führungskräfte als frühe Haltung gelernt haben, zuviel Verantwortung zu übernehmen (*Sei kein Kind*). D.h., die persönliche Struktur bzw. gelernte Dispositionen prädestinieren sie dazu, Rollen der Überverantwortung zu übernehmen. Der häufig eintretende „Erfolg" auf dem Weg zu der Führungsposition, in der die Person jetzt ist, sowie das „Versagen" der anderen Menschen, die die komplementäre Rolle der Unterverantwortung bzw. des Opfers übernommen haben , hat sowohl die Berechtigung der früh erworbenen Haltung als auch das häufige Rollenverhalten immer wieder bestätigt. Daß nunmehr „alles anders sein soll", daß Erfolg z.B. darin besteht, daß ein vorher passiver Mitarbeiter aktiver geworden ist oder das Klima in der Abteilung sich verbessert hat, weil die Führungskraft jetzt Eigenständigkeit lobt, wo sie vorher Verantwortung übernommen hat, bedeutet für viele Führungskräfte eine „gewaltige" Auseinandersetzung mit ihren frühen (Skript-)Entscheidungen und den daraus resultierenden Denk-, Fühl- und Verhaltensmustern. Wenn das dann noch in einer betrieblichen Atmosphäre zu geschehen hat, wo die Führungskraft für ihre neu entwickelten Haltungen von wiederum ihrem Vorgesetzten nur wenig oder gar keine Achtung findet, ist das doppelt schwer.

Insofern wird einmal mehr deutlich, Führungskraft – oder allgemeiner ausgedrückt: auf dem Weg zur *integrierten Persönlichkeit* – zu sein, bedeutet auch, sich in hohem Maße mit der eigenen Identität *und* neuen Aufgabenstellungen auseinanderzusetzen und dabei den Selbstwert aus anderen Quellen zu beziehen, als man es bislang gewohnt war.

7.3 Gebote und Verbote in Kindheit und Jugend

Kinder machen nicht nur die Erfahrungen, die im vorangegangenen Kapitel beschrieben wurden und die zu den dort erörterten spezifischen Einstellungen und Haltungen führen, sondern sie erleben auch, wie ihre Eltern das Leben bewältigen. D.h., sie lernen am Modell. Darüber hinaus geben Eltern ihren Kindern häufig Anweisungen (z.B.: „Beeil dich") oder gute Ratschläge (z.B.: „Wenn man sich bemüht, schafft man's"), zumeist in der guten Absicht, ihnen auf diese Weise für den Augenblick, aber auch für das spätere Leben hilfreich und förderlich zu sein. In ihrer Liebe zu den Eltern und in ihrem Bemühen um Zuwendung versuchen die Kinder, diesen Anweisungen zu folgen.

Bekannt sind besonders sechs Aufforderungen, die scheinbar alle, zumindest aber viele Eltern überall auf der Welt ihren Kindern vermitteln (*Kahler* 1977): **Antreiber**

> ➤ Sei perfekt und makellos! ➤ Mach's mir recht!
> ➤ Streng dich an! ➤ *Sei stark!*
> ➤ Beeil dich! ➤ *Sei vorsichtig!*

Da diese Aufforderungen zu „neuem" Verhalten bewegen sollen, nennt man sie in der Sprache der Transaktionsanalyse auch „Antreiber".

Zur Illustration kann man ihre Vermittlung so darstellen:

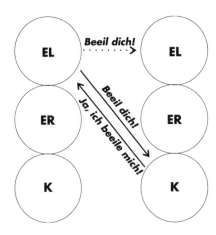

Abb. 59: Übermittlung elterlicher „Antreiber"

Die als Antreiber bezeichneten elterlichen Botschaften werden einerseits im Eltern-Ich des Kindes gespeichert und wirken daher lebenslang als Verhaltensnorm. Ein Teil der Botschaft wird jedoch auch im Kind-Ich der Person gespeichert, von wo auch die Antwort erfolgt: „Ja, ich beeile mich." Gleichzeitig funktioniert die Speicherung der Aufforderung sowie der Antwort auf sie wie eine gedankliche und empfindungsmäßige Bahnung, ein innerer Dialog, der in „geeigneten" Lebensmomenten abrufbereit ist. D.h., wir beeilen uns dann wie von selbst.

In seiner häufig noch unlogischen Verallgemeinerungs- und Absolutheitstendenz formuliert das Kind die Aufforderungen der Eltern zu einer Bedingung um, an die sein Wertgefühl in bezug auf sich selbst, die anderen und die Welt geknüpft ist. D.h., es hört und verinnerlicht: *Ich bin nur OK, wenn ich mich (immer)* ... z.B. beeile. Entsprechend erlebt sich die Person später als wertlos, wenn das Beeilen „nicht klappt" oder nicht zum erwünschten Erfolg führt.

Im einzelnen beinhalten die genannten Antreiber folgende Botschaften:

Ich bin nur in Ordnung, wenn ich perfekt bin.

Unter dem Antrieb dieses Satzes strebt man nach Perfektion und erwartet auch von anderen, daß sie perfekt sind. Personen, die diesem Satz folgen, gehen gern ins Detail, sagen mehr, als gefragt ist, und erklären „haarklein" und genau.

Wir finden dieses Verhalten oft in Kombination mit den einschränkenden Themen: *„Sei kein Kind"* und: *„Sei nicht du selbst."*

Ich bin nur in Ordnung, wenn ich mich anstrenge.

Entsprechend diesem Satz gibt sich eine Person sehr viel Mühe und setzt sehr viel Energie ein. Etwas, was ihr leicht von der Hand geht, ist ihr eher verdächtig und wird „irgendwie" für falsch gehalten. Sie denkt angestrengt nach, gibt auf Fragen keine direkte Antwort, „versteht oder weiß oft nicht". Sie sagt immer wieder, daß es für sie zu schwierig ist, obwohl sie sich ja sehr anstrengt. Auch der Interaktionspartner muß sich dann anstrengen und wird manchmal ungeduldig, was häufig von der agierenden Person als Signal gedeutet wird, sich noch mehr anstrengen zu müssen.

In Kombination mit frühen Erfahrungen zu den Themen: *„Nicht erwachsen werden"*, *„Nicht selbständig denken oder fühlen dürfen"*, *„Keinen Erfolg haben"* oder *„Nicht dazugehören"* beeinflußt dieser Antreiber den privaten wie betrieblichen Alltag.

Ich bin nur in Ordnung, wenn ich mich beeile.

Eine solche Person versucht, alles sofort zu tun, möglichst viele Dinge gleichzeitig. Sie sieht häufig auf die Uhr und trommelt mit den Fingern.

Verhalten, welches von diesem Antreiber gesteuert ist, zeigt sich häufig in Zusammenhang mit den Themen: *„Es nicht schaffen"* und *„Kein Kind sein"*.

Ich bin nur in Ordnung, wenn ich es anderen recht mache (bzw. anderen etwas zuliebe tue).

Wenn man diesem Satz folgt, fühlt man sich zuerst dafür verantwortlich, daß andere sich wohl fühlen. Dabei phantasiert man jedoch häufig nur, was der andere eigentlich wünscht. Man überlegt angestrengt, „was der andere denkt, daß man denken soll". Man bejaht den anderen und nickt zustimmend, bevor der andere seinen Satz beendet hat. Eine solche Person zeigt sich als „guter Kerl" oder das „nette Mädchen", manchmal auch als „guter Papa" oder „gute Mama".

Zur Anwendung kommt dieses Verhalten bei Personen mit den Themen: *„Nicht erwachsen werden dürfen"*, *„Nicht man selber sein"*, *„Nicht selbständig denken oder fühlen"*, *„Keinen Erfolg haben"* und, vor allem wenn die Haltung nach außen durch ein überfürsorgliches Eltern-Ich bestimmt wird, bei der Thematik: *„Kein Kind sein dürfen."*

Ich bin nur in Ordnung, wenn ich stark bin.

Unter dem Antrieb dieses Satzes ist eine Person zurückhaltend, manchmal sogar stoisch oder recht eintönig und zeigt wenig Emotionen. Gefühle sind für sie gleichbedeutend mit Schwäche. Sie wirkt distanziert und verschlossen. Häufig zeigt sie auch in Haltung und Ausdruck ihres Körpers eine gewisse Steife und „Eckigkeit". In aller Regel pflegt sie hart zu arbeiten.

Die frühe Erfahrung, *„Gefühle nicht zeigen zu dürfen"*, wird durch diesen Antreiber ebenso umgesetzt wie die Erfahrungen, zuviel Verantwortung übernehmen zu müssen (*„Sei kein Kind"*) oder auch *„Nicht dazuzugehören"*.

Ich bin nur in Ordnung, wenn ich vorsichtig bin.[*]

Menschen, die sich in Streßsituationen entsprechend dieser Anweisung verhalten, stellen an sich die Anforderung größter Vorsicht. Sie sichern sich nach allen Seiten ab und prüfen übergenau, bevor sie eine Entscheidung treffen. Das Bedürfnis nach Sicherheit dominiert Gedanken an Veränderung, Innovation oder Langzeitplanungen. Auch ihr Freizeitverhalten ist von der Vorsicht geprägt, auf keinen Fall ein Wagnis einzugehen, sich z.B. nicht zu verletzen. Dabei treten sie häufig auf der Stelle oder kommen mit ihren Entscheidungen zu spät. Das „Makabre" dabei besteht darin, daß die Übervorsicht häufig zu Problemen oder auch körperlichen Verletzungen führt, die die „Notwendigkeit" des Antreibers geradezu bestätigen.

---

[*] Diese Kategorie wurde der Liste der Antreiber von *Mary McClure Goulding* (1979) hinzugefügt.

Durch diesen Antreiber setzen Menschen vor allem jene frühen Erfahrungen „in die Tat" um, die *Initiative* und *Entscheidungsfreude einschränken*.

Unter Streßbedingungen, vor allem aber, wenn die Person ein Unbehagen spürt, welches aus einer der früh gelernten Einschränkungen (z.B.: *Sei kein Kind)* resultiert, kann ein entsprechender innerer Dialog aktiviert werden, der antreibergesteuertes Verhalten bestimmt, um dieses innere Unbehagen oder den äußeren Streß „in den Griff" zu bekommen. Da antreibergesteuertes Verhalten jedoch übertrieben und damit nicht realitätsangemessen ist, kommt es zu einem sich selbst verstärkenden Kreislauf neuer Mißerfolgserlebnisse: So sehr sich eine Person auch bemüht, das subjektiv empfundene „Nicht-OK-Sein" und die damit einhergehenden unangenehmen Gefühle zu bewältigen, sie wird die 150%-Forderung des „nur dann – wenn (immer)" niemals absolut erfüllen können und sich daher am Ende noch stärker unwert fühlen. Und um dieses wiederum zu überwinden, beginnt sie erneut den Kreislauf antreibergesteuerten Verhaltens.

Dabei kann dieser fatale Kreislauf länger andauern oder auch nur in Sekunden ablaufen, weshalb *Taibi Kahler* (1980) diesen Prozeß als Nicht-OK-Miniskript bezeichnete.[*] Dieses Miniskript läßt vier bestimmende Größen erkennen: **Nicht-OK-Miniskript**

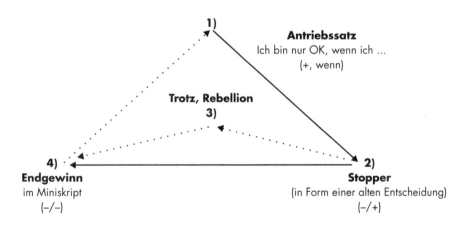

Abb. 60: Nicht-OK-Miniskript (nach *Kahler* 1980)

---

[*] Um es nochmals zu wiederholen: Unter Skript versteht die Transaktionsanalyse die Gesamtheit der Erfahrungen, die die unflexiblen, erstarrten Teile des Bezugsrahmens bilden und im Erwachsenenleben stereotyp wiederholt werden. Da wesentliche Teile dieser Gesamtheit (manchmal sekundenschnell) nacheinander durchlaufen werden können, bezeichnet *Kahler* das als „Miniskript".

1) Antreiber

Der Antreiber, die „nur wenn ..., dann"-Botschaft, wird aktiviert, um ein unangenehmes Gefühl zu überwinden bzw. weil eine Streßsituation es scheinbar „erfordert".

Ein Abteilungsleiter will in seinen Jahresurlaub fahren und möchte einen „leeren Schreibtisch hinterlassen". Diese „selbstgemachte" Drucksituation bewirkt das Einsetzen des Antreibers: „Ich bin nur in Ordnung, wenn ich mich beeile." Er schaut sich einen Aktenvorgang an, legt ihn jedoch, bevor er die Antwort diktiert hat, beiseite, um zwei Telefonate zu erledigen. Dann nimmt er einen anderen Vorgang, als ihm einfällt, welche Anweisungen er noch mit seinem Stellvertreter besprechen muß ... usw.

2) Stopper

Der sog. Stopper entsteht aus der internen Aktivierung einer alten, einschränkenden (Skript-)Entscheidung, wie z.B.: „Sei nicht du selbst", „Werde nicht erwachsen" oder: „Schaff es nicht." Dabei wird der Streß der Aufgabenstellung noch durch den Streß des antreibergesteuerten Verhaltens potenziert und läßt die alten Erfahrungen „hochkochen".

Der Abteilungsleiter bemerkt bald die eigene Ineffektivität, nämlich daß er trotz seines Sich-Beeilens nicht vorwärtskommt. Dabei erlebt er ein starkes Unbehagen, das durch die frühe Erfahrung mitgetragen wird, daß er nur gemocht wird, wenn er ungewöhnlich viel Verantwortung übernimmt. Gleichzeitig fühlt er sich wenig wert und phantasiert, daß seine Kollegen auf dem gleichen hierarchischen Level viel kompetenter seien als er. D.h., er erlebt seine Grundposition: „Ich bin weniger wert als die anderen."

3) Trotz, Rebellion

Nachdem die alte interne Botschaft „bewußt" geworden ist, breitet sich in der Regel die in Punkt vier beschriebene Verzweiflung aus. Manchmal wehrt sich die Person jedoch in einem Akt trotzig-rebellischen Protestes und mobilisiert nochmals alle Kräfte, erneut (antreibergesteuert) weiterzumachen: „Jetzt erst recht."

Kurzfristig versucht der Abteilungsleiter, dieser unangenehmen Empfindung dadurch zu entgehen, daß er auf die mangelnde Zuarbeit seiner Mitarbeiter schimpft und in streng kritisierendem Ton einige Anordnungen für die Zeit seiner Abwesenheit trifft. Dabei zieht er sich trotzig auf eine (+/-)-Grundposition („Ich bin besser als ihr") zurück, die jedoch schnell in Frage gestellt wird, als seine Sekretärin beleidigt schweigt.

4) Endgewinn

Die Verzweiflung stellt die Endauszahlung dar, mit der die einschränkende Botschaft des Stoppers bekräftigt wird, z.B.: „es mal wieder nicht geschafft zu haben" oder: „wieder nicht gut und eigenständig genug gedacht zu haben". – Da dieser Zustand unerträglich ist, steigt die betreffende Person oftmals erneut ein und versucht das Ganze noch einmal, nur ... „perfekter", „mit mehr Mühe", „vorsichtiger" etc.

Der Abteilungsleiter erlebt einen kurzen Moment starkes Unbehagen, in dem er weder sich noch die Mitarbeiter noch die Firma mag. D.h., er befindet sich in der (–/–)-Grundposition: „Ich tauge nichts und die anderen auch nicht." Und um diese möglichst schnell zu überwinden, greift er zu einem „sicherheitsgebenden" Verhalten: Er beeilt sich um so mehr.

Dieser Kreislauf kann – muß aber nicht – beendet werden, indem zum Beispiel ein Kollege kommt und ihn nach dem Urlaubsziel fragt, indem die Arbeitszeit zu Ende geht oder indem er in eine andere Abteilung gebeten wird, wo man ihn um Rat fragt, d.h., indem er abgelenkt wird.

Wir verhalten uns allerdings bei weitem nicht immer antreibergesteuert. Je häufiger wir es jedoch tun, desto mehr verfestigt sich unsere Nicht-OK-Grundposition und desto weniger selbstbestimmt, realitätsangemessen und problemlösend wird unser Verhalten.

7.4 Wachstum und Veränderung: Umsetzung in den betrieblichen Alltag

„Antreibergesteuertes" Verhalten ist selbstverständlich häufiges Thema bei der Arbeit mit Menschen in Organisationen. Dabei interessieren neben dem notwendigen Grundwissen um die Antreiber vor allem die sog. „Ausstiegsmöglichkeiten", die sich bieten bzw. die man wählen kann.

Ausstiegsmöglichkeiten

Einen Einstieg in die Arbeit mit Ausstiegsmöglichkeiten bieten paper-pencil-Übungen, wie im nachfolgenden Beispiel aus einem Training zum Thema „Rollenverständnis als Führungskraft":

Nachdem in der Seminararbeit die Theorie der Antreiber verdeutlicht wurde, bearbeiten die Teilnehmer eigene Antreiber und überlegen zusammen in Kleingruppen mögliche Veränderungsstrategien. Eine der Teilnehmerinnen hatte ihren Arbeitsbogen wie folgt ausgefüllt (Abb. 61, S. 206):

INDIVIDUELLE NORMEN IM BERUF

1. Bitte überlegen Sie sich, worauf es in Ihrer Position ankommt. Schreiben Sie drei Anforderungen auf, von denen Sie glauben, daß Sie sie unbedingt erfüllen müßten:

1. *gerecht*

2. *freundlich, akzeptierend, verstehend*

3. *Genauigkeit*

2. Jetzt überlegen Sie sich bitte, wie Sie sich verhalten, wie Sie führen, wie Sie mit Mitarbeitern umgehen könnten, wenn Sie diese drei Anforderungen nicht unbedingt erfüllen müßten:

1. *normaler*

2. *manchmal ärgerlich*

3. *nicht so streng*

3. Was würde dann geschehen, was würde passieren?

Ich hätte weniger Streß

4. Wenn Sie bei dem einen oder anderen Punkt zu dem Ergebnis kommen, daß „eigentlich" nicht viel passieren würde, dann haben Sie einen Antreiber gefunden, eine unrealistische kritische Elternbotschaft, eine Norm möglicherweise, von der nur Sie glauben, daß Sie sie erfüllen müßten.

Welche Konsequenzen können Sie daraus ziehen?

Ich würde mir erlauben, auch mal meinen Ärger zuzulassen, dann bin ich wahrscheinlich auch nicht mehr so streng.

Abb. 61: Ausgefüllter Arbeitsbogen „Individuelle Normen im Beruf" (aus: *Rüttinger & Kruppa* 1988, 9)

Wie man sieht, ist dieser Arbeitsbogen bereits in sich so aufgebaut, daß er auf Veränderung einschließlich der daraus folgenden Konsequenzen abzielt. In solchen Fällen lassen wir die Teilnehmer im Plenum nur noch ihre persönlichen Schlußfolgerungen mitteilen, ob sie den eingetragenen Erkenntnissen ihres Arbeitsbogens auch de facto folgen wollen oder sich entscheiden, ihren persönlichen Arbeitsschwerpunkt auf andere Themen des Seminars zu verlegen. D.h., wir erwarten nicht, daß die Erkenntnisse in jedem Falle auch in Handlungsstrategien umgesetzt werden. (Dann wäre auch unser eigenes Verhalten antreibergesteuert: „Streng dich an!") In der Regel wirken Erkenntnisse via Bewußtheit wie von selbst. Darauf zu vertrauen, hat uns viele gute Erfahrungen sammeln lassen.

„Natürlich" ist das Thema „antreibergesteuertes" Verhalten auch Gegenstand von Coaching.

Nachdem eine Konfliktsituation im Führungsalltag besprochen wurde, bekommt Herr O., der Leiter des technischen Dienstes, als Hausaufgabe, sein „Nicht-OK-Miniskript" zu zeichnen, welches durch den Antreiber „Ich bin nur OK, wenn ich perfekt bin" bestimmt wird, und dazu entsprechende Beispiele aus seinem Alltag mitzubringen. In der nächsten Sitzung besprechen wir seine Beispiele und erarbeiten daran, welche Alternativen er den einzelnen Schritten seines Miniskripts entgegensetzen könnte.

D.h., wir erarbeiten mit ihm ein sog. *„OK-Miniskript"*, das wegen seines grundlegenden Prinzips, die über alle Maßen verpflichtenden Antreiber durch Erlaubnisse aufzuheben, auch *„OK-Erlaubnisskript"* genannt wird.

OK-Miniskript

Das „OK-Erlaubnisskript" von Herrn O. sieht so aus, wobei den einzelnen Schritten jeweils die nachfolgend genannten Erlaubnisse bzw. die positive Endauszahlung entsprechen:

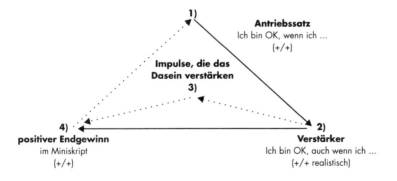

Abb. 62: OK-Miniskript (nach *Kahler* 1980)

1) Ich bin leistungsfähig und „mein Geld wert".

2) Ich bin in Ordnung und die anderen auch – realistisch. Das bleibt so, auch wenn ich einen Fehler mache.

3) Ich darf auch weiterhin Spaß an meiner Tätigkeit haben und erfolgreich sein.

4) Empfindung von Freude und Wohlbehagen, mit denen „sich wertvoll fühlen" unterstützt wird.

Ablauf des OK-Miniskripts Um es nochmals zu verbalisieren: Der Klient gibt sich hier eine *Erlaubnis* (1), die den alten Antreiber aufhebt. Dabei ist es wichtig, genau die Botschaft herauszufinden, mit der der Klient etwas „anfangen" kann. Im vorliegenden Beispiel war es notwendig, die Begriffe „leistungsfähig" und „mein Geld wert" in die Erlaubnis zu integrieren, obwohl das für den Geschmack der Beraterin zu leistungsorientiert war. Hätte sie jedoch darauf bestanden, daß der Klient ohne diese Begriffe auskommen sollte, so hätte dieser sich in seinem Werte- und Normensystem leicht so in Frage gestellt gefühlt, daß er lieber an seinen alten, einschränkenden Mustern festgehalten hätte, als die neue Erlaubnis anzunehmen. Diese neue *Erlaubnis wird verstärkt* (2), indem der Klient sich nochmals seinen grundsätzlichen Wert bewußt macht, der auch dann bestehen bleibt, wenn er Fehler macht. Das führt (manchmal) zu *weiteren verstärkenden Impulsen* (3) oder direkt zum *Positiven Endgewinn* (4), der den Positivkreislauf verstärkt.

In der nachfolgenden Reflexion legte der Klient Situationen fest, in denen er sich seine Erlaubnisse sagen und damit aus antreibergesteuertem Verhalten „aussteigen" will und kann.

Geeignete Alternativen Dem eigenen „antreibergesteuerten" Verhalten *geeignete Alternativen* entgegensetzen zu können, erscheint aus mehreren Gründen wichtig: zunächst um ein Selbststeuerungsmuster zu lernen, mit dem man sich helfen kann, dem internen Streß, der den externen noch multipliziert, streßmindernde Strategien im betrieblichen Alltag entgegenzusetzen; zum anderen, weil man mit antreibergesteuertem Verhalten auch andere Personen dazu einlädt, ihre Antreiber zu aktivieren. Denn das ist eine interessante und wichtige Tatsache, daß das eigene antreibergesteuerte Verhalten das entsprechende Verhalten des Gegenübers einlädt. D.h., strengt sich der Chef übermäßig an, werden es wahrscheinlich auch die Mitarbeiter tun. Gibt sich der Chef die Erlaubnis, es sich leichtzumachen – was keineswegs mit Schludrigkeit zu verwechseln ist –, können auch die Mitarbeiter ihre Antreiber „außen vorlassen", kann autonomes, sach- und personenkonformes Handeln Platz greifen.

Das bedeutet: Sie werden erfolgreicher führen oder mit Kollegen umgehen, wenn Sie sich Ihrer eigenen Antreiber bewußt sind und gelernt haben, diese durch Erlaubnisse zu entkräften und die anderen nicht mehr in ein reziprokes „nur-dann-wenn-Streßverhalten" einzuladen. Auch das dient Ihrem Wachstum zur *integrierten Persönlichkeit!*

ACHT

ABHÄNGIGKEIT UND UNAB-HÄNGIGKEIT IM BETRIEBLICHEN ALLTAG: WO IST DIE SELBSTÄNDIGKEIT GEBLIEBEN?

8.1 Abhängigkeit und Unselbständigkeit
als Ergebnis des Bezugsrahmens

Das Konzept des Bezugsrahmens und dessen Einfluß auf die Energiebesetzung der Ich-Zustände bzw. die Energieverteilung zwischen ihnen ist in vielen Zusammenhängen dieses Buches bereits benannt worden. In diesem Abschnitt wollen wir seinem Einfluß auf Beziehungs- und Verantwortungsstrukturen nachgehen. Gemeint sind *Symbiosen* und *symbiotische Haltungen*, wie sie im privaten und betrieblichen Alltag vorkommen.

Unter einer *Symbiose* versteht die Biologie, von der der Begriff entlehnt ist, die **Symbiose** existentielle Verbundenheit zweier Organismen zu beiderseitigem Nutzen. D.h., beide Lebewesen sind gleicherweise einander nützlich wie voneinander abhängig.

Im Zusammenhang mit der Theorie des Bezugsrahmens hat die sogenannte *Schiff*-Schule diesen Begriff jedoch insofern umdefiniert, als es sich bei einer *psychologischen Symbiose* zwischen erwachsenen Menschen um eine negative, destruktive Abhängigkeit handelt. Nach *Jaqui Schiff* und ihren Mitarbeitern entspricht eine Symbiose einer Beziehung, bei der „zwei oder mehr Individuen sich so verhalten, wie wenn sie zusammen eine ganze Person wären", wobei „keines der beteiligten Individuen alle seine Ich-Zustände mobilisiert" (*Schiff* et al. 1975, 3).

Als Musterbeispiel einer gesunden Symbiose wird die ursprüngliche Lebensgemeinschaft zwischen Mutter und Säugling bzw. Kleinstkind angesehen, in der die Mutter die kindlichen Bedürfnisse „stillt" und durch ihr Verhalten die Beziehung maßgeblich gestaltet. Als Musterbeispiel einer ungesunden symbiotischen Beziehung gilt eine Rollenverteilung zwischen Mann und Frau, bei der sie sich klein macht (klein machen läßt), er für sie (mit)denkt und die wesentlichen Dinge im gemeinsamen Leben bestimmt und sie ihn mit ihrer Bewunderung belohnt. Wichtigstes Merkmal einer solchen ungesunden symbiotischen Beziehung ist die Tatsache, daß keine der beteiligten Personen voll für sich und die Befriedigung eigener Bedürfnisse, Wünsche und Interessen verantwortlich ist, sondern den anderen dafür nutzt.

Im privaten wie betrieblichen Alltag sind solche Beziehungen oftmals durch Ärgernisse, Überlastungen oder manchmal auch nur unterschwelliges Unbehagen gekennzeichnet, weil sie eine ungleiche Verteilung von Verantwortung und Last einerseits und Bedürfnisbefriedigung und Versorgt-Werden andererseits beinhalten. Genausogut könnten wir davon sprechen, daß sich die an solchen Beziehungen beteiligten Personen, obwohl sie sich oftmals in verantwortlicher Position befinden, unselbständig verhalten bzw. sich abhängig machen. Dabei lassen sich verschiedene Formen der Abhängigkeit und Unselbständigkeit unterscheiden.

8.2 Muster symbiotischen Verhaltens

8.2.1 Komplementäre Abhängigkeiten

Wenn eine Person eine Haltung entwickelt hat, aus der heraus sie besonders viel Verantwortung übernimmt[*], so „findet" sie in ihren privaten Kontakten wie auch im betrieblichen Alltag in der Regel andere Personen mit einer entsprechend komplementären Haltung, d.h. Personen, die gelernt haben, weniger Verantwortung zu übernehmen.

Da ist z.B. eine Marketingleiterin, die eine junge Produktmanagerin beauftragt hat, das Fragebogenangebot verschiedener Marktforschungsagenturen zu vergleichen. Die Marketingleiterin hat einen klaren Auftrag gegeben. Trotzdem fragt

---

[*] Wir sind auf dieses Muster und seine „Beweggründe" bereits beim sogenannten Racketeering (siehe S. 129ff) zu sprechen gekommen.

die Produktmanagerin immer wieder, wie die einzelnen Schritte seien, was sie beachten müsse und wie sie vorgehen solle, wenn Probleme auftauchen usw.. Dabei wird die Marketingleiterin immer mehr in eine Eltern-Ich-Haltung gedrängt, während sich die Produktmanagerin immer mehr in die Kind-Ich-Haltung zurückzieht.

Als Abbild der Energieverteilung kann man sich das so vorstellen:

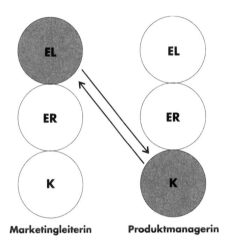

Abb. 63: Energiebesetzung in einer komplementären Symbiose

Am Ende übernimmt die Marketingleiterin sehr viel mehr Verantwortung für Teilschritte, als sie es eigentlich wollte, während die Produktmanagerin nicht mehr so viel Angst haben „muß", etwas falsch zu machen.

Ein solches Verhalten nennt man *komplementär-symbiotisch*, weil sich die Haltungen gegenseitig ergänzen. Es kann ebenso kurzfristig ablaufen als auch langfristige Beziehungen charakterisieren, in denen häufig Transaktionen nach diesem Muster ausgetauscht werden.

Komplementär-symbiotisch

Dabei bestimmt der Bezugsrahmen der Marketingleiterin, daß sie in schwierigen (Streß-)Situationen eher die Verantwortung an sich nimmt und damit ihr Eltern-Ich mit Energie besetzt. Sie kann sich dann tüchtig und überlegen fühlen und reaktiviert damit ein altes Muster, dementsprechend sie früher einmal gelernt hat, etwas wert zu sein. Im Bezugsrahmen der Produktmanagerin ist das Gegenteil festgelegt. Sie hat gelernt, etwas wert zu sein, wenn sie Fehler vermeidet, und Zuwendung zu erfahren, wenn sie sich klein macht.

Nutzen Insofern haben beide einen *Nutzen* aus der Situation. Sie „brauchen" das Verhalten der anderen Person, um ihre eigenen Ich-Zustände nach dem Muster mit Energie zu besetzen, das früher einmal nützlich war. Gerade dieser früh gelernte Nutzen, der dem erwachsenen Menschen in der Regel nicht mehr bewußt ist, macht es häufig schwer, die gelernten Haltungen aufzugeben.

Hinzu kommt, daß eine Zeitlang in solchen Abhängigkeiten auch gut gearbeitet werden kann, z.B. bei einer Aufgabenstellung, in der nur exakte Anweisungen zu befolgen sind. Dauerhaft stellen sich jedoch Probleme ein, wenn die alten Muster nicht aufgegeben werden. Denn die Person, die aus dem Eltern-Ich handelt, beachtet ihre eigenen Bedürfnisse zuwenig. Wenn das oft geschieht, kann das sehr leicht zu Symptomen des „Burn-out"[*] führen oder manchmal auch sehr schnell psychosomatische Erkrankungen nach sich ziehen. Bei der anderen Person, die eher aus dem Kind-Ich-Zustand agiert, kann das eigenständige Denken „verkümmern". Damit kann sie sich immer abhängiger von Menschen machen, die ihr Direktiven geben. Schwierig wird es dann, wenn die Situation eigenständiges Denken und Handeln von dieser Person erfordert, z.B. wenn der komplementäre Eltern-Ich-Partner „ausfällt". Außerdem bindet das beschriebene „Gefangensein" in alten Verhaltens- und – wie wir sehen werden – Denkmustern viel Energie, die autonomem Verhalten entzogen wird.

So könnte die Marketingleiterin diese Energie für ihre eigenen oder neuen Aufgaben einsetzen, während die Produktmanagerin diese Energie nutzen könnte, selbständig zu denken.

8.2.2 Eltern-kompetitive Abhängigkeiten

Hätten nun beide Partnerinnen des vorangegangenen Beispiels eine Eltern-Ich-Präferenz, so könnte sich sehr leicht die Situation ergeben, daß die Marketingleiterin der Produktmanagerin sagen will, „wo's lang geht", und die Produktmanagerin ihre Vorgesetzte von ihren besseren Ideen überzeugen will.

---

[*] Unter einem „Burn-out"-Syndrom verstehen wir eine längerfristige emotionale Erschöpfung aufgrund mangelnder Befriedigung angeborener Grundbedürfnisse.

Kompetitive Argumentationsketten dieser Art können leicht zum *Macht-* **Machtkampf**
kampf führen, zum Kampf darum, wer eigentlich die Verantwortung hat, wer
den einzig richtigen Weg weiß und wer die Sache überblickt. Es ist dies eine
Auseinandersetzung darüber, wessen Wirklichkeit die richtigere und/oder
bessere ist.

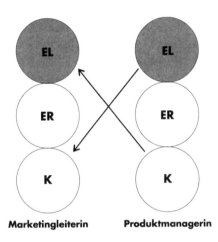

Abb. 64: Energiebesetzung in einer eltern-kompetitiven Symbiose

Solche Transaktionsmuster enden meist damit, daß eine der beteiligten Personen temporär „klein beigibt", dann aber bei nächster Gelegenheit geradezu erpicht auf eine neue Auseinandersetzung ist. Im betrieblichen Alltag werden
solche Machtkämpfe häufig dadurch entschieden, daß eine Person aufgrund
der Position oder ihrer besseren Verbindungen zu Geschäftspartnern oder
einflußreichen Menschen im Unternehmen mehr Macht hat und daher „bestimmen" kann. Allzuleicht verliert eine solche Person jedoch die Kooperation
ihrer Mitarbeiter, die dann zu Intriganten werden können, die „hinterrücks"
ihre Macht einsetzen, um auf diese Weise doch noch zu gewinnen. Das heißt
auch hier wiederum, daß ein Großteil der verfügbaren Energie nicht direkt zur
Problemlösung einsetzbar ist, sondern anderweitig, im Ausleben der alten
Muster, gebunden ist.

Das Konzept der Eltern-kompetitiven Symbiose (Abb. 64) illustriert nicht nur
das, was wir unter einem Machtkampf verstehen, sondern es bietet das *klassi-*
sche Bild von Konkurrenz. Konkurrenz bedeutet eigentlich Wettbewerb. In **Konkurrenz**
unserem Sprachgebrauch, vor allem in Organisationen, wird damit jedoch

kaum ein fröhliches Kräftemessen, eine „göttliche" Freude an sich und seinen Fähigkeiten, wie es in Olympia noch der Fall war, verstanden. Mit diesem Begriff sind eher Gedanken und Empfindungen von Bedrohung verbunden, gegen eine Macht kämpfen und den eigenen Platz oder sogar wirtschaftliches Überleben sichern zu müssen. Genau das wird auch im Bild der Eltern-kompetitiven Symbiose deutlich: Eine Person „ist groß", hat die Macht, definiert, was richtig ist, und bestimmt auf Kosten einer anderen Person, die sich dafür „klein machen" und ihre eigenen Fähigkeiten zurückhalten muß (oder je nach Skript auch will). Der eigene Wert soll dabei durch die Position der Überlegenheit und nicht durch faires Kräftemessen erreicht werden. Er wächst, wenn der Wert des anderen abnimmt (Abb. 65). Diese Form von Wettkampf führt jedoch mehr zum Kampf um den eigenen Wert als zum Erfahren der eigenen Stärke.

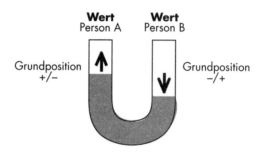

Abb. 65: Illustration der „Konkurrenz um den eigenen Wert"

Damit meinen wir nicht, daß Konkurrenz schlecht wäre – im Gegenteil: Wettkampf beflügelt, stimuliert die Kreativität, macht Spaß und gehört unzivilisiert zu jedem „freien Kind". In gereifter, erwachsener Form braucht Konkurrenz Kontakt und Respekt, um wirklich fruchtbar zu sein. Auf dem Boden einer realistischen „Ich bin etwas wert und du auch"-Grundhaltung zu wetteifern, wer die beste Idee hat, kann ein Team oder die Mitglieder eines Projektes zu Höchstleistungen bringen. Und je weniger die einzelnen Gruppenmitglieder dann um ihren Wert, ihr Prestige, ihre „unangefochtene" Stellung in der Gruppe „rangeln" müssen, desto eher können sie kooperieren und zu den notwendigen Entscheidungen darüber kommen, wessen Vorstellung oder welche Kommentare von Vorschlägen der Lösung eines Problems angemessen sind.

Dem Führungsteam einer großen Papierfabrik, das in einem Workshop zu den „Zielsetzungen bis zum Jahr 2000" zusammenarbeitet, wird deutlich, daß das Führungsverhalten gegenüber den Führungskräften der nächsten Ebene koordiniert werden muß, um top-down neue Impulse zum Umgang mit Mitarbeitern zu geben. Herr G. geht spontan zur Flipchart und skizziert das Problem durch eine abgewandelte Führungspyramide. Herr J. nimmt einen Stift und setzt „Männchen" in die Pyramide, und Herr N., der sonst sehr zurückhaltend ist, malt plötzlich einige „Blitzzeichen" an markante Stellen. So geht es weiter, bis alle Ideen in Zeichnungen umgesetzt sind und sich die Teilnehmer auf den Stühlen zurücklehnen. Erst dann beginnen sie gemeinsam, verbal eine Veränderungsstrategie zu entwickeln.

Nicht immer kann positive Konkurrenz so einfach gestaltet werden wie in unserem Beispiel, dennoch illustriert es unser Verständnis positiver Konkurrenz. Fairplay ist unseres Erachtens nach das Kräftemessen aus einer beidseitigen „Ich bin etwas wert und du auch"-Haltung, wobei die Ideen und Tatkraft sich ruhig aneinander entzünden und steigern können. Wenn beide „concurrent" (lat. zusammenlaufen, zusammentreffen, zusammenfallen), kann daraus ein fröhlicher Wettbewerb entstehen. In diesem Sinn bleibt Menschen in Organisationen viel Konkurrenz zu wünschen.

8.2.3 Kind-kompetitive Abhängigkeiten

Analog zum vorigen Energiemuster können zwei Gesprächspartner auch ihr Kind-Ich mit Energie besetzen und darum „rangeln", wer Verantwortung zu übernehmen hat bzw. wer sie aus welchen Gründen nicht übernehmen kann.

Nehmen wir an, die Marketingleiterin hätte die gleiche Aufgabenstellung nicht an eine, sondern an zwei junge Produktmanagerinnen vergeben. Dann könnten beide beispielsweise untereinander darüber streiten, wer das Vorgehen und die Schrittfolge zu veranlassen und zu verantworten hat, oder sie könnten sich aus ihrer Angst heraus miteinander verbünden und gemeinsam überlegen, an wen sie die Verantwortung „abschieben" oder vielleicht auch rückdelegieren können (Abb. 66, S. 218).

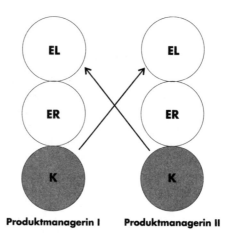

Abb. 66: Energiebesetzung in einer kind-kompetitiven Symbiose

Diese Interaktionsmuster enden häufig damit, daß eine Person widerwillig die Verantwortung übernimmt oder beide gemeinsam beschließen, die Verantwortung an einen Dritten abzuschieben.

8.3 „Abrundende" Ideen zum symbiotischen Verhalten

Vom Grad der Autonomie ist abhängig, ob Menschen nur gelegentlich symbiotisches Verhalten ansteuern oder ob sie dies so häufig tun, daß es als Haltung verstanden werden kann, aus der heraus sie bevorzugt anderen Menschen begegnen. D.h., auch hier gilt, daß sich Personen nicht immer symbiotisch verhalten, sondern daß besonders Streßsituationen dafür geeignet sind, daß Menschen auf diese Beziehungsmuster zurückgreifen. Häufig spielt dabei Angst eine Rolle, vor allem, wenn sie nicht wahrgenommen wird. Sie bewirkt, daß wir, ohne uns darüber klar zu sein, nach alten, Sicherheit gewährenden Konstellationen unseres Bezugsrahmens greifen. Wir reißen z.B. alles an uns und übernehmen damit übermäßig viel Verantwortung, um die Situation unter Kontrolle zu bekommen. Oder wir scheuen die Verantwortung, um nichts falsch zu machen und nicht zur Rechenschaft gezogen werden zu können.

Welche Art symbiotischen Verhaltens wir zeigen, wird häufig auch vom situativen Kontext und entsprechenden Personen mitbeeinflußt. Dies spiegelt sich im alten Bild des „Radfahrers" wider, der sich „nach oben" hin krümmt und „nach unten" hin tritt. Unter den Gesichtspunkten symbiotischer Abhängigkeiten bedeutet dies, daß er Vorgesetzten gegenüber eine Kind-Ich-Position einnimmt und sich angepaßt bis devot, Untergebenen gegenüber aber autoritär verhält, indem er das Eltern-Ich übermäßig mit Energie besetzt. Ebenso unterschiedlich können die abhängigen Positionen auch im Privat- und Berufsleben sein. So kann jemand, der in seiner Ehe z.B. eher die Kind-Position besetzt, im Berufsleben durchaus die Eltern-Position leben.

Gleichbleibend geht es jedoch in allem Denken und Verhalten, das symbiotischen Mustern folgt, um die beiden komplementären Haltungen von Über- und Unterverantwortlichkeit und den angemessenen Umgang mit Handlungs- und Verantwortungssituationen. Genau das sind jedoch zentrale Themen für die Arbeit von und mit Menschen in Organisationen, da dort – wie im Leben generell – Handlungsfähigkeit und Verantwortlichkeit über Erfolg oder Mißerfolg hinsichtlich der angestrebten Ziele entscheiden.

Wie im Verlauf des Buches deutlich geworden ist, stehen diese Themen im Mittelpunkt unterschiedlicher Konzepte der Transaktionsanalyse, wobei jedes Konzept spezifische Einflußgrößen benennt. Alle zusammen ermöglichen uns, das Thema und das in ihnen enthaltene Phänomen des Zuviel oder Zuwenig unter verschiedenen Blickwinkeln zu betrachten und bestimmte Aspekte hinzuzufügen, die in der einen oder anderen Situation hilfreich sein können. Sie liefern Ansatzpunkte, um einen angemessenen Erwachsenen-Ich-gesteuerten Ausgleich zwischen „Zuviel und Zuwenig" zu erarbeiten. Um einen Blick auf die Vielzahl und Vernetzung der eingehenden Gesichtspunkte (Konzepte) zu werfen, kann uns das folgende Schaubild dienen (Abb. 67, S. 220).

Vernetzung mit anderen Konzepten

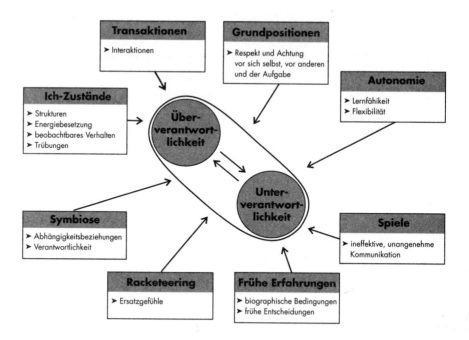

Abb. 67: Über- und Unterverantwortlichkeit als Ergebnis unterschiedlicher Einflußgrößen

Wir wollen hier nicht die in Abb. 67 genannten Konzepte und ihre spezifischen Einblicksmöglichkeiten in menschliches Fühlen, Denken, Hoffen und Verhalten wiederholen, sondern am Konzept der Einschärfungen und frühen Entscheidungen exemplarisch dessen Beziehung und Vernetzung zum symbiotischen Themenaspekt „Über- und Unterverantwortlichkeit" aufzeigen:

Ob sich das Verhalten einer Person eher über- oder unterverantwortlich zeigt, hängt u.a. davon ab, welche frühen Einflüsse eine Person geprägt haben. Menschen, die nicht erwachsen werden durften, die nicht gelernt haben, selbständig zu sein oder eigenverantwortlich zu denken und zu fühlen, oder Personen, die keinen Erfolg haben durften, werden in symbiotischen Beziehungen eher eine unterverantwortliche Position einnehmen. Auch die im vorangegangenen Kapitel beschriebenen Personen, die sehr individuellen und spezifischen Bildern wie dem süßen kleinen Mädchen oder dem Tüftler entsprechen sollten, werden in abhängigen Beziehungen eher die Kind-Position einnehmen. Personen dagegen, die zu schnell erwachsen werden mußten, werden primär die überverantwortliche Position einnehmen, ebenso wie auch

Menschen, die ein hohes Maß an Energie einsetzen, um besonders hohen Ansprüchen zu genügen. In Organisationen nehmen sie primär die Eltern-Position ein, wobei das entsprechende Verhalten häufig mit der Blockade ursprünglicher, richtungsweisender Gefühle (siehe Kap. 4) kombiniert ist.

Menschen, die sich nicht zugehörig fühlen dürfen, werden sich bei beiden Positionen finden lassen. Sie können sich aus dem Kind-Ich heraus als „armes Opfer" beklagen, das niemand haben will, aus dem Eltern-Ich die Verfolgerposition einnehmen, die die anderen verachtet, oder sich mit der Retterrolle bestätigen, daß sie am Ende nie genug getan haben, um letztendlich dazuzugehören.

D.h., die frühen Erfahrungen eines Menschen, seine Einschärfungen wie z.B.: „Werde nicht erwachsen" oder „Gehöre nicht dazu" helfen als Elemente des Bezugsrahmens, jene Sichtweisen auf sich selbst, die anderen und die Welt zu stabilisieren, die das entsprechende symbiotische Handeln nahelegen (Abb. 68).

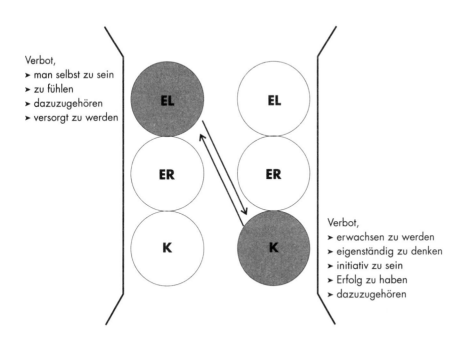

Abb. 68: Frühe Erfahrungen als Elemente des Bezugsrahmens und Stabilisatoren symbiotischer Abhängigkeit

Insgesamt, so glauben wir, dürfte es gerade für Initiatoren von Wachstums-prozessen, wie z.B. Trainer, Berater, Coachs und Supervisoren, ebenso jedoch auch für geschulte Führungskräfte, wie z.B. Personalleiter oder Personalent-wickler, von Interesse und Wichtigkeit sein, das Geflecht der verschiedenen Einflußgrößen zu kennen, das das konkrete Denken, Fühlen, Hoffen und Verhalten ihrer Klienten oder Kunden mitbedingt. Nur dann können sie u.E. ihren KlientInnen gezielt und effektiv Hinweise geben und/oder mit ihnen Veränderungsstrategien erarbeiten, die sie als Personen autonomer und als Mitglied des Firmenteams zufriedener und effizienter werden lassen.

8.4 Wachstum und Veränderung:
Symbiotisches Verhalten im betrieblichen Alltag

Entsprechend der zuvor verdeutlichten Wichtigkeit des Symbiose-Konzeptes für den beruflichen Alltag – in der Abhängigkeit geht die autonomiegeleitete Handlungsfähigkeit schlußendlich auf allen Seiten verloren – nimmt auch der trainierende Umgang mit diesen Konzepten eine zentrale Stellung in unserer Tätigkeit als Coach, Personalentwickler oder Teamberater ein.

Dabei ist es uns zunächst wichtig, unsere Klienten mit den Grundelementen ihres eigenen Bezugsrahmens vertraut zu machen. Zu diesem Zweck bieten **Arbeitsbogen** wir z.B. in einer Coaching-Sitzung einen Arbeitsbogen an, dessen ergänzte In-halte Aufschluß über das Denken einer Person in bezug auf sich selbst, die an-deren und die Welt geben können.

 Frau N., die Leiterin des Rechnungswesen eines Warenhauskonzerns, füllt den Übungsbogen zum Thema Bezugsrahmen folgendermaßen aus:

THEMA BEZUGSRAHMEN

– Übung zum eigenen Bezugssystem –

Ich bin ...
(drei Eigenschaften)

trotzig   *intelligent*   *erfolgreich*

Meine Eltern waren immer ...
(drei Eigenschaften)

streng   *ungerecht*   *unnahbar*

In diesem Leben muß ich ...

immer arbeiten

© Ute Hagehülsmann & Günter Lange

Abb. 69: Ausgefüllter Arbeitsbogen zum Bezugsrahmen von Frau N.

Im anschließenden Gespräch mit dem Coach wird deutlich, daß sie von sich selbst de facto erwartet, immer intelligent und erfolgreich zu sein, damit sie sich gegen andere Menschen durchsetzen kann, denen sie fast immer unter anderem auch die Eigenschaften „Strenge", „Ungerechtigkeit" und „Unnahbarkeit" zuschreibt. Wird sie verletzt, z.B. indem ihre Anstrengungen nicht gesehen werden, zieht sie sich trotzig zurück und arbeitet verbissen weiter. Damit entspricht sie einer weiteren skriptabhängigen Maxime: Sie muß immer hart arbeiten.

Mit der Frage, ob sie selbst immer so sein muß und ob die anderen immer so sind, wie sie meint, geht sie sehr nachdenklich nach Hause. Ihre Hausaufgabe besteht darin, zu beobachten, ob andere immer so sind, wie sie annimmt.

Mit dieser Übung schaffen wir häufig ein erstes Verständnis dafür, was ein Bezugsrahmen überhaupt bedeutet. Natürlich „braucht" die Übung ein anschließendes Auswertungsgespräch, bei dem der Coach sehr sensibel herausfinden muß, ob die genannten Eigenschaften den erstarrten oder den flexiblen Anteilen des Bezugsrahmens zuzuordnen sind. Insofern sind voreilige Interpretationen auszuschließen. Nur die Klientin selbst kann letztlich entscheiden, ob sie eine Eigenschaft als so rigide erlebt, daß sie ihre Flexibilität einschränkt.

Übung Eine entsprechende, den Umgang mit symbiotischen Strukturen trainierende *Übung* sieht so aus: Nachdem die Teilnehmer einer Personal- oder Teamentwicklungsmaßnahme oder eines Führungskräftetrainings bereits Grundpositionen und Spiele kennengelernt haben, also mit dem „Oben" und „Unten" schon ein Stück vertraut sind, führen wir Rollenspiele durch, deren Anweisung die zwei „spielenden" Teilnehmer auf vorgedruckten Karten erhalten.

Im ersten Durchgang lauten die Anweisungen für

Person A	Person B
Anweisung zum Rollenspiel	**Anweisung zum Rollenspiel**
Sie sind jemand, der/die es gewohnt ist, Verantwortung zu übernehmen und Entscheidungen zu treffen. Sie wissen fast immer, was zu tun ist.	Sie akzeptieren gern, was andere Ihnen sagen, und fürchten sich, eigene Vorschläge zu machen. Es erscheint Ihnen sicherer, wenn andere die Verantwortung übernehmen.
Bitte definieren Sie mit Ihrem/r GesprächspartnerIn ein Problem, welches zu lösen ist, und beginnen Sie dann ein Gespräch, in dem Sie das gemeinsame Vorgehen planen.	*Bitte definieren Sie mit Ihrem/r GesprächspartnerIn ein Problem, welches zu lösen ist, und beginnen Sie dann ein Gespräch, in dem Sie das gemeinsame Vorgehen planen.*

© Ute Hagehülsmann

Nach fünf bis sieben Minuten wechseln wir als Spielleiter eine Karte aus. Im nachfolgenden zweiten Durchgang lauten die Anweisungen für

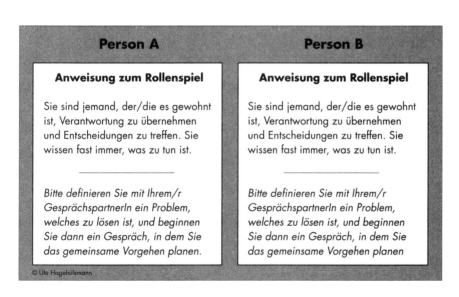

Person A

Anweisung zum Rollenspiel

Sie akzeptieren gern, was andere
Ihnen sagen, und fürchten sich,
eigene Vorschläge zu machen. Es
erscheint Ihnen sicherer, wenn andere
die Verantwortung übernehmen.

_____

*Bitte definieren Sie mit Ihrem/r Ge-
sprächspartnerIn ein Problem, welches zu lösen ist, und beginnen Sie
dann ein Gespräch, in dem Sie das
gemeinsame Vorgehen planen.*

Person B

Anweisung zum Rollenspiel

Sie akzeptieren gern, was andere
Ihnen sagen, und fürchten sich,
eigene Vorschläge zu machen. Es
erscheint Ihnen sicherer, wenn andere
die Verantwortung übernehmen.

_____

*Bitte definieren Sie mit Ihrem/r Ge-
sprächspartnerIn ein Problem, welches zu lösen ist, und beginnen Sie
dann ein Gespräch, in dem Sie das
gemeinsame Vorgehen planen.*

© Ute Hagehülsmann

Nach weiteren fünf bis sieben Minuten wechseln wir noch einmal aus. Im dritten Durchgang lauten die Anweisungen für

Person A

Anweisung zum Rollenspiel

Sie sind jemand, der/die es gewohnt
ist, Verantwortung zu übernehmen
und Entscheidungen zu treffen. Sie
wissen fast immer, was zu tun ist.

_____

*Bitte definieren Sie mit Ihrem/r
GesprächspartnerIn ein Problem,
welches zu lösen ist, und beginnen
Sie dann ein Gespräch, in dem Sie
das gemeinsame Vorgehen planen.*

Person B

Anweisung zum Rollenspiel

Sie sind jemand, der/die es gewohnt
ist, Verantwortung zu übernehmen
und Entscheidungen zu treffen. Sie
wissen fast immer, was zu tun ist.

_____

*Bitte definieren Sie mit Ihrem/r
GesprächspartnerIn ein Problem,
welches zu lösen ist, und beginnen
Sie dann ein Gespräch, in dem Sie
das gemeinsame Vorgehen planen*

© Ute Hagehülsmann

Je nach Teilnehmeranzahl der Gesamtgruppen führen wir das Rollenspiel in Kleingruppen mit ein bis zwei Beobachtern oder in der Großgruppe mit dem Plenum als Beobachter durch.

Zwischen den einzelnen Durchgängen wird weder diskutiert noch Feedback gegeben. Im Anschluß an das gesamte Rollenspiel berichten die Beobachter jedoch, was sie im Hinblick auf eine angemessene Problemlösung, auf respektvollen Umgang, auf Machtkämpfe oder „Spiele" bei den einzelnen Durchgängen wahrgenommen haben. Die Rollenspieler selbst geben Rückmeldungen über ihre Empfindungen und Gedanken während der Übung. Dabei werden ganz schnell die drei Grundformen symbiotischen Verhaltens deutlich:

➤ *die komplementäre Symbiose im ersten Durchgang:*
Person A übernimmt die Verantwortung und ist entweder unzufrieden über die Last oder fühlt sich wichtig und unentbehrlich.

Person B ist froh, daß sie die Sache los ist, hat aber gleichzeitig ein Unbehagen hinsichtlich ihres Wertes und ihrer Fähigkeiten.

➤ *die kind-kompetitive Symbiose im zweiten Durchgang:*
Person A übernimmt nach langem Hin und Her die Verantwortung, aber es bleibt offen, inwieweit sie die Aufgabe lösen wird.

Person B empfindet kurzfristig Erleichterung, die meistens jedoch ebenfalls mit Unbehagen gepaart ist.

Häufig kommen Teilnehmer auf die Lösung, die Aufgabe an eine dritte Person abzugeben. Dann fühlen sich meist beide befriedigt, da sie eine „sinnvolle Entscheidung" getroffen haben.

➤ *die eltern-kompetitive Symbiose im dritten Durchgang:*
Person A sagt B, was aufgrund ihrer Analyse der Situation zu tun ist und wie man die Aufgabe am besten bewältigt.

Person B beweist A, daß ihre Analyse falsch ist und daß sie die bessere Problemlösungsstrategie zur Verfügung hat.

In dieser Situation wird häufig keine Lösung gefunden, oder aber eine Person setzt ihre Strategie per Macht durch (siehe Kap. 9) und stimuliert damit zukünftiges Rachepotential bei der anderen Person.

Bei der Durchführung dieser Übung haben die Teilnehmer häufig sehr viele Wiedererkennenserlebnisse entweder ihres eigenen Verhaltens oder aus dem Kollegenkreis. Manchmal bewirkt dieses Wiedererkennen auch starke Betroffenheit, da deutlich wird, wie kräftezehrend und wenig effektiv solche abhängigen Haltungen sind. Um nicht zu einem „Spiel" „Ist es nicht schrecklich?" einzuladen, setzen wir dann eine weitere Runde an, in der die Teilnehmer wieder ihre Rolle spielen, sie aber so gestalten dürfen, wie sie selber wollen. Diesmal finden die Beobachter neben manchen Einschränkungen auch viele förderliche, situationsangemessene Aspekte des Vorgehens. Das bestärkt die Teilnehmer darin, daß sie sehr wohl auch autonomes Verhalten zur Verfügung haben.

Gerade dieses Nacheinander-Erleben von eigenem abhängigem Verhalten und selbständigem – transaktionsanalytisch ausgedrückt – „erwachsenem" Verhalten ist für die Teilnehmer eine meist sehr eindrückliche Erfahrung. Sie werden dadurch motiviert, Verhaltensweisen zu trainieren, die ihnen helfen können, selbst „erwachsen" – d.h. autonom – zu reagieren und/oder andere Menschen in den Erwachsenen-Ich-Zustand „einzuladen".

8.5 Aufrechterhaltende Prozesse symbiotischer Haltungen

Könnte man symbiotische Haltungen oder Beziehungskonstellationen unter ein Mikroskop legen, so würde man sehr deutlich Denk- und Verhaltensmuster sehen, die diese Strukturen und damit gleichzeitig den Bezugsrahmen aufrechterhalten. Ihre Kenntnis ist nützlich, um die gegenseitige Verzahnung abhängigen Verhaltens noch intensiver zu verstehen und daraus Änderungsschritte abzuleiten.

8.5.1 Denkmechanismen

Denkmechanismen, in der Transaktionsanalyse auch „interne Mechanismen" genannt, sind nicht direkt von außen beobachtbar, sondern „müssen" aus verbalem oder nonverbalem Verhalten der beteiligten Personen geschlossen werden. Insofern bedarf ihre Feststellung einer gewissen Vorsicht.

8.5.1.1 Abwertungen

Abwertungen nennt man das Nicht-Wahrnehmen, Ausblenden oder Ver-drängen eines bestehenden Problems oder von Lösungsmöglichkeiten für das Problem. Solange eine Person ein Problem oder bestimmte Aspekte eines Pro-blems abwertet, kann sie es nicht lösen.

Wie sich Abwertungen im Organisationsalltag auswirken, zeigt folgendes Beispiel:

In einer Fabrik für Feinmechanik mit ca. 300 Angestellten wird die vor zwei Jahren für die gesamte Verwaltung, d.h. auch für die Abteilung „Administration Spediti-on" eingeführte Gleitzeit immer mehr zum Problem. Denn damit werden auch be-stimmte Funktionsabläufe im Versand auf die Kernzeit reduziert, was zu Ein-schränkungen der Effektivität führt. Der Personalleiter kann die EXISTENZ dieses Problems ausblenden, indem er beispielsweise gar nicht richtig hinhört oder es gleich wieder vergißt, wenn sich ein Industriemeister über diesen Zustand be-klagt. Er könnte jedoch auch sagen: „Ja, ja, im Augenblick gibt's noch Reibun-gen, aber es wird sich schon einspielen." Dabei sieht er das Problem, nimmt es je-doch nicht wichtig genug und sieht nicht, daß es gelöst werden muß. Damit wertet er die BEDEUTSAMKEIT des Problems ab. Einen weiteren Aspekt würde er abwer-ten, wenn er das Problem als solches erkennen und auch seine Bedeutung sehen würde, gleichzeitig aber die Situation in fatalistischer Weise als grundsätzlich unveränderbar ansieht. Er könnte dann etwa sagen: „Die einen werden die Gleitzeit immer gut finden und die anderen immer schlecht. Und das wird auch so bleiben." Damit wertet er die VERÄNDERBARKEIT des Problems ab. Gleichzeitig blendet er die Lösbarkeit des aufgeworfenen Problems und bestehende Möglich-keiten des Eingreifens aus. Traut er es sich dagegen persönlich nicht zu, das Pro-blem zu lösen, z.B. weil er es nicht allen recht machen kann, wenn er eine Ent-scheidung trifft, so blendet er seine PERSÖNLICHEN FÄHIGKEITEN zur Lösung des Problems aus.

Wann immer einer dieser Aspekte „abgewertet" wird, ist die angemessene Lösung eines Problems nicht möglich. Natürlich kann man es nicht lösen, wenn man es gar nicht wahrnimmt. Ebensowenig ist es möglich, ein Problem zu lösen, dessen Bedeutung man nicht angemessen erfaßt hat, oder wenn die Kenntnis für Alternativen fehlt, bevor man seine Energie zur Lösung einsetzt. D.h., die Abwertungen stehen insofern in einer hierarchischen Ordnung, als z.B. kein Problem gelöst werden kann, wenn eine der Stufen übersprungen wird. Sonst werden die einzelnen Stufen der *Abwertungshierarchie* zu Han-dicaps beim Problemlösen:

Abwer-tungs-hierarchie

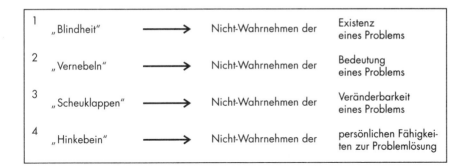

1	„Blindheit"	⟶	Nicht-Wahrnehmen der	Existenz eines Problems
2	„Vernebeln"	⟶	Nicht-Wahrnehmen der	Bedeutung eines Problems
3	„Scheuklappen"	⟶	Nicht-Wahrnehmen der	Veränderbarkeit eines Problems
4	„Hinkebein"	⟶	Nicht-Wahrnehmen der	persönlichen Fähigkeiten zur Problemlösung

Abb. 70: Handicaps des Problemlösens

In einem Chemieunternehmen gab es jahrelange erhitzte Debatten über die richtige Weise, die Maschinen „sauber" zu reinigen, die auf seiten der Maschinenführer mit trotziger Verweigerung und auf seiten der Führungskräfte mit Kritikgesprächen bis hin zu Abmahnungen „angereichert" wurden. Eine einvernehmliche Lösung des Problems war erst dann zu finden, als den Mitarbeitern klar wurde, daß die von den Führungskräften geforderte Sauberkeit insofern von Bedeutung war, als diese in den letzten Jahren immer wieder zu Rügen von seiten der amerikanischen FDA (Food and Drug Administration, amerik. Gesundheitsbehörde, die u.a. die Einfuhrlizenzen vergibt) geführt hatte und in der weiteren Konsequenz zum Verlust eines Absatzmarktes führen könnte. „Ja, wenn das so ist, okay, dann machen wir es halt entsprechend, obwohl es total umständlich und *unseres Erachtens* unnütz ist."

In beiden vorangegangenen Beispielen wird ein *Sachverhalt* abgewertet. Ebenso kann dies aber auch mit *Aspekten der eigenen Person* oder *Aspekten anderer Personen* geschehen. Die Person, die in symbiotischen Konstellationen ihr Eltern-Ich mit Energie besetzt, „sieht" dann beispielsweise nicht mehr, daß ihr Gegenüber genügend eigene Fähigkeiten aktivieren könnte, um ein Problem zu lösen.

Anstatt zu fragen: „Wozu brauchen Sie meine Hilfe?", sagt z.B. die Marketingleiterin der Produktmanagerin, was sie zu tun hat. Bei sich selbst wertet sie die eigene Erschöpfung ab, aus der heraus sie eher Entlastung als weitere Arbeit brauchen würde. Die Produktmanagerin dagegen wertet ihre eigene Fähigkeit, zu denken und Probleme zu lösen, ab und hält sich damit in der Kind-Position fest.

Auch der eben beschriebene Personalleiter hält sich insofern in der Kind-Position fest, als er für das anliegende Problem keine Lösung findet und „wartet", bis der

Geschäftsführer eingreift und die Entscheidung trifft oder bis die Situation sich so zuspitzt, daß er eine Pseudoentscheidung treffen muß, die das Problem jedoch nicht wirklich löst. Dann hätte „die Situation die Verantwortung".

Zusammenfassend kann man feststellen:

> **Solange Menschen einen oder mehrere Aspekte bestimmter Sachverhalte bei sich selbst oder anderen abwerten, laden sie zu Konstellationen gegenseitiger Abhängigkeiten und, damit verbunden, zu unangemessenen Problemlösungen ein.**

Wer dagegen Probleme lösen will, muß hinschauen, klären, um sich schauen und seine Kraft in Besitz nehmen:

1	Existenz eines Problems	Hinschauen	→	➤ Was ist das wirkliche Problem? ➤ Welche Struktur (einbezogene Personen, Sachverhalte) hat es? ➤ Wie ist es dazu gekommen?
2	Bedeutung eines Problems	Klären	→	➤ Welche Bedeutung hat das Problem für wen? ➤ Wer ist an seiner Lösung, wer an einer Verhinderung der Lösung interessiert? ➤ Welche Konsequenzen wird es für wen haben?
3	Veränderbarkeit eines Problems	Um sich schauen	→	Welche generellen Lösungsmöglichkeiten, vor allem: welche allgemeinen Ressourcen sind zur Lösung des Problems vorhanden?
4	Persönliche Fähigkeiten zur Problemlösung	Seine Kraft in Besitz nehmen	→	Die Lösung im Ganzen oder in sinnvollen Schritten in Angriff nehmen

Abb. 71: Ressourcen des Problemlösens

Obwohl sich diese Vorgehensweisen ganz einfach anhören, haben die Beispiele gezeigt, wie leicht man in einem dieser Aspekte einen blinden Fleck haben kann. Um blinde Flecke geht es auch im folgenden.

8.5.1.2 Grandiositäten

Auch sog. *Grandiositäten* sind Denkprozesse, die symbiotisches Verhalten aufrechterhalten. Sie bestehen in Über- bzw. Untertreibungen, durch die die eigene Position als gerechtfertigt erlebt wird. Dabei kommen vor allem Worte wie „nie", „immer", „gar kein", „gar nicht", „alle", „selbstverständlich", „absolut" oder „natürlich" zum Tragen. Eine Führungskraft könnte z.B. sagen: „Niemand arbeitet hier ordentlich, wenn ich nicht da bin." Damit erhält sie intern ihr Weltbild aufrecht, aus dem heraus es „absolut" notwendig ist, die Mitarbeiter zu kontrollieren.

Die schon oft zitierte Marketingleiterin könnte z.B. ganz ähnlich sagen: „Ohne mich geht hier gar nichts. Das sieht man doch mal wieder." Die Produktmanagerin, nachdem die Marketingleiterin eingegriffen hat: „Nie darf man auch etwas alleine machen." Oder der Personalleiter aus der Maschinenfabrik, nachdem sich der Geschäftsführer eingeschaltet hat: „Immer mischt sich der Geschäftsführer in die wirklich wichtigen Entscheidungen ein."

Auch grandiose Denkweisen und alle entsprechenden Aussagen sind sehr dazu geeignet, die eigene Sichtweise, d.h. den eigenen Bezugsrahmen, aufrechtzuerhalten und dabei gleichzeitig entweder andere Personen oder die Situation abzuwerten.

8.5.2 Verhaltensmechanismen

Genauso wie man beim „mikroskopischen Blick" auf symbiotische Haltungen und Beziehungskonstellationen deutlich Denkmuster sehen kann, die den persönlichen Bezugsrahmen stabilisieren, lassen sich – wie bereits angedeutet – auch einzelne Verhaltensweisen erkennen, die typisch für symbiotische Muster sind und ebenfalls den jeweiligen Bezugsrahmen stabilisieren.

8.5.2.1 Redefinierungstransaktionen

Unter einer *Redefinierungstransaktion* versteht man eine Spezialform von Transaktionen, die sich indirekt auf eine ausgesprochene Frage oder Bemerkung beziehen und dem Gespräch eine neue Wende geben, eine Wende, durch die der Antwortende unbewußt einer Unannehmlichkeit ausweicht. Häufig werden z.B. Fragen oder Feststellungen, die nicht zum Bezugsrahmen „passen", als unangenehm erlebt. Dann versucht man, die Kommunikation durch Redefinierungstransaktionen auf ein angenehmeres Thema zu lenken. Dabei lassen sich in der Praxis zwei Arten unterscheiden.

Tangentiale Transaktionen

Von einer tangentialen Transaktion spricht man entweder, wenn in der Antwort auf eine Aussage ein anderes Thema angesprochen wird:

Vorgesetzter: Können Sie die Beurteilungsgespräche für Ihre gesamte Abteilung bis zum 31.3. geführt haben?

Abteilungsleiter: Die Beurteilungsbögen für die Beurteilungen müßten unbedingt verändert werden.

Der Abteilungsleiter hat das Thema hier vom „Termin des Durchführens" zur „Revision der Beurteilungsbögen" verändert und ist damit der ihm lästigen Festlegung des Termins ausgewichen.

Oder es werden verschiedene Aspekte desselben Themas angesprochen:

Vorgesetzter: Können Sie die Beurteilungsgespräche für Ihre gesamte Abteilung bis zum 31.3. geführt haben?

Abteilungsleiter: Wie haben wir das denn letztes Jahr mit den Beurteilungsgesprächen gehalten?

Der Abteilungsleiter hat hier das Thema von der Gegenwart auf die Vergangenheit umgelenkt und auch keine klare Antwort darauf gegeben, ob er den Termin einhalten kann.

Beide Transaktionsarten wirken von der reinen Verhaltensbetrachtung her zunächst wie auf der Erwachsenen-Ebene. Die „Vergrößerung unter dem Mikroskop" zeigt jedoch eine vom Kind-Ich ausgehende Reaktion, durch die einerseits einer Anforderung ausgewichen und andererseits der Glaube an die eigene Überlegenheit als Teil des Bezugsrahmens aufrechterhalten wird.

Würde der Vorgesetzte den Aussagen des Abteilungsleiters folgen, so könnte es leicht passieren, daß es zu keiner konkreten Vereinbarung, sondern höchstens zu einer beiläufig-schwammigen Verabredung kommt, die keinen verpflichtenden Charakter für den Abteilungsleiter besitzt. D.h., beide könnten ihr Gespräch im Nachhinein als unklar und sich im Kreis drehend beschreiben – eine Aussage, die typisch für tangentiale Gesprächsbeiträge ist.

Blockierende Transaktionen

Bei dieser Form des Ausweichens wird statt einer direkten Antwort oder Reaktion irgendein Inhalt der Kommunikation in Frage gestellt.

Vorgesetzter: Können Sie die Beurteilungsgespräche für Ihre gesamte Abteilung bis zum 31.3. geführt haben?

Abteilungsleiter: Der Einfluß dieser Gespräche auf das Betriebsklima scheint mir wenig günstig zu sein.

Mit dieser Reaktion stellt der Abteilungsleiter den Sinn der Gespräche in Frage, ohne deutlich zu sagen, daß er erst über diesen Sinn sprechen möchte, bevor er die Gespräche führt oder einen Termin angibt. Damit lädt er zu einem möglichen eltern-kompetitiven Kommunikationsverlauf ein, der ein machtkampfähnliches Ende finden könnte.

8.5.2.2 Passives Verhalten

Unter *passivem Verhalten* versteht man Aktionen, die Menschen dazu benutzen, um autonomes Handeln zu vermeiden und statt dessen symbiotische Strukturen aufrechtzuerhalten. Passive Verhaltensweisen sind sozusagen *äußere Manifestationen innerer Prozesse* von Abwertung und Grandiosität oder von Denkstörungen. Indem Menschen aus der Kind-Position heraus die Realität abwerten, vermeiden sie mittels der passiven Verhaltensweisen, anstehende Probleme aktiv und selbstverantwortlich anzugehen, und laden statt dessen andere zum Einnehmen des symbiotischen Gegenparts ein.

Passives Verhalten meint keineswegs, daß hier von seiten des Beteiligten nichts geschieht. Im Gegenteil, es kann zu höchst dramatischem Geschehen kommen. *Passiv wird dieses Verhalten deswegen genannt*, weil es nicht der

Lösung der anstehenden Probleme dient, also nicht zielrelevant ist. Es wird vielmehr – wie bereits angedeutet – von den Betreffenden gewählt, um Spannung auf- oder abzubauen, die anderen in die Verantwortung zu ziehen und/oder sich selbst aus der Verantwortung zu entlassen.

Als *passives Verhalten* gelten:

Untätigkeit

Untätigkeit – manchmal auch *Nichtstun* genannt – kann von „ängstlich" erscheinendem Dumm- und Hilflos-Spielen (z.B. Hinkebein) über Rückzug (die Person scheint wie abwesend und hängt u.U. Tagträumen nach) bis zur Unansprechbarkeit reichen. Auf etwas angesprochen, lautet die bevorzugte Antwort: „Ich weiß nicht." Oder es erfolgen ausweichende Antworten im Sinne tangentialer Transaktionen.

Ein älterer Mitarbeiter der Abteilung „Informations-Systeme" soll in seiner Organisation, einer sehr großen Vertriebsgesellschaft, eine neue, sehr komplizierte Software einführen, vor der er selbst und auch die anderen Mitarbeiter große Angst haben. Deswegen soll er an einem Fortbildungsprogramm zur Einführung dieser Software teilnehmen. Gleichzeitig ist er innerlich davon überzeugt, daß ihn die Aufgabe überfordert. Er bespricht diesen Gedanken aber nicht mit seinem Vorgesetzten, sondern „sitzt die Fortbildung ab", versteht nur ganz wenig und kommt niedergeschlagen in die Abteilung zurück. Als sein Vorgesetzter fragt, wann er mit der Schulung beginnen könne, antwortet er: „Das weiß ich nicht genau." Erst durch mühsames Erfragen bekommt der Vorgesetzte eine vage Ahnung vom Dilemma des Mitarbeiters und fühlt sich nun seinerseits angesprochen, zu überlegen, wie er das Problem lösen will. (Dabei kann man sich als Leser gut vorstellen, wie viele tangentiale Transaktionen der Mitarbeiter eingesetzt hat, um das ganze Ausmaß seines Dilemmas nicht deutlich werden zu lassen.)

Überanpassung

Eine Person, die aus diesem Muster handelt, denkt mehr darüber nach, was die anderen denken, daß sie denken sollte, als daß sie selber denkt. D.h., *überangepaßtes Verhalten* richtet sich nicht nach den eigenen Zielen und Bedürfnissen der Person, sondern nach den phantasierten Zielen und Erwartungen der anderen. In der Regel tun Personen mit überangepaßtem Verhalten mehr und zum Teil anderes, als von ihnen erwartet wird.

Eine Sekretärin denkt beispielsweise, daß ihre Chefin denke, sie solle Überstunden machen. Dementsprechend macht sie „selbstverständlich" Überstunden und wundert sich dann, daß sie eines Tages von ihrer Chefin gerügt wird: „Sie sind auch nicht gerade ein Vorbild beim Abbau von Überstunden." Die Sekretärin fühlt sich dadurch verletzt und in ihrer Anstrengungsbereitschaft nicht gesehen, hat aber nie mit der Vorgesetzten über eine Überstundenregelung gesprochen.

Eine andere Ausprägung von Überanpassung zeigt eine Sekretärin, die für mehrere Produktmanager schreibt. Kommt eine Person des Teams und braucht ganz notwendig bis morgen ihre Präsentationscharts, so läßt sie den Neuentwurf für eine Produktinformation, den sie für ein anderes Teammitglied schreibt, liegen und wendet sich den Charts zu. Sie macht dabei einfach, was die jeweils anwesende Person ihr sagt, ohne mitzudenken, zu informieren oder das Marketingteam um gegenseitige Absprachen zu bitten. – Das Schreibchaos in dieser Abteilung ist vorprogrammiert.

Agitation

Agitiertheit ergibt sich aus einer inneren Unruhe. Sie kann in nervösen Bewegungen, z.B. unruhigem Hin- und Hergehen, Rauchen oder auch in ununterbrochenem Sprechen oder Jammern bestehen. Auch sog. blinder Aktionismus ist hier einzuordnen. Durch agitiertes Verhalten wird Energie aufgebaut, die infolge des unkoordinierten Denkens weder zum Erreichen eigener Ziele noch zur Befriedigung der Erwartungen anderer eingesetzt werden kann. Deshalb kann bei ansteigendem Druck von außen oder langandauerndem Innendruck agitiertes Verhalten leicht in die vierte Form passiven Verhaltens umschlagen.

Der Mitarbeiter aus der Abteilung „Informations-Systeme" könnte z.B. alle Unterlagen, die er in der Schulung bekommen hat, kopieren und an die Kollegen verteilen, obwohl diese ohne Erklärungen mit den Unterlagen gar nichts anfangen können. Oder aber er könnte seinem Vorgesetzten immer wieder und wieder erzählen, daß er zu viele andere Aufgaben habe und er die Kollegen deshalb nicht schulen könne.

Sich unfähig machen
(„Angriffe" gegen sich selbst oder andere)

Hierzu gehören Verhaltensweisen, durch die sich Menschen in eine Lage bringen, aus der heraus sie auf keinen Fall noch Probleme lösen können. Sie können z.B. einen Nervenzusammenbruch haben, krank werden oder sich Kollegen und Mitarbeitern gegenüber so destruktiv verhalten, daß andere (meist Vorgesetzte) eingreifen müssen. Das Denken ist bei diesen Handlungen total ausgeschaltet. Außerdem fühlt sich eine Person für ihr Handeln nicht verantwortlich („Ich bin halt ausgeflippt").

Der erwähnte Mitarbeiter aus der Abteilung „Informations-Systeme" könnte sich durch einen sog. Nervenzusammenbruch unfähig machen, dessentwegen er für etliche Wochen krankgeschrieben werden muß.

Ein Maschinenführer regte sich über das besserwisserische Gehabe seines Gruppenleiters so auf, daß er voller Wut gegen die Maschine trat und sich dabei den Fuß brach.

Ursprünge Diese extreme Form von Passivität wird natürlich genausowenig wie die anderen „willentlich gemacht", sondern entspricht, wie schon oft angeklungen, einem alten Erfahrungsmuster, durch das man andere dazu bewegen oder sogar zwingen will, die Verantwortung zu übernehmen. Denn bei allen zuvor aufgeführten passiven Verhaltensweisen müssen andere Menschen das Problem lösen oder die Verantwortung übernehmen, wenn ein bestimmtes Ziel erreicht werden soll.

Wirkungen Mit anderen Worten, durch passive Verhaltensweisen werden andere Menschen zur Symbiose verführt oder sogar „gezwungen". Wenn dies temporär geschieht, so ist das nicht weiter tragisch. Aber auch wenn eine Vorgesetzte sieht, daß sich der Mitarbeiter passiv verhält, und sie daher weiß, daß sie ihm bestimmte Aufgaben nicht abnehmen dürfte, sondern eher Teilschritte mit ihm besprechen müßte, kann sie dies in akuten Situationen nicht immer umsetzen. Dafür ist manchmal der Zeitdruck zu groß, oder sonstige Umstände sprechen dagegen. Nimmt jemand den anderen jedoch auf Dauer die Lösung von Problemen ab, so verhält er sich genauso inadäquat wie die passive Person. Denn er ändert nichts, sondern besetzt lediglich die Gegenposition. Dabei halten sich dann beide Personen gegenseitig in ihrer Abhängigkeit fest, und entsprechen auf diese Weise beide dem Gegenteil einer autonomen Persönlichkeit.

8.6 Wachstum und Veränderung: Übender Umgang mit Abwertungen, Grandiositäten, Redefinitionen und Passivem Verhalten

War es uns zuvor bereits sehr wichtig, den übenden Umgang mit symbiotischem Verhalten als *einen* wesentlichen Baustein unserer Berater- und Trainertätigkeit darzustellen, so wollen wir nunmehr, am Ende der inhaltlichen Ausführungen zu den aufrechterhaltenden Mechanismen, einen zweiten Part dieses Bausteins beschreiben, der uns fast noch wesentlicher im Hinblick auf alltägliche wie betriebliche Nützlichkeit erscheint. Denn der Umgang mit Abwertungen, Grandiositäten, Redefinitionen oder Passivem Verhalten lohnt auch dann, gelernt und angewandt zu werden, wenn bisher oder niemals

Kenntnisse über Symbiosen und symbiotische Haltungen erworben wurden. Der gekonnte Umgang mit diesen Mechanismen scheint uns ein Herzstück gelungener Kommunikation und Interaktion zu sein, von dem wir in den verschiedensten Lebenslagen profitieren können. Wir selbst wollen den Umgang wiederum am Beispiel von Führungskräftetraining oder Teamentwicklungsmaßnahmen zeigen.

Herzstück gelungener Kommunikation

8.6.1 Alltägliche Abwertungen in Führungskräftetrainings

Nachdem z.B. die Teilnehmer eines Führungstrainings, wie wir es zuvor beschrieben haben, neugierig darauf geworden sind, wie symbiotisches Verhalten vermieden werden kann, lehren wir sie in kurzen Impulsreferaten die Theorie der Abwertungen und lassen sie dann Sätze oder Aussagen aus dem betrieblichen Alltag wiedergeben, die Abwertungen beinhalten. Auf diese Weise wollen wir ihnen ein Gespür für diese wichtige und schwierige Materie vermitteln.

Im Anschluß daran lehren wir sie, wie Abwertungen genauer analysiert und verändert werden können. Dazu geben wir beispielsweise folgende Situation vor:

Rollenspiel

Der überlastete Disponent

Stellen Sie sich einen Disponenten vor, der sich vom Lagerarbeiter bis in diese Position „hochgearbeitet" hat. Er konnte diesen Weg gehen, weil er besonders zuverlässig war, besonders viel Verantwortung übernommen hat und häufig „der Fels in der Brandung" war.

Einer seiner Lagerarbeiter behauptet nun, daß die neuen Rohstofflieferungen nicht unterzubringen seien, weil angeblich falsche Mengen geliefert worden seien. Anstatt nun mit dem Arbeiter darüber zu reden, wie er das Problem lösen will, geht der Disponent selbst ins Lager und ordnet „haarklein" an, welche Ware wie umgeschichtet werden muß. Da der Arbeiter die Anweisungen nicht sofort versteht, bleibt der Disponent zur Überwachung noch so lange im Lager, bis die Aktion vollzogen ist, ja, er faßt sogar selbst noch mit an, da er nicht so tatenlos rumstehen will.

Alles zusammen bedeutet für seine eigentlichen Tätigkeiten einen erheblichen Zeit- und Energieverlust und macht für ihn an diesem Abend Überstunden notwendig.

Nach ausreichender Erörterung der geschilderten Situation, wobei manchmal ein kurzes Rollenspiel hilfreich sein kann, um sich in die vorgegebene Situation hineinzuversetzen, nutzen wir eine vorgefertigte Matrix, um das Geschehen systematisch hinsichtlich möglicher Abwertungen zu analysieren. Eine solche Matrix können wir entweder für die Abwertung anderer Personen (Abb. 72), für die Abwertung der eigenen Person (Abb. 73, S. 240) oder die Abwertung der Situation (Abb. 74, S. 241) aufstellen. Meistens wählen wir nur einen Bereich, um das Prinzip zu verdeutlichen, aber die Teilnehmer nicht mit Informationen zu überlasten.

Gesichtspunkte der Analyse Im einzelnen tragen wir ein, wie das Geschehen auf den Ebenen der Abwertungen anzusiedeln ist (1). Danach erarbeiten wir mögliche Aussagen des Disponenten, an denen Abwertungen zu erkennen sind (2). In einem dritten Schritt sammeln wir Fragen, die der Vorgesetzte des Disponenten stellen könnte, wenn er ihm helfen will, angemessene Verhaltensweisen zu entwickeln, die nicht auf Abwertungen basieren (3).

	Abwertung von Informationen, die einen anderen Menschen betreffen	Beispiel (1)	Aussagen, in denen die Abwertung sichtbar wird (2)	Fragen, die die Abwertung „in Frage" stellen (3)
Existenz	Auf dieser Ebene werden relevante Informationen nicht wahrgenommen.	*Der Disponent nimmt den Lagerarbeiter als erwachsenen Selbständigen gar nicht wahr, sondern nur als jemanden, den er unterstützen muß.*	*Ich muß mich immer wieder um alles selber kümmern.*	*Stimmt es wirklich, daß Sie sich immer um alles selber kümmern müssen?*
Bedeutsamkeit	Hier wird die Bedeutsamkeit einer Information abgewertet.	*Der Disponent weiß zwar, daß der Lagerarbeiter schon öfter Probleme gut gelöst hat, d.h., er kennt zwar die relevante Information, aber er sagt sich, daß es doch viel zu umständlich ist, wenn er erst lange mit dem Lagerarbeiter darüber reden muß, wie das Problem gelöst werden soll. Da packt er doch eher selbst mit an.*	*Dem L. alles zu erklären ist so umständlich, daß ich lieber selber mit runtergehe.*	*Was bringt es Ihnen, wenn Sie auf Dauer so viel Verantwortung übernehmen?*
Veränderbarkeit	Auf dieser Ebene werden Möglichkeiten der Veränderung nicht gesehen.	*Der Disponent sieht, daß der Lagerarbeiter das Problem selbst lösen könnte, fände es im Prinzip auch sinnvoll, ihn durch ein Gespräch zum „selber Denken" anzuregen, meint aber gleichzeitig, daß man das von Lagerarbeitern insgesamt nicht erwarten könne.*	*Mit Leuten reden, damit sie etwas lernen, ist ja ganz gut, aber Lagerarbeiter sind alle gleich, die wollen nichts lernen.*	*Sind wirklich alle Lagerarbeiter gleich? Kennen Sie nicht auch andere Lagerarbeiter?*
Persönliche Fähigkeiten zur Veränderung	Die persönlichen Fähigkeiten des anderen werden hier nicht gesehen.	*Der Disponent sieht,* ➤ *daß der Lagerarbeiter denken kann,* ➤ *daß es sinnvoll wäre, mit ihm zu reden,* ➤ *daß es im allgemeinen sehr tüchtige Lagerarbeiter gibt,* ➤ *daß aber dieser spezielle Lagerarbeiter hier im Augenblick durch seine persönliche Situation zu sehr belastet ist, als daß er ihn anfordern könnte.*	*Den L. kann man im Moment doch überhaupt nicht fordern. Er ist viel zu belastet.*	*Ist Herr L. von seinem persönlichen Hintergrund her wirklich so belastet, wie Sie meinen?*

Abb. 72: Beispiel für die Analyse von Abwertungen einer anderen Person

	Abwertung von Informationen, die die eigene Person betreffen	Beispiel (1)	Aussagen, in denen die Abwertung sichtbar wird (2)	Fragen, die die Ab-wer-tung „in Frage" stellen (3)
Existenz	Auf dieser Ebene werden relevante Informationen, die die eigene Person betreffen, nicht wahrgenommen.	Der Disponent nimmt gar nicht wahr, wie stark er selber belastet ist.	Für eine Führungskraft hat der Arbeitstag 24 Stunden.	Wie lange, glauben Sie, werden Sie das durchhalten?
Bedeutsamkeit	Hier wird die Bedeutsamkeit einer Information hinsichtlich der eigenen Person abgewertet.	Der Disponent sieht, daß er eigentlich keine Zeit hat, sich um diesen „Kleinkram" zu kümmern, sagt sich aber, daß dies nun mal sein Geschäft sei.	Ich habe zwar keine Zeit, aber irgendwie kriege ich das immer hin.	Wie machen Sie denn das, das immer irgendwie hinzukriegen?
Veränderbarkeit	Auf dieser Ebene werden Möglichkeiten der Veränderung nicht gesehen.	Der Disponent glaubt, daß es keinem in seiner Position anders ergeht.	Als Disponent ist man eben für alles zuständig.	Was heißt denn für Sie „alles"?
Persönliche Fähigkeiten zur Veränderung	Die persönlichen Fähigkeiten, etwas zu verändern, werden nicht wahrgenommen.	Der Disponent sieht, daß andere in seiner Position mehr delegieren, sieht sich jedoch selbst nicht dazu imstande.	Bei meinem Pflichtbewußtsein muß ich das nun mal so machen.	Heißt das, Sie kapitulieren und ergeben sich Ihrem Schicksal?

Abb. 73: Beispiel für die Analyse von Abwertungen der eigenen Person

	Abwertung von Informationen, die die Situation betreffen (1)	Beispiel (1)	Aussagen, in denen die Abwertung sichtbar wird (2)	Fragen, die die Abwertung „in Frage" stellen (3)
Existenz	Auf dieser Ebene werden relevante Informationen, die die Situation betreffen, nicht wahrgenommen.	Der Disponent sieht nicht, daß er einen älteren, erfahreneren Lagerarbeiter mit der Lösung des Problems beauftragen kann.	Es gibt eben niemanden außer mir.	Gibt es wirklich niemanden außer Ihnen?
Bedeutsamkeit	Hier wird die Bedeutsamkeit einer Information, die die Situation betrifft, abgewertet.	Der Disponent weiß, daß noch eine andere Arbeitskraft zur Verfügung steht, meint aber, daß diese wegen dieser unwichtigen Angelegenheit nicht beauftragt werden muß.	Es ist doch viel zuviel Aufwand, Herrn Y jetzt von seiner Arbeit wegzuholen.	Was wäre denn der Nutzen, wenn Sie es dennoch täten?
Veränderbarkeit	Auf dieser Ebene werden Möglichkeiten der Veränderung nicht gesehen.	Der Disponent folgt seinen Phantasien über die Überlastung seiner Mitarbeiter.	In diesem Laden will niemand zusätzlich belastet werden.	Woher wissen Sie das so genau?
Persönliche Fähigkeiten zur Veränderung	Hier wertet eine Person ihre Fähigkeiten ab, die sie einsetzen könnte, um in der Situation etwas zu erreichen.	Der Disponent sieht die Notwendigkeit der Delegation, traut sie sich jedoch nicht zu.	Ich kann mich bei meinen Leuten nur schwer durchsetzen.	Ist das bei Ihnen immer so?

Abb. 74: Beispiel für die Analyse von Abwertungen der Situation

Wenn auch die Teilnehmer eine solche Serie von Analysen in ihrer Praxis eher selten durchführen werden, so lernen sie doch aus der gemeinsamen Erarbeitung, relevante Aspekte für die Problemlösung zu berücksichtigen und dabei Abwertungen bei sich selbst und anderen zu erkennen und zu korrigieren.

Einübender Umgang mit Abwertungen ist auch der Inhalt des folgenden Beispiels, das zeigt, wie man Probleme komplikationsloser lösen kann, wenn Abwertungen vermieden werden. Dabei bekommen die Teilnehmer einen *Leitfaden „Problemlösung ohne Abwertung"* (Abb. 75, S. 242). Einzeln – unter Umständen mit Unterstützung des Coachs oder Beraters – oder im gemeinsamen Gespräch beschreiben und definieren sie nun alle Schritte, die notwendig sind, um das Problem zu lösen. Dabei halten sie so lange an einer Stufe des Leitfadens fest, bis sie darin übereinstimmen, was z.B. das Problem ist bzw. für wen das Problem wie aussieht. Erst danach gehen sie zur jeweils nächsten Stufe über, bis das Problem zumindest in der vorausdenkenden Planung inklusive möglicher Konsequenzen gelöst erscheint.

Problemlösung ohne Abwertung

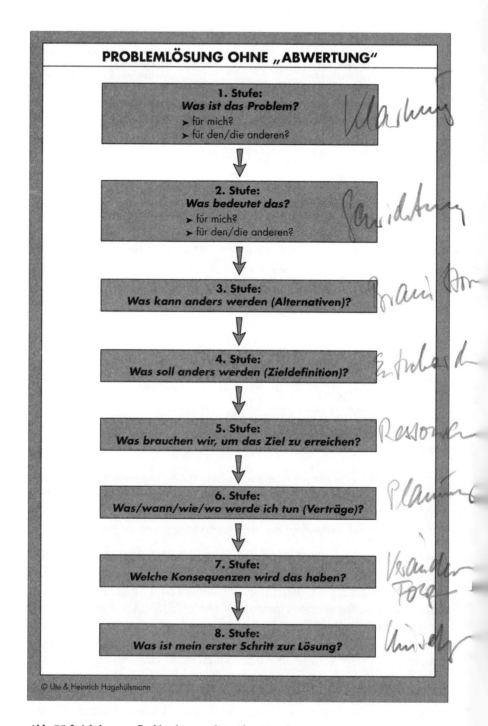

Abb. 75: Leitfaden zur „Problemlösung ohne Abwertung"

Zur Illustration dieses Vorgehens wollen wir nochmals auf unser Beispiel der Feinmechanik-Fabrik (siehe S. 228) zurückgreifen und schrittweise darstellen, wie der Personalleiter und der Industriemeister zu einer gemeinsamen Problemlösung finden.[*]

Personalleiter wie Industriemeister beschreiben zunächst jeweils individuell das Problem entsprechend der Schrittfolge des obigen Schemas (Abb. 75). Dann beginnen sie mit der gegenseitigen Information und Abstimmung.

Was ist das Problem?

Der Industriemeister beginnt mit der Feststellung: „Für mich sieht das Problem so aus: Die Hälfte der Leute meint, wir könnten schneller ausliefern, wenn alle Plätze in der Administration Spedition von morgens an besetzt wären. Deshalb sind sie sauer auf die Frauen ‚oben', wenn vom frühen Nachmittag an Druck entsteht, weil die morgens nicht in die Pötte kommen. Die Luft ist dann zum Schneiden." Darauf entgegenet der Personalleiter: „Für mich besteht das Problem darin: Ich will den Frauen die Arbeitsplätze erhalten, die wegen der Kinder Gleitzeit brauchen. Außerdem sind es gute, lang eingespielte Kräfte, die die Firma braucht." Im nachfolgenden Austausch findet man folgende gemeinsame Problemdefinition: Die zügige Warenauslieferung wird im Verlauf des Nachmittags zunehmend dadurch behindert, daß infolge der Gleitarbeitszeit in der Administrationsabteilung morgens nicht genügend Frauen verfügbar sind und die Auslieferung auf diese Weise nicht schnell genug vorbereitet wird.

Existenz

Was bedeutet das?

Hinsichtlich der Bedeutung, die diesem Problem beigemessen wird, geht es weniger darum, zu einem absolut gemeinsamen Standpunkt zu finden, als vielmehr darum, sich gegenseitig über die Bedeutung zu informieren.

Bedeutung

Für den Industriemeister folgt aus der Problemdefinition, daß die Auslieferung morgens nicht zügig vorangeht und nachmittags Hektik entsteht, aufgrund derer Fehler produziert werden. Für den Personalleiter steht die Angst im Mittelpunkt: „Wenn die erfahrenen Frauen verlorengehen, werden wir auch nicht schneller in der Auslieferung, und zudem kriegen wir ganz viele Probleme mit dem Betriebsrat." Die „Einigung" besteht darin, daß beide Gesichtspunkte bei der weiteren Problemlösung beachtet werden sollen.

---

[*]   In Trainingssituationen oder bei Teamsupervisionen nehmen wir ein solches Beispiel als Spielanweisung und lassen in einem ersten Schritt die Akteure von Teilnehmern im Rollenspiel darstellen, das von der Gruppe beobachtet und von uns als Trainern, falls das hilfreich oder notwendig ist, kommentiert werden kann.

Was kann anders werden (Alternativen)?

Alternativen Als mögliche Alternativen finden beide:

➤ Die Möglichkeiten der Gleitzeit werden für die Mitarbeiterinnen der Administration Spedition eingeschränkt. Es kann notfalls auch Festzeit angeordnet werden.

➤ Man kann ja noch mal prüfen, ob sich bei einem Appell an die Einsicht der Frauen nicht alles von selber zurechtläuft.

➤ Es muß zunächst einmal genau festgestellt werden, wie viele Personen morgens benötigt werden, um eine zügige Auslieferung zu gewährleisten.

Was soll anders werden (Zieldefinition)?

Zieldefinition Hinsichtlich der Zieldefinition ist man der gemeinsamen Auffassung, daß letztlich nur eine Lösung zufriedenstellen kann, die einerseits die zügige Auslieferung ermöglicht und andererseits verhindert, daß die Firma das gut eingespielte Personal verliert.

Was brauchen wir, um das Ziel zu erreichen?

Konkretisierung Um dieses Ziel zu erreichen, einigen sich beide hinsichtlich der endgültigen Vorgehensweise sehr schnell auf eine Kombination der beiden letztgenannten Vorschläge. „Lassen Sie uns doch die Leute selber an der Entscheidung beteiligen. Lassen wir sie doch mal Möglichkeiten finden, das Problem zu lösen, und halten uns für alles offen", so der Industriemeister, worauf der Personalchef ergänzt: „Trotzdem scheint mir die präzise Erhebung des notwendigen Bedarfs wichtig und hilfreich, um entscheiden zu können, ob die Lösungsvorschläge etwas taugen."

Was/wann/wie/wo werde ich tun (Verträge)?

Verträge Zur Frage, was jeder konkret tut (Verträge), entscheiden sich beide, am nächsten Tag gemeinsam mit den Frauen über das Problem zu sprechen und sie dabei einzuladen, an einer Problemlösung mitzuwirken. Der Industriemeister zieht für sich aus dem Ganzen zusätzlich den Schluß, sich in Zukunft nicht mehr allein den Kopf darüber zu zerbrechen, wie ein Problem zu lösen ist, sondern darauf zu achten, daß alle Betroffenen mit einbezogen werden. Der Personalleiter wird einen Trainee beauftragen, unter Anleitung des Industriemeisters den entsprechenden Bedarf in der Administration Spedition festzustellen. Für sich selbst ist er zudem ganz froh, endlich seine Angst überwunden und die Sache angepackt zu haben. Auch er freut sich, das in Kooperation mit dem Industriemeister tun zu können und nicht gegen ihn.

Welche Konsequenzen wird das haben?

Hinsichtlich möglicher Konsequenzen beim Scheitern ihrer Lösungsstrategie be- **Konsequenzen**
schließen sie: Wenn die Mitarbeiterinnen selbst keine Lösung finden, so werden
wir zusammen mit dem Betriebsleiter eine Entscheidung treffen, die das Problem
entsprechend der Erhebung löst, selbst wenn nicht alle Beteiligten einverstanden
sind. Sollte das Ganze zum Erfolg führen, worüber sie sich ziemlich sicher sind,
werden sie in Zukunft nicht nur ein dickes Problem weniger haben, sondern auf
dieselbe Weise der Mitbeteiligung vielleicht auch einige andere „Ladenhüter" lösen können.

Eines haben sie schon jetzt erreicht, was sie auch gegenseitig ausdrücken: die
Freude darüber, daß die Zusammenarbeit zwischen ihnen so gut geklappt hat.

Das vorangegangene Beispiel skizziert das Ergebnis ernsthafter Problemlösung, die sich der vorgestellten Methode bedient, sehr realistisch. Es werden
Merkmale daran deutlich, *wie Menschen effektiv Probleme lösen* (Abb. 76): **Merkmale effek-**
tiver Problem-
➤ Sie denken eigenständig, **lösung**

➤ sie beachten einander,

➤ sie sind offen für unterschiedliche Vorgehensweisen und finden so genügend Handlungsalternativen,

➤ sie integrieren alle am Problem Beteiligten bei dessen Lösung,

➤ sie finden eine gemeinsame Lösung, die alle Beteiligten berücksichtigt.

Abb. 76: Strategien des Problemlösens

Insofern zeigen diese Beispiele, wie die Kenntnis der Abwertungsstrategien und darauf bezogenes Üben nicht nur einen flexiblen, selbständigen Kommunikationsstil erlaubt, sondern auch zu Haltungen beiträgt, die wir im Verlaufe dieses Buches als spielfrei, respektvoll sich selbst und anderen gegenüber, nicht-symbiotisch, kurz gesagt, autonom bezeichnet haben.

8.6.2 Beispiele grandiosen Denkens und Verhaltens

Um unseren TeilnehmerInnen in Trainingsgruppen oder im Coaching ihre eigenen Grandiositäten bewußt und sie hellhörig zu machen für die Über- oder Untertreibungen ihres Gegenübers, sammeln wir zunächst gemeinsam *typische Redewendungen aus dem betrieblichen Alltag*, wie z.B.: „Das haben wir **Typische** noch nie gemacht", „Damit können Sie uns nicht kommen", „Wir sind die **Redewendungen** Größten" oder: „Wir sind die absoluten ..." Das macht allen Beteiligten in der Regel sehr viel Spaß, zumal wir im Verlauf der Sammlung andere Firmen, die Werbung oder auch politische Äußerungen einbeziehen.

Bei einer anderen, mehr auf die Person zentrierten Vorgehensweise benutzen wir folgenden Arbeitsbogen:

THEMA BEZUGSRAHMEN

– Übung zur Grandiosität –

Mit einem/r MitarbeiterIn sollte ich immer

_____

_____

_____

(Satz möglichst spontan beenden)

Probleme löse ich immer, indem ich

_____

_____

_____

(Satz möglichst spontan beenden)

© Ute & Heinrich Hagehülsmann

Abb. 77: Arbeitsbogen zum Thema „Bezugsrahmen: Übung zur Grandiosität"

Aus ihren eigenen Satzvollendungen wird den TeilnehmerInnen zum einen deutlich, wie oft sie noch in einer symbiotischen Rolle verfangen sind, und zum anderen, wie selbstverständlich und alltäglich grandiose Äußerungen sind. Häufig erkennen sie auch, in wie starkem Maße Sprache dazu geeignet ist, bestimmte Rollen und damit gekoppelte Verhaltensweisen „festzuschreiben".

Aus den Ergebnissen dieses Minifragebogens entstehen oft konkrete Veränderungsverträge, deren Umsetzung bereits im Training oder im praktischen betrieblichen Alltag geübt wird.

So haben wir beispielsweise mit einer angehenden Führungskraft, die fast jede ihrer Aussagen mit „ein bißchen" abschwächte und damit minimierte, ausgemacht, daß die anderen TeilnehmerInnen ihr jedesmal bei diesem Wort Rückmeldung geben. Am übernächsten Tag war das Wort aus dem Sprachgebrauch „getilgt".

Bei einer anderen Führungskraft hieß die Satzvollendung: „Mit einem/r MitarbeiterIn sollte ich immer ganz freundlich und nett umgehen." Dazu haben wir in einer Coaching-Sitzung folgenden Vertrag zur Verhaltensänderung erarbeitet:

> „Ich fordere die Mitarbeit der anderen ein und erlaube mir, gegebenenfalls Kritik auszusprechen."

In den darauffolgenden Sitzungen besprachen wir mit ihr die Erfolge, die sie mit diesem Vertrag hatte, und analysierten eine Situation, in der sie ihr Vorhaben noch nicht umsetzen konnte. Wir unterstützten sie darin, ihre neuen Verhaltensweisen auch weiterhin einzuüben.

Das ist ein typisches Beispiel dafür, wie sich bestimmte Einstellungen in Sprache ausdrücken und das Aufgreifen des Sprachgebrauchs zu Einstellungs- und nachfolgend auch zu Verhaltensänderungen führen kann.

8.6.3 Über den „lustvollen" Umgang mit Redefinitionen

Rollenspiele Um die zuvor geschilderten Transaktionsmöglichkeiten bewußtzumachen, führen wir mit den Teilnehmern unserer Seminare häufig *Rollenspiele* nach folgendem Anweisungsblatt durch:

Übung zu ausweichenden und blockierenden Transaktionen / Antworten

➤ Bilden Sie Dreiergruppen mit MitarbeiterIn, Führungskraft/Chef und Beobachter.

➤ Der Chef sucht ein Thema und spricht darüber drei Minuten mit dem Mitarbeiter.

➤ Dabei antwortet der Mitarbeiter ausweichend oder blockierend auf alles, was der Chef fragt oder sagt.

> **Der Mitarbeiter schafft eine Kette von ausweichenden und blockierenden Transaktionen/Antworten, während der Chef versucht, dem Thema zu folgen.**

➤ Der Beobachter informiert, wenn die drei Minuten abgelaufen sind.

➤ Jetzt konfrontiert der Chef die ausweichenden und blockierenden Transaktionen/Antworten, der Mitarbeiter versucht jedoch weiterhin, ausweichend und blockierend zu antworten.

➤ Der Beobachter informiert wieder über den Ablauf von drei Minuten.

➤ Danach zehn Minuten Diskussion über die Erfahrung mit der Übung.

Bitte tauschen Sie anschließend die Rollen, so daß jede/r mindestens einmal in jeder Rolle war.

© Ute & Heinrich Hagehülsmann

Abb. 78: Anweisung zum Rollenspiel „Übung zu ausweichenden und blockierenden Transaktionen/Antworten"

Im Plenum werden dann die Diskussionsergebnisse zusammengefaßt, wobei die Teilnehmer in aller Regel einerseits von dem Spaß in der Rolle des/der MitarbeiterIn und andererseits von der Mühsal in der Rolle der Führungskraft berichten.

Die Teilnehmer haben dabei häufig viele „Aha"-Erlebnisse. Sie erkennen viele eigene Muster, aber auch Kommunikationsstrategien von Kollegen, Vorgesetzten und Mitarbeitern. Häufig erkennen sie auch, daß es zwar notwendig ist, den anderen auf ungenaue Antworten aufmerksam zu machen, daß dieser Hinweis aber, obwohl die Situation dazu einlädt, nicht aus der Verfolgerposition kommen darf, um nicht ein Spiel einzuleiten. Zur Unterstützung der Erkenntnisse erarbeiten wir dann Positiv- und Negativbeispiele für die Konfrontation von Redefinierungstransaktionen.

Positiv- und Negativbeispiele

Am Beispiel des Gesprächs zwischen Vorgesetzem (VG) und Abteilungsleiter (AL) über die Beurteilungsgespräche (S. 232f) könnte das beispielsweise so aussehen:

	Negativ-Beispiel	**Positiv-Beispiel**

1 VG:	Können Sie die Beurteilungsgespräche für Ihre gesamte Abteilung bis zum 31.3. geführt haben?	Können Sie die Beurteilungsgespräche für Ihre gesamte Abteilung bis zum 31.3. geführt haben?
2 AL:	Die Beurteilungsbögen für die Beurteilungen müßten unbedingt verändert werden.	Die Beurteilungsbögen für die Beurteilungen müßten unbedingt verändert werden.
3 VG:	Sehr kritisch: Das ist doch gar nicht das Thema! Ich will von Ihnen eine Terminzusage! Nun antworten Sie mir doch gefälligst auf meine Frage.	Das sind zwei unterschiedliche Themen, nämlich einmal der Termin und zum anderen Ihre Meinung zum Beurteilungsbogen. Hängen die Themen für Sie zusammen?
4 AL:	Ich sage doch, daß an den Beurteilungsbögen etwas geändert werden muß.	Ja, denn wenn die Beurteilungsbögen eventuell noch überarbeitet werden sollen, kann ich den Termin auf keinen Fall einhalten. Deshalb würde ich gern erst mit Ihnen über die Bögen reden.

Abb. 79: Positiv- und Negativbeispiele für die Konfrontation von Redefinierungstransaktionen

Durch Beispiele dieser Art wird deutlich, wie man das Erkennen ineffektiver Kommunikationsmuster dazu nutzen kann, das Gespräch über ein Problem in Gang zu bringen, wenn man dem Gegenüber seine Reaktionsmuster nicht vorwirft, sondern sie „erwachsen" zurückspiegelt und nach den Beweggründen fragt.

Viele TeilnehmerInnen haben uns berichtet, daß sie durch diese Übung „sehr wach" für die Genauigkeiten der Antworten geworden seien und den „roten Faden" im Gespräch besser beibehalten können.

8.6.4 Übungen zum Umgang mit Passivem Verhalten

Über den Umgang mit Passivem Verhalten ist „eigentlich" bereits fast alles gesagt worden. Gilt doch all das, was beispielsweise über die Vermeidung von symbiotischem Verhalten und den Umgang mit den Bezugsrahmen aufrechterhaltenden Mechanismen des Denkens (also Abwertungen und Grandiositäten) oder Sprechens (Redefinitionen) gesagt wurde. Zusätzlich hilfreich ist das Wissen und – besser noch – Übung im Aussteigen aus „Spielen" (siehe S. 175f). Denn alle Formen Passiven Verhaltens lassen sich auch – durch die Brille psychologischer „Spiele" betrachtet – als interaktives Geschehen zwischen Opfern, Rettern und Verfolgern darstellen und mit entsprechenden Ausstiegsstrategien auflösen.

Will man den Umgang mit Passivem Verhalten dennoch zusätzlich üben, empfehlen sich unserer Erfahrung nach Rollenspiele, in denen eine oder mehrere Personen – das läßt sich in verschiedenen Schweregraden variieren – als Mitarbeiter gebrieft werden, eine entsprechende Form des Passiven Verhaltens zu zeigen, und ein oder mehrere Vorgesetzte die Aufgabe erhalten, mit der von ihren Mitarbeitern gestalteten Situation umzugehen. Die Gruppe oder der Berater/Coach/Supervisor/Trainer können dabei dazu genutzt werden, um bereits vor Ablauf des Rollenspiels z.B. mit dem Vorgesetzten geeignete Handlungsmuster zu überlegen oder während des Rollenspiels als Berater zur Verfügung zu stehen.

Adäquate Antworten können nur unter Berücksichtigung der jeweiligen Beziehung und der spezifischen Situation gefunden werden. Sie reichen von klaren Absprachen/Verträgen (z.B. bei Untätigkeit) über Abfordern von Informationen und eigenem Denken (z.B. bei Überanpassung) bis zu „Befehlen" wie: „Stop!", „Moment mal! Eins nach dem anderen" oder: „Aufhören!" (z.B.

bei Agitation und „Angriffen"). Was davon dann in einer betrieblichen Situation wirksam zum Tragen kommt, ist abhängig vom situativen Kontext und den Handlungsalternativen bzw. den Ausstiegsstrategien, die Vorgesetzte und/oder andere Mitarbeiter zur Verfügung haben.

NEUN

FÜHRUNGSVERHALTEN UNTER DEM GESICHTSPUNKT VON ABHÄNGIGKEIT UND AUTONOMIE

Führungsverhalten war direkt oder indirekt bereits mehrfach Gegenstand unserer Erörterungen. Die verschiedenen Konzepte nochmals einzeln im Hinblick auf Führung zu diskutieren wäre daher redundant. Selbst wenn wir Ausführungen zur Führungspersönlichkeit, wie sie z.B. *Dudley Bennett* (1977), *Kenneth Wallgreen* (1989), *Muriel James* (1990) oder *Hagehülsmann* (1992) vorgelegt haben, hier referieren wollten, würde bereits Bekanntes vielleicht unter anderen Aspekten zusammengefaßt, doch letztlich nur wiederholt.

Die verschiedenen Konzepte nochmals verstärkt im Hinblick auf Führung zu diskutieren scheint uns auch insofern unangebracht, als sich dieses Buch auf alle Menschen im Spannungsfeld ihrer Organisationen konzentriert. Eine *integrierte Persönlichkeit* soll nicht den Menschen in Führungspositionen vorbehalten bleiben. Zum einen haben viele Menschen in Organisationen immer wieder potentielle Führungsaufgaben, wie z.B. Projektleitung, ohne zur eigentlichen Führungsmannschaft zu zählen. Zum anderen erfordert der Umgang mit Kollegen auf und zwischen allen hierarchischen Ebenen einer Organisation immer auch solche Fähigkeiten, wie sie von Menschen mit Führungsaufgaben in besonderem Ausmaß und in besonderer Professionalität erwartet werden. Daher „braucht" dieses Buch keine „erneuten" Ausführungen zum Thema „Führung", obwohl wir uns natürlich wünschen, daß viele Führungskräfte es lesen werden.

Wir haben uns deshalb entschieden, in diesem Kapitel nur das Konzept der Symbiosen (einschließlich der Mechanismen zu ihrer Aufrechterhaltung) im

Hinblick auf Führungsverhalten zu diskutieren.Wir meinen, daß sich dieses Konzept einerseits in besonderer Weise eignet, die Effektivität von Führungsverhalten „unter die Lupe" zu nehmen, und uns andererseits ermöglicht, unsere persönlichen Sichtweisen zur Thematik Führungsverhalten abrundend darzustellen. Zu diesem Zweck wollen wir uns zunächst vier verschiedenen Führungsstilen zuwenden.

9.1 Zwingender Führungsstil

Je stärker eine Unternehmenskultur durch autoritäre Strukturen aus dem kritischen Eltern-Ich gekennzeichnet ist und je starrer eine Führungsmannschaft an einer symbiotischen Grundhaltung festhält, desto mehr wird ein Klima geschaffen, in dem Wachstum und Entfaltung von Menschen ausgeschlossen oder eingeschränkt sind. *Rosa Krausz* (1989) bezeichnet das Verhalten einer Führungskraft, die die Mitarbeiter in solch starker Weise einengt, als „*Zwingenden Führungsstil*". Dabei üben diese Personen via Position und Verfügbarkeit von Strafmaßnahmen, wie z.B. Entlassung oder Rückstufung „ins Glied", Macht[*] aus und etablieren mit ihren Mitarbeitern eine rigide symbiotische Haltung zwischen ihrem Eltern-Ich und dem Kind-Ich der anderen. Ihr Stil ist durch Dominanz und Unterwerfung geprägt. Die Regeln in dieser Organisationskultur sind rigide und unterdrückend, wobei primär die Führungskräfte das Recht haben, sie aufzustellen oder zu verändern.

Ein solcher „autoritärer Herrscher", wie z.B. *Bennett* (1977, 179ff) ihn nennt, gewinnt seine Ich-Stärke aus der Entwürdigung anderer. Während er aus einer Position der Überlegenheit (+/-) handelt, „zwingt" er die anderen in die komplementäre Position der Unterlegenheit (-/+). Er rechtfertigt seine Haltung mit grandiosen Ideen wie z.B.: „Ich bin hier der einzige, der wirklich arbeiten und Verantwortung übernehmen will, alle anderen sind sowieso faul." Damit werden Fähigkeit und Verantwortungsbewußtsein der Mitarbeiter bereits auf der Existenzebene abgewertet und ein respektvoller Umgang mit ihnen unmöglich. Zuwendung erschöpft sich in negativen Formen von Beachtung wie Tadel und unsachlicher Kritik. Einen solchen Führungsstil finden wir vielfach bei Menschen, die sehr früh entschieden haben, ein Übermaß von Verantwortung an sich zu reißen, Gefühle zu unterdrücken oder nicht zu zei-

---

[*] *Krausz* (1986) definiert „Macht" als eine Fähigkeit, die Handlungen anderer, seien es Gruppen oder Individuen, zu beeinflussen.

gen, oder die Angst haben unterzugehen, wenn sie nicht die Macht haben (siehe Kap. 7).

Als Antwort auf diesen Führungsstil entwickeln die Mitarbeiter, wenn sie die Organisation nicht wechseln können, häufig eine Grundhaltung der Minderwertigkeit (-/+) oder sogar der Hoffnungslosigkeit (-/-). Meist zeigen sie auch alle Formen der Passivität, wie z.B. innere Emigration als Form des Nichts-Tuns, Überanpassung in Form devoten Verhaltens oder heimlichen inneren Widerstand als rebellische Gegenwehr gegen das autoritäre System. Oft engagieren sich die Mitarbeiter auch in destruktiven Machtspielen, durch die sich das abgewertete Bedürfnis nach Autonomie in rebellischer Weise Bahn bricht. Nach *Wallgreen* (1989, 6) können diese Machtspiele in einem Klima der Entfremdung bis zu Gewalt oder Betriebssabotage gehen.

In einer Klinik, in der wir zur Beratung angefordert wurden, hatte der Chefpfleger den Verwaltungsleiter tätlich angegriffen. Das Klima der Klinik war geprägt durch einen Chefarzt, der im zwingenden Stil führt, und seine Rivalität mit dem Verwaltungsleiter, den man ebenfalls als einen solchen autoritären Herrscher bezeichnen kann. Die hausinterne Psychologin hatte den Verwaltungsrat zwar bereits mehrere Male darauf aufmerksam gemacht, daß Maßnahmen zur Team- und Personalentwicklung wichtig seien. Diese wurden jedoch mit dem Hinweis auf das christliche Selbstverständnis des Hauses für nicht notwendig erklärt. Erst nach dem oben genannten Vorfall wurde ihrem Drängen „stattgegeben".

Menschen, die einen solchen Führungsstil ertragen und nicht in Frage stellen, bringen häufig bereits aus ihrer Biographie eine Haltung der Minderwertigkeit (-/+) oder Hoffnungslosigkeit (-/-) mit und haben gelernt, sich in der abhängigen Kind-Ich- oder Opferposition einzurichten. Mit Grandiositäten wie: „Unsereins hat es noch nie besser gehabt" oder Abwertungen wie: „Der Alte ist eben so, den nehm ich doch gar nicht ernst" rechtfertigen sie ihr Verharren in der Situation, machen Dienst nach Vorschrift oder weichen durch Krankmeldungen in die passive Verhaltensform des Nichtstuns aus. Personen dieses „Typs" können frühe Entscheidungen getroffen haben, keine Verantwortung übernehmen zu wollen, keinen Erfolg zu haben, nicht zu denken oder keine Initiative zu ergreifen. D.h., ihr Skript „hilft" ihnen, einen solchen zwingenden Führungsstil zu überstehen.

Der Kostenstellenleiter Herr F. wird von seinen Mitarbeitern heimlich „Großfürst" genannt. De facto leitet er seit zwei Jahren die größte Kostenstelle mit den meisten Mitarbeitern im gesamten Betrieb. „Alles kein Problem", wie er immer wieder betont, „man muß nur wissen, wie man´s macht". Leider gibt es nur eine einzige Störvariable, für die er seiner Meinung nach jedoch nichts kann: Das sind die Krankenstände, die sich seit seinem Amtsantritt gleichermaßen gesteigert haben,

wie die Produktivität (nicht aber die Effektivität) zugenommen hat. Um diesen Miß-
stand zu beheben, sieht sich Herr F., der „eh schon nicht weiß, wie er alles bewältigen soll, weil ja doch alles an ihm hängenbleibt", genötigt, immer mehr Zeit in
der Produktion zu verbringen, um durch kritische Anmerkungen und „tätliche" Ein-
griffe – schließlich hat er mal von der Pike auf gelernt – den Laden in Schwung zu
halten. Er macht den Leuten klar, wo es langgeht, wobei er häufig laut wird oder
auch auf die Lage auf dem Arbeitsmarkt verweist, der genug „willige" Leute bereithält. Daß die Mitarbeiter zunehmend distanzierter werden und immer weniger
einbringen, was sie wirklich drückt – seien das Maschinenprobleme oder Probleme persönlicher Art –, nimmt Herr F. nicht wahr, d.h., er wertet es ab. Gegenüber
seinen Vorgesetzten wiederum kann er nicht oft genug betonen, daß er die Sache
im Griff habe.

Dieser Führungsstil und seine Auswirkungen lassen sich folgendermaßen illustrieren:

Grandiosität:
*„Ich bin hier der einzige, der
arbeitet und Verantwortung
übernehmen will, alle anderen sind sowieso faul."*

Abwertung der anderen:
(auf der Ebene der Existenz)
*„Sie haben keine Fähigkeiten
und kein Verantwortungs-
bewußtsein."*

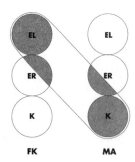

Grandiosität:
*„Unsereins hat es noch nie
besser gehabt."*

**Abwertung von Proble-
men:**
(auf der Ebene der Bedeutung)
*„Der Alte ist eben so, das
nehme ich doch gar nicht
ernst."*

Passivität:
➤ Nichtstun
➤ Gewalt

Skriptentscheidungen

➤ nicht versorgt zu
werden

➤ nicht wichtig zu sein

➤ Gefühle zu unter-
drücken oder
nicht zu zeigen

➤ keine Initiative zu er-
greifen

➤ nicht abhängig
zu sein

➤ nicht selbständig zu
sein

Abb. 80: Zwingender Führungsstil
(FK = Führungskraft; MA = Mitarbeiter)

9.2 Kontrollierender Führungsstil

Etwas abgemildert, aber immer noch destruktiv wirkt sich der *Kontrollieren-de Führungsstil* aus. Auch hier hat die Führungskraft mit ihren Mitarbeitern eine feste symbiotische Struktur etabliert, die Wachstum und Autonomie behindert. Aus ihrer Position heraus verfügt sie nicht nur über die Möglichkeiten zu strafen, sondern auch über Belohnungsmacht, die sie sehr subtil in Form emotionaler oder materieller Manipulationen einsetzt. Sie kann z.B. Gratifikationen in Form von Geld oder Stellung erteilen und/oder über Ansehen und Anerkennung entscheiden (etwa nach dem Motto: „Sie sind doch meine ‚rechte Hand'). Durch die Möglichkeiten, positive und negative Zuwendung zu geben, kann sie dem Despotismus, der ihrer Haltung eigen ist, ein „wohlwollendes Mäntelchen" überziehen und sich hinter der scheinbar wohlwollenden Maske eines Patriarchen oder einer Patriarchin verstecken. Führungskräfte dieser Kategorie billigen ihren Mitarbeitern zwar „Willigkeit" zu, werten aber ihre Fähigkeit, selbständig zu arbeiten und zu denken, ab. Sie rechtfertigen ihre Haltung damit, daß die Mitarbeiter zwar wollen, aber keine Verantwortung übernehmen können, da sie z.B. zu „überlastet", zu „neu", zu „unerfahren" oder zu „labil" seien. Diese Abwertungen stützen sie mit der grandiosen Idee, daß sie der Vater oder die Mutter des Ganzen seien und es ohne sie nicht gehe.

Die Abwertungen und Grandiositäten führen zu vielen verdeckten Transaktionen, durch die die Führungskraft auf der sozialen Ebene dazu auffordert, Verantwortung zu übernehmen. Auf der psychologischen Ebene vermittelt sie jedoch die Botschaft: „Ich glaube nicht, daß sie wirklich Verantwortung übernehmen können." Die Reaktion der Mitarbeiter auf diese verdeckten Botschaften kann – je nach Persönlichkeitsstruktur – zum einen ein gemindertes Gefühl von Verantwortlichkeit sein, was zu Ausdrucksformen von Überanpassung führt. Diese zeigen sich z.B. in Äußerungen wie: „Ich übernehme zwar Verantwortung, aber nur die, die man mir sagt!" Zum anderen können die verdeckten Botschaften zu rebellischer Grandiosität der Mitarbeiter einladen, aus der heraus diese behaupten können: „Ich kann hier immer allein entscheiden, was zu tun ist." Werten die Überangepaßten ihre Fähigkeit zur Selbständigkeit und zum eigenen Denken ab, so werten die „Rebellen" die Merkmale der Situation ab und wundern sich über immer wieder neue Zurechtweisungen durch die Führungskräfte.

Die manipulativ eingesetzte Gratifikationsmacht, die zum kontrollierenden Führungsstil gehört, bewirkt Konkurrenz und Mißtrauen zwischen allen Beteiligten. Das zieht niedrige Moral, mangelnde Kooperation und geringe Arbeitsmotivation nach sich. In einem solchen Klima entwickeln die Mitarbeiter häufig soziale Koalitionen, in die sie im Sinne passiven Verhaltens (Agitation) mehr Energie investieren als in ihre Aufgabenstellung. Koalitionsbildung wiederum schürt das Mißtrauen in einem Betrieb. Oder die Mitarbeiter werten das Problem auf der Bedeutungsebene ab, um damit ihre Verunsicherung „in den Griff" zu bekommen: „Herr X ist zwar ungerecht, aber mir hat er noch selten etwas getan." Damit verkennen sie gleichzeitig das Manipulative dieses Führungsverhaltens.

Schaut man sich die Biographie der Menschen an, die sich in einem solchen symbiotischen Verhältnis „zusammenfinden", so zeigen sich im allgemeinen die gleichen frühen Erfahrungen wie im zwingenden Führungsstil. In der Eltern-Position finden wir hier jedoch zusätzlich häufig Personen, die lernen mußten, etwas Besonderes zu sein, d.h., deren Bedürfnis danach, „sie selbst" zu sein, nicht befriedigt wurde.

Ein Betriebsleiter, Herr B., sagt zu seinen Teamleitern: „Sie sind alles erfahrene Leute, und Sie entscheiden die Angelegenheiten in ihrem Verantwortungsbereich selber." Gleichzeitig taucht er sehr häufig in allen Produktionsbereichen auf und kümmert sich dabei sehr wohlwollend um die persönlichen Belange der Mitarbeiter. Danach gibt er z.B. einem Teamleiter die Anweisung, Frau X im Schichtplan vorteilhafter zu berücksichtigen, da sie doch so viele private Sorgen habe. Manchmal beklagt er sich auch über das Verhalten der anderen Teamleiter. Bei der wöchentlichen Dienstbesprechung kritisiert er die mangelnde Offenheit seines Teams.

Dieser Führungsstil und seine Auswirkungen lassen sich folgendermaßen illustrieren:

Grandiosität:
„Ich bin der Vater/die Mutter des Ganzen."

Abwertung der anderen:
(auf der Ebene der Bedeutung)
„Die Mitarbeiter wollen, können aber nicht."

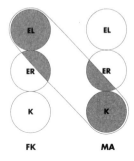

Grandiosität:
(rebellisch) *„Ich kann hier immer allein entscheiden, was zu tun ist."*

Abwertung von Problemen:
(auf der Ebene der Bedeutung)
„Herr X ist zwar ungerecht, aber mir hat er noch nie etwas getan."

Passivität:
(Überanpassung)
„Ich übernehme Verantwortung, aber nur die, die man mir gibt."

Skriptentscheidungen

➤ nicht versorgt zu werden

➤ Gefühle zu unterdrücken oder nicht zu zeigen

➤ nicht abhängig zu sein

➤ nicht man selbst zu sein

➤ nicht wichtig zu sein

➤ keine Initiative zu ergreifen

➤ nicht selbständig zu sein

Abb. 81: Kontrollierender Führungsstil
(FK = Führungskraft; MA = Mitarbeiter)

9.3 Trainierender Führungsstil

Im *Trainierenden Führungsstil* bezieht die Führungskraft ihre Macht ebenfalls aus den schon genannten Quellen Position, Gratifikation, Bestrafung. Zusätzlich hat sie jedoch noch die Möglichkeit, Fachwissen einzusetzen, und das Geschick, Kollegen und Mitarbeiter dazu anzuregen, sich für die Bestrebungen der Organisation zu engagieren. Da sich die Mitarbeiter ermutigt fühlen, individuelle Ideen und ihre eigenen Fähigkeiten sowie ihr Fachwissen einzubringen, ermöglicht dieser Stil bereits individuelle Entwicklung und berufliches Wachstum.

Dieser Stil, der häufig in Entwicklungsabteilungen und im Marketingbereich zu beobachten ist, erzeugt ein wohlwollendes und schutzgebendes Klima, das zusätzlich durch Kooperation und Offenheit geprägt ist. Obwohl Führungskräfte und Mitarbeiter schon häufig eine realistische Grundposition gleicher

Wertigkeit (+/+-realistisch) einnehmen, entstehen aus einer überfürsorglichen Haltung der Führungskraft dennoch halb-symbiotische Beziehungen. Das bedeutet, daß in vielen Aspekten bereits Autonomie verwirklicht werden kann, jedoch ein gewisses Maß an Abhängigkeit bleibt, da sich die Mitarbeiter um ihren Vorgesetzten herum gruppieren und er das Team „trägt". Dabei hält er halb-symbiotische Strukturen aufrecht, indem er die Fähigkeit der Mitarbeiter, Probleme letztlich zu erkennen und völlig selbständig zu lösen, abwertet. Er wertet die Mitarbeiter auch ab, indem er vermeidet, Forderungen zu stellen, und in grandioser Weise von sich selbst verlangt, „immer förderlich zu sein". Aus dieser falsch verstandenen Förderungsidee heraus scheut er sich z.B., seine Mitarbeiter mit angemessenem Ärger zu konfrontieren. Zusätzlich rechtfertigt er sein Verhalten mit der wohlwollenden, väterlichen Grandiosität: „Die anderen brauchen mich immer noch, um sich zu entwickeln."

Die Antwort der Mitarbeiter in den symbiotischen Anteilen besteht im eifrigem Bemühen im Sinne von Überanpassung und in der Grandiosität, sich ohne Unterstützung (ohne Trainer oder Coach) nicht entwickeln zu können. Dabei werten sie ihre eigenen Entwicklungsmöglichkeiten ab und bestehen auf ihrem charismatischen Führer.

Ein Marketingdirektor, Herr D., nennt die Produktmanager seiner Abteilung „Jungs" und „Mädchen". Er sorgt stets für gute Stimmung in der Abteilung und ermutigt, wo er nur kann. Er läßt seine Mitarbeiter am langen Zügel laufen, erwartet jedoch häufig eine gemeinsame Diskussion auch über solche Entscheidungen, die die Mitarbeiter allein treffen könnten. Als er die Abteilung verläßt, um eine andere Position im Hause zu übernehmen, erleben sich die Mitarbeiter plötzlich desorientiert und „alleingelassen". Trotz eines neuen Vorgesetzten suchen sie noch häufig Rat bei Herrn D.

Skriptentscheidungen der Führungskräfte, die den Trainierenden Führungsstil praktizieren, betreffen vermutlich die Themen Versorgung, Nähe und Zugehörigkeit. D.h., oft kompensiert eine solche Person diese Bedürfnisse durch die Rolle des wohlwollend trainierenden Führers. Manchmal kann das Bedürfnis nach Wichtigkeit auf diese Weise befriedigt werden. Die Mitarbeiter, die sich hier wohl fühlen, werden wahrscheinlich solche sein, die das Bedürfnis nach Identität und Autonomie nur partiell leben dürfen, die z.B. einem bestimmten Bild entsprechen müssen („Sei nicht du selbst") oder letztlich Angst haben, voll verantwortlich zu sein („Werde nicht erwachsen").

Dieser Führungsstil und seine Auswirkungen lassen sich folgendermaßen illustrieren:

Grandiosität:
➤ „Die anderen brauchen mich immer noch, um sich zu entwickeln."
➤ „Ich muß meine Mitarbeiter ständig fördern."

Abwertung der anderen:
(auf der Ebene der Fähigkeiten)
„Sie können sich nicht allein entwickeln."

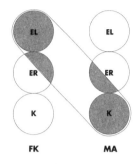

Grandiosität:
„Ohne Unterstützung könnte ich mich nie entwickeln."

Abwertung:
(auf der Ebene persönlicher Fähigkeiten)
„Ich kann mich nicht allein entwickeln."

Passivität:
(Überanpassung)
➤ eifriges Bemühen

Skriptentscheidung

➤ nicht abhängig zu sein
➤ nicht nahe zu sein
➤ nicht zugehörig zu sein
➤ nicht man selbst zu sein

➤ nicht (letztlich) selbständig zu sein
➤ nicht (letztlich) erfolgreich zu sein

Abb. 82: Trainierender Führungsstil
(FK = Führungskraft; MA = Mitarbeiter)

9.4 Partizipativer Führungsstil

Diesen mehr oder weniger einschränkenden Führungsstilen stellt *Rosa Krausz* (1989) den – natürlich idealtypischen – *Partizipativen Führungsstil* gegenüber. Dabei nutzen Führungskräfte neben ihrem Fachwissen und der Fähigkeit, andere zu fördern und zu belohnen, die Wirksamkeit der zwischenmenschlichen Kompetenz. Sie beruht auf Empathie, Glaubwürdigkeit, Fürsorge, Respekt, Vertrauen und der Fähigkeit zu Intimität. Kurz gesagt: Hier *begegnet* eine autonome Führungskraft, eine *integrierte Persönlichkeit,* ihren Mitarbeitern.

In diesem Führungsprozeß können alle Ich-Zustände genutzt und damit alle Fähigkeiten eingesetzt werden. In diesem Klima ist es auf dem Hintergrund von Respekt erlaubt, seine Fähigkeiten zu entwickeln und zu zeigen und dabei auch Fehler zu machen. Bedürfnisse haben neben der Leistung ebenso einen Platz wie angemessene Kritik oder Anforderungen.

Ein partizipativer Führungsstil bedeutet nicht, seine Mitarbeiter zu verwöhnen, sondern sie als erwachsene Menschen zu behandeln, denen man die Intimität, die durch Auseinandersetzungen und Konflikte entsteht, ebenso zumuten, wie man Freude an gemeinsamer Arbeit haben kann. Diese Art zu führen bedeutet auch nicht, ein Paradies zu schaffen, d.h. hier: ein in sich abgeschlossenes System ohne Störgrößen. Sie bedeutet vielmehr, alle personalen Ressourcen* dieses Systems zu nutzen, um mit den Einflüssen, die die Balance stören, umgehen zu können. Insofern beinhaltet dieser Führungsstil auch eine Offenheit für Veränderungen. Eine Führungskraft dieses Typs sieht Veränderungen als Aspekt privater und professioneller Lebendigkeit und damit als Teil ihrer Identität.

Ein Werksleiter hat seit längerer Zeit mit seinem Führungsteam eine Teamentwicklungsmaßnahme geplant, bei der sie drei Tage intensiv miteinander arbeiten werden, um sowohl ihre Beziehungen zu klären als auch ein gemeinsames Führungskonzept zu erarbeiten. Die Geschäftsleitung beauftragt dieses Team kurzfristig mit der Entwicklung verschiedener Szenarien, die zu kostengünstigerer Produktion führen könnten. Aufgrund schwieriger – nicht allein von der Geschäftsleitung zu verantwortender – Bedingungen hat das Team nur zehn Tage Zeit, um seine Überlegungen einschließlich aller betriebswirtschaftlichen Berechnungen vorzulegen. Die Teamentwicklungsmaßnahme fällt in diese Zeit. Der Werksleiter bespricht die Situation mit seinem Leitungsteam. Gemeinsam wägen sie das Für und Wider für eine Absage ab. Der eine Teil der Mitarbeiter fürchtet, die Aufgabe nicht schaffen zu können, wenn die Zeit fehlt, die anderen versprechen sich von der Teammaßnahme einen Schulterschluß, der ihnen hilft, die Aufgabe zu bewältigen. Der Werksleiter sieht die guten Argumente beider Seiten und weiß, daß es erhebliche negative Konsequenzen für ihn und das Werk hätte, wenn die von ihm und seinem Team entwickelten Ergebnisse zu spät in die Diskussion der Geschäftsleitung eingebracht würden. Gleichzeitig nimmt er wahr, daß sich die Spaltung im Team, die sich jetzt aus der Diskussion um die Fortbildungsmaßnahme entwickelt, in der Bewältigung der Aufgabe fortsetzen könnte, und die Ergebnisse damit verzögert oder beeinträchtigt werden könnten. Er überzeugt die anderen von seiner Sichtweise, worauf sie gemeinsam entscheiden, daß die Maßnahme stattfindet. Denn allen ist eine gemeinsame Haltung der Teammitglieder eine Voraussetzung dafür, daß es in den vor ihnen liegenden Diskussionen nicht zu Machtkämpfen oder anderen aggressiven Auseinandersetzungen kommt.

P.S.: Das Team hat nach der Entwicklungsmaßnahme mit Elan einige Überstunden gemacht und die Ergebnisse rechtzeitig an die Geschäftsleitung überbracht.

Auch dieser Führungsstil läßt sich illustrieren (Abb. 83). Dabei kann das Bild jedoch keine (tragenden) Merkmale eines erstarrten Bezugsrahmens beinhalten, da dieser Führungsstil ja gerade Ausdruck der autonomen, flexiblen Teile des Bezugsrahmens ist.

---

*   Da sich unser Buch mit Menschen und ihrem Verhalten beschäftigt, sprechen wir an dieser Stelle primär von menschlichen Ressourcen.

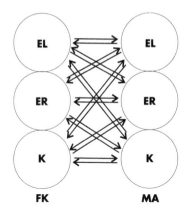

Abb. 83: Partizipativer Führungsstil
(FK = Führungskraft; MA = Mitarbeiter)

9.5 Abrundende Überlegungen

Insgesamt können wir davon ausgehen, daß alle Aspekte einer autonomen Person, die in diesem Buch angesprochen werden, auch Aspekte eines angemessenen, effektiven Führungsverhaltens sind. Je weniger das Denken, Fühlen, Hoffen und Handeln einer Person von einschränkenden Mustern, nennen wir sie Trübung, Nicht-OK-Grundposition, Racketeering, „Spiel" oder symbiotische Haltung, beeinträchtigt ist, desto klarer und verantwortlicher kann eine Person ihre Führungsaufgabe wahrnehmen und die professionellen Beziehungen zu Mitarbeitern, Vorgesetzen, Kollegen und Kunden so gestalten, daß sie sich ihrer Aufgabe *und* den Mitarbeitern *sowie* der Organisation gerecht wird (Abb. 84). Natürlich ist auch diese Balance ein Prozeß, den die Führungskraft immer wieder neu finden muß.

Abb. 84: Das Kräftefeld der Führungskraft

Zu genau dieser Balance gehört es, eigene Maßstäbe zu haben, d.h., sich seinen Stil wie Standpunkt bewußtzumachen, ihn zu überprüfen und eine mit sich selbst und mit seinem Umfeld stimmige Entscheidung zu treffen, die zu entschiedenem, eigenständigem Handeln führt. Anders ausgedrückt: Es gibt nicht *die* Führungskraft, *den* Führungsstil oder *das* Führungsverhalten, die allein richtig sind. Es gibt ein Weniger oder Mehr von Autonomie (von einem zwingenden bis zu einem partizipativen Führungsverhalten), welches mit der Rolle und Position der Führungskraft in einer bestimmten Organisation zu einer bestimmten Zeit in Einklang gebracht werden muß, damit sie als Führungskraft in genau diesem Kontext erfolgreich sein kann. Das genau kennzeichnet die *autonome, integrierte Persönlichkeit.*

9.6 Wachstum und Veränderung: Umgang mit dem Thema „Führungsverhalten" im Training und beruflichen Alltag

In unseren Führungstrainings bieten wir eine Vielzahl von Materialien an, die zur Entwicklung von Autonomie beitragen. Sie sind in diesem Buch bereits in großer Anzahl vorgestellt worden. Darüber hinaus zentrieren wir uns in Training oder Coaching auf das oben beschriebene Kräftefeld und reflektieren, was die einzelnen Konzepte und Übungen mit diesem Kräftefeld zu tun haben.

Herr V., ein Vertriebsleiter, war Teilnehmer in einem unserer Führungstrainings. Er hatte sechs Monate zuvor von einem Konkurrenzunternehmen in diese Position gewechselt und erlebte sich unter starkem Profilierungsdruck: Zum einen wollte er seiner neuen Firma beweisen, daß er die Sache im Griff habe und sowohl Ordnung im Außendienst schaffen als auch die Märkte erweitern könne. Zum anderen wollte er es seiner alten Firma zeigen und ihr im Nachhinein deutlich machen, was sie an ihm verloren hatte. Aus Schilderungen seines beruflichen Alltags wurde deutlich, daß er viele Elemente eines kontrollierenden Führungsstils praktizierte, um seine Fähigkeiten deutlich zu machen. Nach dem Rollenspiel zu den Grundpositionen (siehe S. 155ff) äußert er spontan: „Die machen ja gar nichts mehr, wenn ich ihnen nicht sage, wo es langgeht." Im anschließenden Gespräch wurde ihm jedoch erstmals deutlich, daß sein Kontrollverhalten die Mitarbeiter eher in Passivität als in angemessenes Problemlöseverhalten treibt und es sinnvollere Verhaltensweisen einer Führungskraft geben kann, um das Erwachsenen-Ich und damit effektive Handlungsmuster bei Mitarbeitern zu aktivieren. In der Übung „Lob und Tadel im betrieblichen Alltag" (siehe S. 83ff) wurde ihm zudem schlagartig klar, daß er fast ausschließlich negative Beachtung erteilte und auch an sich selbst „kein gutes Haar" ließ.

Schließlich gaben wir die Übung „Rollenverständnis der Führungskraft" vor. Dabei tragen die Teilnehmer in eine vorgegebene Zeichnung ein, für welche Tätigkeit sie derzeit im Durchschnitt einer Woche wieviel Zeit aufbringen:

Rollenverständnis der Führungskraft

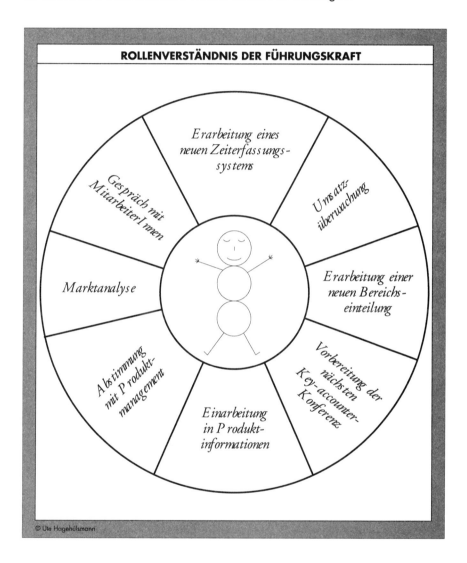

Abb. 85: Arbeitsbogen eines Vertriebsleiters zum „Rollenverständnis der Führungskraft"

Bei der Besprechung dieses Bogens wurde Herrn V. deutlich, wie wenig Raum in seinem Rollenverständnis das Gespräch mit Mitarbeitern einnimmt. Da die Inhalte sich fast ausschließlich um Anweisungen und die Kontrolle ihrer Erledigung drehen, ist für mitmenschliche Beziehungen im Rahmen seiner Rolle und Position so gut wie gar kein Platz. In der Diskussion mit den anderen Gruppenmitgliedern wird ihm auch deutlich, daß Personalentwicklung in seinem bisherigen Rollenverständnis zwar als Begriff vorkommt, nicht aber in die Praxis umgesetzt wird. D.h., Anleitungsgespräche, Reflexionen der Erfahrungen, Ermutigung, Neues auszuprobieren oder Beachtung für spezielle Fähigkeiten sind keine Themen, die er mit seinen Mitarbeitern aufgreift. Angesichts dieser Erkenntnis ist Herr V. „verblüfft und sprachlos". Von dieser Erkenntnis ausgehend verändert Herr V. jedoch etwas Entscheidendes in seinem Selbstverständnis als Führungskraft. Er beschließt, den wesentlichen Schritt vom Kontrollieren zum Führen zu tun und damit ein „Mehr" an Autonomie für sich und seine Mitarbeiter zuzulassen.

Neben dem positiven Ende kann das Beispiel auch folgendes zeigen: Entscheidende Veränderungen sind oftmals oder sogar meistens das Ergebnis verschiedener Teilschritte. Auch auf dem Weg zur autonomen, *integrierten Persönlichkeit* gibt es selten *die* bahnbrechende neue Erkenntnis oder *das* alles Bisherige von Grund auf verändernde neue Verhalten. Es sind die vielen kleinen Schritte der Einsicht und nachfolgenden Umsetzung, die den Prozeß kennzeichnen. Jeder von ihnen will getan sein, damit man zum Ziel gelangt. Und manch einer von ihnen wird sehr schwer sein.

> **Erfolg wird nur der haben, der sich selbst beständig auf dem eigenen Weg zum eigenen Ziel folgt.**

ZEHN

MITEINANDER WACHSEN

Die Überschrift zu diesem Kapitel ist für uns sehr beziehungsreich, ist sie doch der Titel eines Buches, das sich auf die gemeinsame Entwicklung von Kindern und Eltern bezieht.[*] Damit wollen wir ausdrücken, daß dieselben Fakten, die zu einer gesunden Entwicklung in Familien beitragen, auch zur gesunden Entwicklung von Menschen und Gruppen in Organisationen sowie von Organisationen selbst führen. (Nicht umsonst entstammen Organisationsentwicklung und Familientherapie denselben Wurzeln, nämlich systemischem Denken.)

---

[*]   Dorothy E. Babcock & Terry B. Keepers, Miteinander wachsen. (1980)

10.1 Wachstum als lebenslanger Prozeß

Miteinander wachsen, miteinander autonom werden ist ein *lebenslanger Prozeß* und eine *lebenslange Aufgabe*. Dabei sind uns das *Miteinander* und das *Wachsen* in gleicher Weise wichtig. Beides bedingt sich gegenseitig. Um lebendig zu sein, brauchen Menschen immer ein „Miteinander". Erst wenn sie in lebendigem Austausch „miteinander" sind, kommt es zu Wachstumsprozessen. Jede Begegnung, jeder Kontakt, jeder Austausch mit anderen enthält ein – sei es auch noch so winziges – Körnchen an neuer Information, das den Wissens- und Erfahrungsschatz über sich, die anderen oder auch die gemeinsame Aufgabe bereichert. Um dieses Körnchen „angewachsen", begeben wir uns dann in den nächsten Kontakt. Insofern brauchen wir zum „Wachsen" unserer Persönlichkeit immer wieder die Begegnung mit anderen. Dabei kann dieses Miteinander, wie wir im Laufe dieses Buches deutlich gemacht haben, sehr unterschiedlich aussehen: Es reicht von liebevoller Zuneigung über sachliche Gespräche, von respektvollem Feedback bis hin zu Konflikten und Auseinandersetzung. Alle Formen und Themen menschlicher Interaktion können der Nährboden sein, auf dem die *integrierte Persönlichkeit* in ihrer Autonomie wachsen kann.

Im Zusammenhang mit dem Wachstumsgedanken möchten wir noch einmal auf das sinnvoll Prozeßhafte, auf das Fließende in diesem Geschehen aufmerksam machen: Lebendige Menschen, lebendige Gruppen, lebendige Organisationen verändern sich lebenslang. Dabei gibt es Phasen mehr oder weniger starker Veränderung, ein „statischer Status quo" jedoch würde ein Ende, im weitesten Sinne Tod bedeuten.

Interessanterweise ist diese Erkenntnis bereits ansatzweise im Wort „Integration" enthalten. Die genaue Übersetzung des Begriffes „Integration" lautet nämlich: „*Wieder*herstellung eines Ganzen". Damit meint das Wort bereits einen Prozeß.

Die Gewißheit, sich selbst in einem solchen Prozeß ständiger Wiederherstellung eines jeweils neuen inneren Gleichgewichts zu erleben und ein wichtiger, unverwechselbarer Teil größerer Prozesse, z.B. der Organisation und ihrer Gesamtentwicklung, zu sein, ist ein wesentliches Merkmal der *integrierten Persönlichkeit*.

> **Eine integrierte Persönlichkeit sorgt dafür,
> daß sie sich immer wieder neu als**
>
> ➤ **lebendig**
> ➤ **ausgewogen**
> ➤ **wertvoll und wichtig**
> ➤ **eigenständig**
> **erleben kann.**

Das ist das Gegenteil eines ängstlichen Anklammerns an alte Skriptmuster bzw. an einmal gewonnene, nie wieder veränderte Einstellungen zu sich, den anderen und der Umwelt.

10.2 Wachstum von Menschen in Organisationen

Bei der Ausrichtung auf Wachstum und Veränderung gehen wir davon aus, daß alle Menschen, die wir in Organisationen antreffen, einen mehr oder weniger großen Anteil von Autonomie besitzen. Alle können bereits auf ein Repertoire von Denk-, Fühl- und Verhaltensmustern zurückgreifen, das sie befähigt, in einen lebendigen Austausch mit anderen Menschen zu treten, ihre Aufgaben angemessen zu bewältigen und zu den Zielen der Organisation beizutragen. Dieser Anteil ist bekanntlich um so größer, je weniger die Personen durch die starr gewordenen Anteile ihres Bezugsrahmens eingeschränkt sind.

Wachstum geschieht unter dem zuletzt genannten Gesichtspunkt durch ein schrittweises „Lockern" der rigiden Strukturen, bis sie so flexibel, d.h. ständig neue Veränderungen integrierend sind, daß sie den lebendigen Anteilen des Bezugsrahmens zugerechnet werden können.

In jedem Prozeß, der zu dieser Entwicklung beitragen will, sei es durch effektives Führungsverhalten, Coaching oder andere Maßnahmen zur Personal- und/oder Teamentwicklung, sind dabei verschiedene Aspekte zu berücksichtigen:

1. Je mehr Stärken eine Person von sich selbst kennt, desto offener kann sie für Lernschritte und Auseinandersetzung mit den eigenen Lernbedürfnissen sein.

In einer Welt, die auf Optimierung und Verbesserung, auf Spitzenleistung, Spitzenkräfte und Spitzenqualität ausgerichtet ist und alles „Zweitklassige" geringschätzt, haben viele Menschen immer wieder reale Probleme damit, sich gleichbleibend wertvoll (+/+-realistisch) zu fühlen. Sie fühlen sich immer wieder in ihre alten Grundpositionen der Über- oder Unterlegenheit (+/- oder -/+) zurückversetzt. Wachstumsfördernde Maßnahmen sollten das zweckmäßigerweise berücksichtigen. Nur wenn z.B. eine Personalentwicklungsmaßnahme immer auch den Blick auf die schon vorhandenen Fähigkeiten einer Person richtet, lädt sie Menschen ein, mit Freude und Gewinn zu lernen. Denn alle Kenntnis von Ich-Zuständen, Transaktionen, Grundbedürfnissen, Spielen und Abhängigkeiten nutzt wenig, wenn sie nur dazu dient, den Menschen klarzumachen, was sie alles nicht können, d.h., wie wenig in Ordnung sie sind. Ein solches Vorgehen entspräche im übrigen einer Grundhaltung der Überlegenheit (+/-) und würde zu Rivalität oder zu Überanpassung einladen, beides Haltungen, vermittels derer Menschen darum kämpfen, ihr Gesicht und ihren Wert zu wahren. Das hätte zur Folge, daß sich viel Energie in diesem Kampf erschöpft und für Lernen und Entwicklung verlorengeht. Wenn der Prozeß des Lernens selbst nicht von der Grundhaltung des Respekts vor dem generellen Wert einer Person und ihrer Ressourcen getragen wird, so ist er für das Wachstum von Menschen – nicht nur in Organisationen – kontraindiziert. Insofern ist es notwendig, daß Führungskräfte in Organisationen, die Entwicklungsmaßnahmen initiieren, und Trainer, die diese Maßnahmen durchführen, diese als Chance verstehen und offerieren und nicht als Strafmaßnahme für die Note „ungenügend" in einem bestimmten Arbeits- oder Aufgabenbereich.

> **Eine *integrierte Persönlichkeit***
>
> ➤ **hat Respekt vor dem Wert und den Ressourcen anderer Menschen,**
> ➤ **initiiert Wachstumsprozesse als Chance für mündige Personen.**

2. Die Chance zu Wachstumsprozessen wirkt dann besonders einladend, wenn Wachstum modellhaft vorgelebt wird.

Bekanntlich kann man Menschen auf sehr unterschiedliche Weise „einladen".
In unserem Zusammenhang bedeutet das auch, sie u.U. mit dem zu konfrontieren, was notwendig ist und ihnen guttun könnte. Man kann das unter An-
deutungen versteckt tun, wie z.B.: „Unsere PE hat da ja ein ganz interessantes
Programm herausgebracht. Haben Sie das schon mal angeschaut?" Oder man
kann einen Wunsch und/oder eine Notwendigkeit offen und klar und zugleich den anderen respektierend aussprechen, z.B.: „Ich finde Maßnahmen
zur Entwicklung der Kommunikationsfähigkeit sinnvoll und richtig. Und ich
möchte gern, daß auch Sie an einem solchen Seminar teilnehmen." Auf das
Konzept der Transaktionen zurückgreifend, können wir „Einladungen" entweder uneindeutig und verdeckt oder eindeutig und parallel übermitteln. In
der Illustration sieht das so aus:

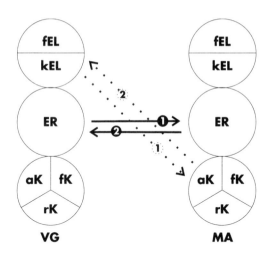

(1) offen:
„Unsere PE hat da ja ein ganz interessantes Programm herausgebracht. Haben Sie das schon mal
angeschaut?"

(1) verdeckt:
„Ich weiß auch nicht genau, ob
das was nützt."

(2) offen:
„Ne! – Meinen Sie denn, das
bringt was?"

(2) verdeckt:
„Das sitze ich doch auf einer
Backe ab, und der Rest ist
Freizeit."

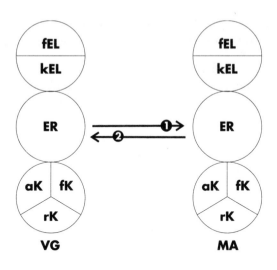

(1) offen:
„Ich finde Maßnahmen zur Entwicklung der Kommunikationsfähigkeit sinnvoll und richtig. Und ich
möchte gern, daß auch Sie an einem solchen Seminar teilnehmen."

(2) offen:
„Ich weiß zwar noch nicht genau,
was das bringen soll, aber wenn
Sie es für so wichtig halten, setze
ich mich damit auseinander."

Abb. 86: Gelungene und mißlungene Einladungen zum Wachstum (Transaktionsbeispiele)

Im ersten Fall kann man sich vermutlich die Kosten für die Maßnahme spa-
ren, da die Führungskraft und der Mitarbeiter heimlich darin übereinstimmen, daß Entwicklungsmaßnahmen „es auch nicht bringen" und „rausge-
schmissenes Geld" sind. Im zweiten Fall vertritt die Führungskraft authentisch
den Sinn einer Maßnahme und bereitet damit einen Weg vor, auf dem der
Mitarbeiter lernen kann. D.h., der gesamte Prozeß, in dem Entwicklungsvor-
haben von Vorgesetzten an Mitarbeiter weitergegeben werden, hat Modell-
charakter und bestimmt auch dadurch mit, inwieweit Angebote als sinnvoll
akzeptiert werden oder nicht. Anders ausgedrückt: Das, was durch die Maßnahme erreicht werden soll, beginnt bereits damit, wie sie eingeleitet wird.
Um einen solchen Prozeß modellhaft positiv zu gestalten, sollte sich der Vorgesetzte selber mit den Wachstumsangeboten, die er offeriert, auseinandergesetzt haben und sie bejahen. Außerdem sollte er die Ergebnisse solcher wachstumsfördernden Maßnahmen, wenn der Mitarbeiter z.B. tatsächlich kompetenter heimkommt, bedacht haben und als neue Wachstumschance für sich
sehen.

Eine *integrierte Persönlichkeit*

➤ lebt und nutzt ihre eigenen Wachstums-
chancen,
➤ empfiehlt sich Mitarbeitern und Kollegen
durch ihr Handeln als Modell.

3. Besondere Vorsicht gebührt antreibergesteuertem Wachstum, das skriptverstärkend wirkt.

Viele Menschen nutzen Konzepte, wie wir sie in diesem Buch beschrieben haben, um an sich selbst die Anforderung zu stellen, ein „neuer", „besserer",
„perfekterer" Mensch zu werden. Damit folgen sie der alten skriptgemäßen Illusion, daß sie nur in Ordnung sind, wenn ... Ein solchermaßen initiiertes
Wachstum geschieht jedoch fast immer aus Überanpassung, sei es gegenüber
inneren Anforderungen oder äußeren (oftmals phantasierten) Zwängen.
Letzteres erleben wir z.B. bei vielen Assessment-Prozessen, nach denen sich
die beurteilten Personen – manchmal leider auch unter Mithilfe von Beratern
– bemühen, sich so zu verändern, wie Beurteiler, Vorgesetzte oder Kollegen
sie haben wollen. Das ist Anpassung und kein Baustein zur *integrierten Persönlichkeit*. Dabei kann es u.U. durchaus sinnvoll sein, aufgrund des Feedbacks in einem Assessment eine Bilanz seiner eigenen Ressourcen zu ziehen
und Veränderungen anzustreben, wenn die Person selbst Teile ihres Reak-
tionsmusters als unangemessen empfindet. Dann kann sie durch das Einüben
neuer Denk-, Fühl- und Verhaltensweisen auch zu Veränderungen in ihren
Strukturen und Haltungen kommen und auf diese Weise ihren Integrations-
prozeß voranbringen. Lediglich vordergründige Verhaltensänderungen aber,
deren Sinn nicht gesehen oder sogar innerlich abgelehnt wird, zementieren
nur abhängige Kind-Ich-Positionen und verfestigen symbiotische Haltungen.

Eine *integrierte Persönlichkeit*

➤ überprüft die Motivation für Veränderung,
➤ meidet skriptverstärkendes Pseudo-
wachstum (= Anpassung).

4. Verträge können den Wachstumsprozeß wesentlich unterstützen

Verträge Zur Unterstützung autonomiefördernden Wachstums, bei dem die Menschen selbstgesteckte Ziele verfolgen, ist es häufig sinnvoll, sogenannte Verträge[*] abzuschließen. Darunter versteht man in der Transaktionsanalyse Vereinbarungen, die eine Person mit sich selbst im Hinblick auf neue Denk-, Fühl- und Verhaltensmuster macht. Durch einen jeweiligen Rückbezug auf die Verträge können die Personen ihre Veränderung „messen" und immer wieder neu bestimmen, was der jeweils nächste Schritt sein soll. Als autonomieförderndes Instrument sind Verträge Spiegelbild der Selbstbestimmung des einzelnen, gerade hinsichtlich seiner Lern- und Entwicklungsprozesse.

Im einzelnen kennt man:

➤ *Verhaltensverträge, die andere betreffen*, wie z.B.: „Ich werde darauf achten, meine Mitarbeiter in Zukunft mindestens dreimal in der Woche zu loben."

➤ *Verhaltensverträge, die die eigene Person betreffen*, wie z.B.: „Ich werde meinen Standpunkt wichtig nehmen und ihn klar und deutlich vertreten."

➤ *Verträge zur Einstellungsänderung*, wie z. B.: „Ich schätze meine Fähigkeiten ebenso wie die meiner Mitarbeiter."

➤ *Verträge, die die Erledigung konkreten Verhaltens oder auch Aufgaben festlegen*, wie z.B.: „Ich werde bis zum Jahresende klären, ob ich in dieser Abteilung bleiben will."

Oft ist es förderlich, wenn ein Trainer oder Coach beim Formulieren eines Vertrages hilft. Dann ist es die gemeinsame Aufgabe, zu klären, ob eine Person z.B. einen Vorschlag macht, der aus der Anpassung geboren ist. Das nennt man in der Sprache der Transaktionsanalyse einen *„Eltern-Ich-Vertrag"*.

Ein Beispiel dafür wäre:

„Ich will lernen, mich zu beherrschen." Ein erfahrener Transaktionsanalytiker würde hier sofort hinterfragen, was es bedeute, sich zu beherrschen, und dabei vielleicht herausfinden, daß diese Person (im Sinne des Rabattmarkensammelns) lernen will, möglichst wenig ärgerlich zu sein (d.h. im internen Prozeß ihren Ärger aufstauen würde, bis es zu unangemessenen Ärgerausbrüchen kommt). Im gemeinsamen Gespräch würde sie dann zu einem Vertrag anregen, der in folgende

---

[*] Dem Wort „Vertrag" liegt das englische Wort „contract" zugrunde. Dies bedeutet zum einen „Vertrag", zum anderen aber auch „Gewohnheiten annehmen". Von daher ist es verständlich, warum schriftlich formulierte Veränderungsvereinbarungen in der Transaktionsanalyse in den amerikanischen Originalen als contract bezeichnet wurden.

„erwachsene" Richtung geht: „Ich werde meinen Ärger direkt ausdrücken und dabei angemessene Formen finden."

Bei diesem Verhalten lernt nicht ein Kind, sich besser zu benehmen, sondern eine erwachsene Person, ein lebendiges Verhaltensmuster einzuüben, das gleichzeitig ihren Bedürfnissen und den Erfordernissen der Umwelt gerecht wird.

Auch Führungskräfte können sich das Konzept der Verträge zunutze machen. Sie können es sowohl im Rahmen von Personalentwicklungsgesprächen anwenden als auch, wenn es um konkrete Vereinbarungen hinsichtlich einer Aufgabenstellung geht (siehe auch die entsprechenden Erörterungen zur „Problemlösung ohne Abwertung", S. 241ff).

So könnte eine Führungskraft mit ihrem Mitarbeiter folgenden Vertrag schließen: „Ich (Mitarbeiter) werde für die Marktstudie die Angebote von mindestens drei Instituten einholen und die Ergebnisse bis zum 1.10. vorlegen. Wir werden dann gemeinsam (Mitarbeiter und Vorgesetzter) über das günstigste Angebot entscheiden."

Mit Verträgen können Führungskräfte auf der einen Seite der Überanpassung von Mitarbeitern entgegenwirken und auf der anderen Seite eigenen symbiotischen oder „spielerischen" Tendenzen vorbeugen, aus denen sie geneigt sein könnten, ihre Mitarbeiter zuerst zu „retten" und anschließend, „wenn es immer noch nicht klappt", zu verfolgen. D.h., Vertragsvereinbarungen, die die Aufgabenverteilung zwischen mehreren Personen regeln, dienen immer auch dem gemeinsamen Wachstum.

Eine *integrierte Persönlichkeit* nutzt Verträge

➤ um eigenes oder das Wachstum ihrer Mitarbeiter durch konkrete Vereinbarungen gezielt zu unterstützen,
➤ um klare, überprüfbare Absprachen hinsichtlich konkreter Aufgabenstellungen zu treffen,
➤ um gemeinsames Wachstum ihrer Gruppe zu initiieren.

5. Die „Mär" von der Trennung der Privatperson von der professionellen behindert Wachstum.

Die Trennung zwischen *beruflich* und *privat* ist als Idee weit verbreitet. Unseres Erachtens ist diese Trennung jedoch unsinnig. Man kann weder die eine Hälfte seiner Person am Morgen am Werkstor abgeben noch „halbseitig" wachsen. Wenn Menschen in professionellen Zusammenhängen z.B. lernen, Spiele aufzugeben und sich autonom zu verhalten, so wird auch ihr Privatleben davon nicht unbeeinflußt bleiben. Oder jemand, der lernt, seinen Mitarbeitern angemessene Grenzen zu setzen, wird dieses Wissen auch seinen Kindern gegenüber nutzen können. Auch Beachtung und Zuwendung tun in allen Lebensbereichen gut, nicht nur im professionellen. Andererseits wird sich ein „privates Defizit", z.B. „Strokemangel" in den persönlichen Beziehungen, sehr wohl auf die Art und Weise auswirken, wie jemand seine professionelle Rolle ausfüllt, denn die Persönlichkeit bleibt immer die gleiche. D.h. auch, eine *integrierte Persönlichkeit* ist zu Hause nicht anders integriert als in der Firma. Je weiter sie sich jedoch in die Richtung ihrer Integration entwickelt hat, desto fähiger ist sie, die professionelle Rolle und den organisatorischen Kontext in ihr Denken, Fühlen und Handeln mit einzubeziehen. Ihre Entscheidung, z.B. ihre Gefühle in der Organisation anders zu äußern als zu Hause ihrem Partner gegenüber, bedeutet dann nicht mehr, sich zu verbiegen oder anzupassen, sondern ist Ausdruck ihres angemessenen Umgangs mit den verschiedenen Kontexten, den sie selbst so entschieden hat.

Eine *integrierte Person*

➤ läßt sich nicht in privat und beruflich aufteilen,
➤ trifft klare, selbstbestimmte Entscheidungen hinsichtlich ihres Umgangs mit den verschiedenen Rollen und Kontexten.

---

6. Rollenkonfusion ist ein Zeichen falscher Verbrüderung und wirkt wachstumshemmend. Wachstum braucht eine gesunde Distanz.

Rolle und Kontext bestimmen jene Grenzen in den Systemen, die zur Wahrung der notwendigen Eigenständigkeit, zum respektvollem Umgang miteinander und zur (möglichst) reibungslosen Abwicklung der Aufgabe notwendig sind. Eine Führungskraft ist z.B. nicht „eine" von den anderen Personen des

Teams, das sie führt. D.h., sie ist ein Teil, aber nicht Mitglied des Teams. Sie gehört nur insofern dazu, als sie dort eine bestimmte Rolle einnimmt. (Gleichartiges) Mitglied ist sie im Team der Führungskräfte, in dem sie Gleiche(r) unter Gleichen ist. Häufig versuchen Führungskräfte jedoch, gute Beziehungen zu ihren Mitarbeitern herzustellen, indem sie diese Grenzen jovial verwischen. In Wirklichkeit lädt das aber eher zu Spielen und symbiotischen Abhängigkeiten ein als zu guten, partnerschaftlichen, professionellen Beziehungen. Je klarer die Grenzen gewahrt werden, desto klarer können gegenseitige Erwartungen ausgesprochen werden, und desto eher kann es zu einer Intimität kommen, die die Rollen respektiert.

Insofern braucht Wachstum auch eine gesunde Distanz, in der Respekt und Herzlichkeit, Achtsamkeit und Beachtung, Humor und Spaß, Empathie und der Ausdruck von Gefühlen ebenso einen Nährboden für Arbeit und Leistung bilden wie Absprachen, Anforderungen, Auseinandersetzungen und Konflikte. Um diese Distanz einhalten und gleichzeitig lebendig gestalten zu können, müssen Führungskräfte darauf achten, daß sie auf ihrer Ebene genügend Kontakt und Zuwendung haben. Denn sonst wird die sinnvolle Distanz leicht zur Einsamkeit, in der man nach Skriptmustern greift, um sich daraus zu befreien.

> **Eine *integrierte Persönlichkeit***
> - ist sich ihrer eigenen Möglichkeiten und Grenzen bewußt,
> - lebt eigenständige, unabhängige Beziehungen, um ihre Grundbedürfnisse nach Anregung, Zuwendung und Anerkennung zu befriedigen,
> - weiß um die positive Wirkung gesunder, respektvoller, rollenangemessener Distanz für die Entwicklung eigener und kollegialer Wachstumsschritte.

Berücksichtigt man alle zuvor genannten Aspekte, wird das Wachstum einzelner Menschen im Spannungsfeld ihrer Organisation als lebenslanger Prozeß der (Wieder-)Gewinnung von Autonomie sinnvoll gefördert. Da wir viele Menschen, Führungskräfte wie Mitarbeiter, erlebt haben und erleben, denen dieser Prozeß sehr am Herzen liegt, sind wir hinsichtlich des Erfolges für den/die einzelnen sehr zuversichtlich.

10.3 Wachstum von Gruppen in Organisationen

Genauso wie Einzelpersonen können auch Gruppen lernen und wachsen. Wir erinnern zum einen an die anfängliche Definition von Gruppen als „Interaktionszusammenhang individueller Menschen" und von Organisationen als „Gesamt der Interaktionsbeziehungen und Handlungsmuster der in ihr tätigen Personen" (S. 9f). Bereits insofern trägt jedes Wachstum eines einzelnen seinen Teil zum Wachstum der Institution bei. Zum anderen haben wir immer wieder betont, daß lebendige Beziehungen ein wesentlicher Ausdruck der Prozesse sind, die wir als „Miteinander wachsen" bezeichnen.

Viele Konzepte in unserem Buch haben gezeigt, wie man Beziehungen und Einstellungen mit und zu anderen Menschen leben und/oder verändern kann. Sie haben auch gezeigt: Je lebendiger die Beziehungen zwischen Menschen sind, desto lebendiger, flexibler und einladender, vor allem aber leistungsfähiger sind die Gruppen und Teams, die sich auf diesen Prozeß einlassen. Denn diese Gruppen können ihre Energie gebündelt auf die Herausforderung der gemeinsamen Aufgabe konzentrieren, statt sie ganz oder in Teilen von Racketeering, „Spielen", Miniskripts oder Skriptsystemen absorbieren zu lassen. Geschieht diese gemeinsame, durch „offene" (intime) Begegnungen und konstruktive Konkurrenz geförderte Bündelung der Energien, kommt es zu Wechselwirkungen, die in ihrem Einfluß nicht zu unterschätzen sind: Gruppen, in denen offene Kommunikation, konstruktive Konkurrenz, respektvolle Auseinandersetzungen und die Bereitschaft zu personen- und sachgerechter Konfliktlösung gepflegt werden, ermutigen ihre Mitglieder, ihre Persönlichkeit zu entwickeln und zu entfalten. Dementsprechend werden auch diese Personen ihren Beitrag zur Weiterentwicklung des positiven Klimas leisten.

Leider funktioniert dieses Prinzip wechselseitiger Beeinflussung aber auch umgekehrt. Das bedeutet, daß Einzelpersonen, seien es Mitarbeiter oder Führungskräfte, manchmal keine Chance haben, ein wachstumsförderndes Klima in einer Gruppe zu initiieren, wenn die Gesamtheit – aus welchem Grund auch immer – diesem Vorhaben Widerstand entgegensetzt. Auch eine gut *integrierte Persönlichkeit* kann sich in und an einer solchen Gruppe „aufreiben" und mutlos werden. Wenn es in einer Gruppe oder einem Team z.B. Spaltungen innerhalb der Gruppenmitglieder, schwierige Neuzusammensetzungen, offene bzw. schwelende Konflikte oder besondere Streßsituationen, hohe Fehlerquoten bzw. Krankheitsstände, vielleicht auch sogar laut geäußerte Unzufriedenheiten gibt, initiiert man Wachstum zweckmäßig nicht mehr über einzelne Personen, sondern in der Gruppe, dem Team oder der Abteilung als Ganzem. D.h., in solchen Fällen empfehlen sich gruppenorientierte Entwicklungsmaßnahmen, wie sie ebenfalls an vielen Stellen in diesem Buch angesprochen und/oder beschrieben worden sind. Gelingen diese „Maßnahmen", wird sich der Erfolg nicht nur im verbesserten Gruppenklima und dem (z.B. den Krankenstand senkenden) größeren Wohlbefinden der einzelnen, sondern ebenso in der aufgabenbezogenen Gesamtleistung der Gruppe widerspiegeln. Wenn das einzelne „System", sei es die Gruppe, das Team, die Abteilung oder die Projektmannschaft, sich entwickeln, kann sich auch das Gesamtsystem, der Betrieb, das Unternehmen, die Institution oder Organisation entwickeln, natürlich auch hier vorausgesetzt, die entsprechenden Verantwortlichen wollen das.

Eine *integrierte Gruppe*

➤ begreift die lebendigen, offenen (intimen) Beziehungen ihrer Mitglieder untereinander (wie nach außen) als Quelle des „Miteinander-wachsens",

➤ unterstützt das Wachstum der einzelnen wie auch das der Gesamtgruppe,

➤ ist in der Lage, die Interessen, Bedürfnisse und Vorhaben des einzelnen mit denen der Gesamtgruppe und der Aufgabenstellung auszubalancieren,

➤ bündelt die individuellen Kräfte ihrer einzelnen Mitglieder zugunsten der gemeinsamen Aufgabenstellung, die sie als Herausforderung begreift.

10.4 Menschen entwickeln sich, Gruppen entwickeln sich – und wo führt das hin?

Wie zuvor gesagt: Je mehr lebendige Menschen und lebendige Gruppierungen eine Organisation „bevölkern", desto intensiver wirkt sich das auf ihre Kultur aus. Versteht man unter dem Begriff *Kultur* im allgemeinen die „Gesamtheit der geistigen und künstlerischen Lebensäußerungen" einer Gemeinschaft oder Gruppierung (Fremdwörter-Duden, S. 393), so beinhaltet die Kultur einer Organisation die Art und Weise, wie Werte und Normen umgesetzt und gelebt, wie die Interessen und Bedürfnisse ihrer Mitglieder befriedigt und mit welchen Mitteln die Ziele der Organisation erreicht werden. Auch Organisationen „besitzen" einen Bezugsrahmen, der über die Kultur einer Organisation wie das Skript über das Schicksal eines einzelnen „mitentscheidet". Ist dieser Bezugsrahmen nicht für Veränderungen offen, kann das eine Organisation in gleicher Weise rigide und unbeweglich machen wie das Skript eine einzelne Persönlichkeit. Beinhaltet die Firmenkultur dagegen Wachstum und Veränderung als Selbstverständlichkeit, wird das in hohem Maße zur Entwicklung einer Organisation beitragen. Eine solche Kultur wird die Merkmale einer *integrierten Persönlichkeit* ebenso achten und wertschätzen, wie sie Möglichkeiten zur Entwicklung bereitstellt.

Das Wort „Kultur" hat im deutschen Sprachgebrauch eine weitere Bedeutung: Anpflanzungen junger Bäume z.B. werden ebenfalls als Kultur bezeichnet. In diesem Verständnis des Begriffes sind einerseits die Menschen, die wachsen und sich entfalten, die Kultur, die auf dem Nährboden einer Organisation – sei er karg oder fruchtbar – wächst. Andererseits gehören auch die Produkte, die die Organisation herstellt, zur Kultur. Und für beide gilt: Je reichhaltiger der Boden, desto besser die „Kultur". Damit wird es zur Überlebensaufgabe und -chance für Organisationen, „Kulturen" in beiderlei Sinn zu entwickeln.

Unseres Erachtens sollte der gesamte Entwicklungsprozeß (von persönlich-individueller Entwicklung über Teamentwicklung bis hin zur Entwicklung neuer, wachstumsorientierter Organisationskulturen) bei den Führungskräften der obersten hierarchischen Stufe beginnen, also *dem top-down-Prinzip folgen*. Obwohl diese „Weisheit" längst „Allgemeingut" ist, wollen wir sie hier noch einmal betonen. Denn wir haben zu oft – und meistens auch schmerzlich – erlebt, daß diesem Prinzip zuwidergehandelt wurde. Daß z.B. Führungskräfte mittlerer Hierarchieebenen oder an der Basis Entwicklungsmaßnahmen zu implementieren versuchten, die den Beteiligten größere Kompetenz und Verantwortung versprachen, als später nach Beendigung der Maßnahmen realisierbar war. Die Folge ist, daß ein Teil der Energie, der Motivation und des Elans, die durch die Auseinandersetzung mit sich selbst anläßlich solcher Maßnahmen freigesetzt werden, in der Organisation „verpufft", gerade wenn Vorgesetzte nicht mitgehen, diesen Weg belächeln oder erwachsene Äußerungen mit vielen Transaktionen aus ihrem kritischen Eltern-Ich durchkreuzen. Das bedeutet nicht nur „herausgeschmissenes" Geld, sondern vor allem schmerzhafte Enttäuschung der „Eingeladenen", in deren Folge Demotivation wie auch alle Formen „passiven Verhaltens" auszumachen sind. Das heißt nicht, daß alle Entwicklungsangebote, die auf einer unteren hierarchischen Ebene ansetzten, eo ipso wirkungslos sein müssen. Nur, daß bei all diesen Maßnahmen Vorsicht geboten erscheint.

Führungskräfte, vor allem die Spitzenführungskräfte, sollten sich daher bewußt sein, welche Prozesse sie initiieren wollen oder können. Ihre Überlegungen werden sicherlich begünstigt, wenn sie sich mit ihrer eigenen Persönlichkeit ebenso auseinandergesetzt haben wie mit dem, was Firmenkultur bedeutet, und sie bereit sind, Unruhe und Angst mitzutragen, die durch „Neues" entsteht. Insbesondere ist es für sie sinnvoll und notwendig, sich damit auseinanderzusetzen, ob sie wirklich autonom handelnde Mitarbeiter und Kollegen im betrieblichen Alltag wünschen, für deren Handeln entsprechende Strukturen zu schaffen bereit und deren „Kompetenz" zu ertragen willens und in der Lage sind. Hat man sich top-down dafür entschieden, gehört es zu den vordringlichsten Aufgaben der Führungsspitze, den Mitarbeitern – zumal wenn diese wiederum Führungskräfte sind – deutlich zu machen, daß sie deren Auseinandersetzung mit sich erwarten, und nachzufragen, wie und womit sie diesen Prozeß unterstützen können. Dann kann die Gesamtorganisation praktisch unbehindert wachsen.

Alles zusammen zahlt sich nicht nur, wie aufgezeigt, intern aus, sondern hat bekannterweise auch *Außenwirkung*: Die Haltung der Führungsmannschaft zu ihren Kollegen und Mitarbeitern als wesentlicher Ausdruck von Firmenkultur spiegelt sich in den Beziehungen zu den Kunden wieder (*Mohr* 1996, 2f). Je mehr Ausgewogenheit z.B. die Ich-Du-Beziehungen im Führungsverhalten besitzen, desto mehr Wertschätzung kann ein Firmenangehöriger dem Kunden entgegenbringen und gleichzeitig die Firmeninteressen wahren. Ja, es ist sogar zu vermuten, daß diese Form von Wertschätzung Kunden dauerhafter bindet als ein Verkaufstraining oder oberflächlich gelernte anguläre Transaktionen (vgl. S. 60f), die die Eitelkeit des Käufers stimulieren sollen.

> **Eine *an Wachstum orientierte* Organisation**
>
> ➤ betrachtet Wachstum als lebendigen Aus-
>   druck ihrer Firmenkultur, die den Boden da-
>   für bereithält, daß die Mitglieder ihn zu ge-
>   meinsamen Nutzen (z.B. Produkte und Kun-
>   den) „bearbeiten"
> ➤ hält klar entschiedene Strukturen bereit, die
>   ihren Mitgliedern Wachstum ermöglichen,
> ➤ erwartet von allen Mitgliedern top-down In-
>   teresse und Bereitschaft zu Wachstum,
> ➤ schätzt die Wachstumsinteressen ihrer Mit-
>   glieder und offeriert ihnen Möglichkeiten
>   der Weiterentwicklung,
> ➤ weiß um den Wert modellhafter Haltungen
>   ihrer Mitglieder in der Innen- (Kollegen und
>   Mitarbeiter) wie Außenwirkung (Lieferanten
>   und Kunden).

10.5 Das Wachstum der Berater

Wir möchten dieses Buch, insbesondere das Kapitel über Wachstum, nicht ab-
schließen, ohne über uns selbst und unsere Entwicklung gesprochen zu haben.
Denn wir verstehen uns in unserer Funktion als Berater, Coachs, Trainer und
Supervisoren nicht nur als Lehrende, sondern immer auch als Lernende. Daher wäre dieses Buch unvollständig, wenn wir diesen Teil unserer Identität
nicht deutlich gemacht hätten.

Natürlich haben unsere Ausbildung als Diplom-Psychologen und die Weiterbildung in mehreren beratend-therapeutischen Verfahren viel und immer
wieder neu zu unserer Weiterentwicklung als Berater und Therapeuten beigetragen. Was wir jedoch an dieser Stelle darüber hinaus deutlich machen wollen, sind die spezifischen Aspekte, wie die Arbeit mit Menschen in Organisationen, die uns immer wieder Freude und Herausforderung ist, zu unserer
Entwicklung beigetragen hat.

Bevor wir vor zehn Jahren unsere Arbeit in Organisationen begonnen haben,
waren wir – was die konkrete Anwendung von Psychologie betrifft – primär
auf Psychotherapie und transaktionsanalytische Weiterbildung für Psychotherapeuten und Berater ausgerichtet. In diesem Zusammenhang beschäftig-

ten wir uns vermehrt mit jenen Aspekten menschlichen Denkens, Erlebens und Verhaltens, die von unseren Klienten als einschränkend oder defizitär erlebt wurden. D.h., hier stand zunächst das Leiden der Menschen und seine Heilung im Mittelpunkt. Aber bereits damals waren wir neugierig darauf, wie menschliches Leiden in seiner vielfältigen Form sich im beruflichen Alltag auswirkt, aufrechterhalten oder abgebaut, gemildert oder verstärkt wird. Daher waren wir dankbar, durch Weiterbildungskandidaten erste Einladungen in die Welt der Unternehmen zu erhalten. In der neu beginnenden Arbeit bestand einer unserer ersten Lernschritte darin, uns auf die Fähigkeiten von Menschen, ihr Wachstum und ihre Optimierung zu zentrieren. Als wir erlebten, wieviel „heilende Kräfte" durch diese Zentrierung freigesetzt wurden, änderte sich auch der Blickwinkel für die Psychotherapie, die auch weiterhin einen Bereich unserer Arbeit darstellt. Neben dem Umgang mit ihren Einschränkungen lehren wir daher unsere Klienten, möglichst rasch wieder ihre Stärken zu sehen und sich damit als wertvoll und kompetent zu empfinden. Insofern haben wir und mit uns auch unsere Klienten aus Beratung und Psychotherapie von den Erfahrungen aus der Arbeit in Organisationen sehr profitiert.

Umgekehrt „mahnen" uns unsere Erfahrungen in der Psychotherapie immer wieder, in den Organisationen nicht die Bedürfnisse und Notwendigkeiten aus den Augen zu verlieren, die Menschen zu ihrem Wachstum brauchen. Gerade dieses Erlebnis gegenseitiger Befruchtung hat uns bei unserer eigenen professionellen Integration dabei geholfen, uns nicht als Therapeuten oder Trainer gespalten zu erleben. Denn wir bleiben „natürlich" die gleichen Menschen und die gleichen professionellen Persönlichkeiten. Es ist jedoch rollen-, vertrags- und kontextabhängig, ob wir als Trainer, Berater, Coachs oder Psychotherapeuten arbeiten.

Bei der Umsetzung der unterschiedlichen Rollen in verschiedene Kontexte hat uns immer wieder das zuvor besprochene Vertragskonzept geholfen, das wir – guter transaktionsanalytischer Tradition folgend – ebenso selbstverständlich wie in der Psychotherapie auch in der Arbeit in und mit Organisationen anwenden. D.h., wir haben eindrücklich gelernt, mit unseren Partnern zusammen genau zu definieren, welche Aufgabe wir mit welchen Menschen in wessen Auftrag erfüllen sollen.[*]

Gerade in unserer Begeisterung für Veränderungskonzepte und die Möglichkeit, die Erfüllung menschlicher Grundbedürfnisse mit den Interessen von

---

[*] siehe auch das Konzept des Dreiecksvertrages von *Fanita English* (1985)

Organisationen „unter einen Hut" zu bringen, war uns diese genaue Abgrenzung anfangs nicht so wichtig. Dabei konnte es durchaus passieren, daß z.B. ein Planungsgespräch mit dem Leiter einer Weiterbildungsabteilung oder ein Akquisitionsgespräch zur Beratung oder manchmal sogar zum persönlichen Coaching wurden. Hier war Klarheit ebenso zu „lernen", wie zu lernen war, Aufträge von der Art: „Sprechen Sie doch mal eben mit xy und sagen Sie ihm, daß ..." abzulehnen. Andererseits haben wir gelernt, unsere Gesprächspartner als Repräsentanten ihrer Organisation in ihrer Eingebundenheit und Loyalität dem Unternehmen gegenüber zu respektieren. Gleichzeitig mußten wir lernen, uns Teilnehmern von Weiterbildungsmaßnahmen gegenüber abzugrenzen, die uns gegen die Mächtigen in den *höheren* Führungsetagen auf ihre Seite, die der „Opfer", ziehen wollten. Darüber hinaus durften wir nicht jeden Auftrag annehmen, der an uns herangetragen wurde, sondern mußten lernen, Projekte abzulehnen, die von vornherein zum Scheitern verurteilt waren: z.B. wenn in Alibiveranstaltungen vordergründig Wachstum „verkauft" wurde, die Veranstaltung aber heimlich dazu dienen sollte, unzufriedene Mitarbeiter zu beruhigen oder „geradezurücken".

Diesen Verführungen widerstehen zu lernen hat ebenso zu unserer Integrität beigetragen wie die Notwendigkeit, uns vertraglich gegen unklare Erwartungen abzugrenzen. Alle diese Situationen waren derart „spielträchtig", daß sie auf beiden Seiten nur zu Enttäuschungen führen und „böse", zumindest aber unbefriedigend oder mit Lehrgeld hätten enden können. In all diesen Situationen haben wir gelernt, unsere Konzepte nicht nur zu lehren, sondern auch zu leben. – Das sind Lernerfahrungen, die wir besonders schätzen und nicht missen möchten.

Als einen besonders schwierigen Prozeß erlebten und erleben wir, uns gegen den Sog und die Faszination, die neue Auftragsangebote immer wieder auf uns ausüb(t)en, abzugrenzen. Zum einen mußten wir lernen, manchmal „nein" zu sagen, z.B. um nicht unsererseits auszubrennen. Zum anderen ermöglichte uns gerade das Erleben dieser Faszination – die natürlich unsere eigenen skriptabhängigen grandiosen Ideen stimulierte – ein tiefgreifendes Verständnis dafür, wie Menschen, die in – vor allem großen – Organisationen arbeiten, in den Sog des „immer mehr" und „immer weiter" geraten können. Hier hilft uns unser eigenes Erleben, die Menschen dazu anzuleiten, sich gegen diese faszinierende Vereinnahmung abzugrenzen. Allerdings wird weder das Erleben der Faszination noch die Aufgabe der Abgrenzung jemals abgeschlossen sein. Deshalb halten wir es für sinnvoll und notwendig, uns selbst und unseren Klienten bewußtzumachen, daß Wachstum, Entwicklung und das Begrüßen von Veränderungsprozessen als Teil des Daseins nicht bedeuten, immer weiter zu „rennen". Neue Notwendigkeiten, neue Aufgaben und neue Chancen sind immer wieder neu auch damit in eine Balance zu bringen, was uns als Persönlichkeit ausmacht, was unsere derzeitigen Interessen und Bedürfnisse sind und ob wir eine angemessene Zeitstruktur haben.

Alle Erfahrungen zusammengenommen haben wir gelernt, das uns aus der Psychotherapie vertraute Konzept der sogenannten *„drei p" – potency, permission, protection* (Abb. 87) – in seiner realen Bedeutung und Anwendbarkeit für die Arbeit in Organisationen bewußt zu machen und umzusetzen.

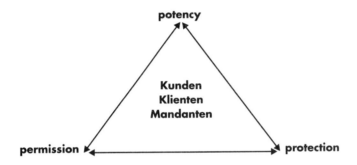

Abb. 87: Klientenorientiertes Verhalten eines Beraters

Das Konzept besagt, daß der Berater oder Trainer seinem Klienten, Mandanten oder Kunden neben der spezifischen Bearbeitung der Aufgabe eine professionelle Basis zur Verfügung stellen sollte, die durch die drei obengenannten miteinander verwobenen Merkmale zu kennzeichnen ist. Dabei bedeutet:

Potency

Ein potenter Berater, Coach, Trainer, Supervisor besitzt persönliche Authentizität, Vertrauenswürdigkeit und Verantwortungsbewußtsein. Er verfügt zusätzlich über Fachkompetenz, die er in einem kontinuierlichen Lernprozeß erweitert. Sie befähigt ihn, der Person und dem Anliegen der Klienten/Kunden/Mandanten respektvoll zu begegnen, angemessene, klare und ethisch vertretbare Verträge abzuschließen, die für die Erfüllung der jeweiligen Verträge sinnvolle Schrittfolge sowie geeignete Techniken für ihre Durchführung vorzuschlagen, sich jeweils neu auf die anstehenden Projekte einzulassen und gemeinsam mit seinen Klienten zu lernen.

Zur ethischen Verantwortung gehört z.B. auch, die Übernahme oder Mitwirkung bei Vorhaben und Aufgabenstellungen abzulehnen, wenn diese offensichtlich manipulativen Charakter haben – z.B. bei den zuvor beschriebenen Alibiveranstaltungen oder Verkaufstrainings, in denen die Kenntnis der Ich-Zustände zu manipulativen Zwecken genutzt werden soll. Zur kompetent wahrgenommenen Verantwortung des Beraters, Coachs, Trainers oder Supervisors gehört gleichzeitig auch die Verpflichtung, z.B. bei einem bottom-up konzipierten Vorhaben, bei dem Auswirkungen auf andere Bereiche oder Hierarchien zu erwarten sind, auf die Gefahr solcher Strategien hinzuweisen und die Auftraggeber dahingehend zu beraten, wie sie die notwendige top-down-Verankerung doch noch erreichen können oder die vorgesehene Maßnahme so umplanen können, daß sie sich sinnvoll auswirken kann, ohne als Sprengstoff zu wirken und/oder im Nachhinein gestoppt zu werden. Auf solche Komplikationen hinzuweisen und oft auch, einen solchen Auftrag abzulehnen, wenn keine adäquate Einigung erzielt werden kann, ist ethische wie auch praktische Verantwortung kompetenter Berater.

Permission

Ein potenter Berater, Trainer, Coach oder Supervisor ermutigt seine Mandanten, etwas Neues zu probieren, z.B. ihre ursprünglichen Gefühle zu spüren und angemessen auszudrücken, eigene Gedanken zu denken und zu vertreten oder neue Verhaltensweisen zu zeigen, ohne etwa sich selbst je nach Bezugsrahmen mehr oder auch weniger zu beachten als die anderen. Erlaubnis kann sich – wie zuvor – an Personen richten. Man kann sie mit dem Klienten direkt bearbeiten, ihm direkt vermitteln oder ihm modellhaft vorleben – oder sie kann auch darin bestehen, „ein Arbeitsklima zu schaffen, in dem der Klient sich reflektieren und ausprobieren kann, ohne ‚richtig‘ sein zu müssen, und ihn in seiner jeweiligen erwachsenen Eigenständigkeit zu ermutigen" (*Hagehülsmann, Hagehülsmann & Krull* 1997).

Protection

„Schutz" gewährt man als Berater, Coach, Trainer oder Supervisor seinen Kunden, indem u.a. man Vertrauensschutz bezüglich der Information gewährleistet, mögliche Konsequenzen der geplanten Veränderungen mit den Kunden bedenkt und darauf achtet, daß die einzelnen Schritte nicht zu groß sind und sich damit ängstigend auswirken oder zu rebellischen Reaktionen einladen. Zum Schutz gehört es z.B. auch, einen Auftraggeber darauf hinzuweisen, bei allen anvisierten Zielen und den dazu notwendigen Maßnahmen die Grenzen des Machbaren zu wahren. Denn alle Maßnahmen, die in grandioser Weise ein eingespieltes, gut gefestigtes System aus den Angeln heben wollen oder zumindest diesen Anschein erwecken, sind primär dazu angetan, den Widerstand des Systems zu mobilisieren und die Abwehr der Menschen gegen die „massive, elementare Störung" zu stabilisieren. Für kompetente Berater, Coachs oder Trainer ist es selbstverständlich, daß die anvisierten Änderungen immer nur so groß sein dürfen, daß das System und die Menschen, die es bilden, sie konstruktiv im Sinne von Wachstum verkraften und verarbeiten können.

Den zuvor geschilderten Umgang mit dem Konzept der „drei p" für das „neue" Arbeitsfeld Organisationen zu erarbeiten hat Freude bereitet. Es hat uns neugierig gemacht, d.h. stimuliert, uns Einsicht und Erfolg gebracht, d.h. Anerkennung und Zuwendung verschafft, und uns schließlich um viele Informationen, Erkenntnisse und Einsichten bereichert, d.h. unseren Strukturhunger im Hinblick auf den/die *Menschen im Spannungsfeld seiner/ihrer Organisation"* gestillt.

Die Arbeit mit Menschen in Organisationen hat nicht nur unseren Blickwinkel erweitert, uns Klarheit abverlangt und uns mit unseren Grandiositäten konfrontiert, sondern sie ist ein Teil unserer – nicht nur professionellen – Identität geworden. Dafür sind wir dankbar.

Danksagung

Dieses Buch, in dem wir unsere Erfahrungen und die Lebendigkeit und Vielfalt unserer „Erlebnisse" aus zehnjähriger Arbeit in den unterschiedlichsten Organisationen Revue passieren lassen und reflektieren, ist von uns niedergeschrieben worden, hat aber viele Ideen- und Impulsgeber sowie heimliche, ungenannte Co-Autoren.

Da sind zunächst unsere Klienten, Kunden und Weiterbildungskandidaten aus den unterschiedlichen betrieblichen wie institutionellen Arbeitszusammenhängen, die die jeweiligen Probleme und Konflikte ihres beruflichen Alltag vor uns offenbart, mit uns analysiert, die gemeinsam erarbeiteten Lösungsansätze auf ihre Brauchbarkeit getestet und uns abschließend Feedback gegeben haben. Durch ihre unermüdlichen Fragen und ihre Bereitschaft zu gemeinsamem Lernen konnten wir die notwendige Flexibilität gewinnen, uns in den sehr unterschiedlichen Kontexten „Psychotherapie" und „Management und Organisationen" zu Hause zu wissen. Ihnen allen sagen wir Dank für ihre anregenden Fragen, ihr Vertrauen in uns als Lehrende, Therapeuten, Berater und Supervisoren, vor allem aber für ihre vielen Bestätigungen.

Besonderen Dank im Kontext dieses Buches gilt unserem Kollegen *Günter Lange*, der uns die ersten Türen zur Arbeit in Organisationen öffnete, und *Helmuth Schöning*, dessen Vertrauen uns ermutigte, immer neue Konzepte für das Feld „Management und Organisation" zu entwickeln und immer größere und umfangreichere Aufgaben zu übernehmen. Beide haben uns auf vielfältige Weise zum Lernen angeregt.

Danken wollen wir allen Menschen in den verschiedenen Organisationen, mit denen wir zusammenarbeiten durften, für ihre Bereitschaft, „ihre Probleme offenzulegen", und ihren Mut, die oft nur angedachten Lösungsansätze in die Tat umzusetzen. Vor allem möchten wir ihnen für ihr Vertrauen und ihre Achtung danken, die sie uns geschenkt haben und immer noch schenken.

Danken wollen wir auch den in diesem Buch namentlich ungenannten Kolleginnen und Kollegen, vor allem den Autoren unter ihnen, von denen wir durch Lesen, Hören (manchmal auch nur Hörensagen) und gemeinsame Gespräche und Diskussionen partizipieren durften. Vieles von dem, was wir niedergeschrieben haben, ist von ihnen angedacht, mündlich formuliert oder auch gänzlich konträr dargestellt worden. Aus allem haben wir lernen können. Wir danken dafür!

Namentlich danken möchten wir *Wolfgang Hämmerle* aus Wien und *Knut Fleischer* aus Hamburg, die als kompetente Insider in vielen Diskussionen oder durch ihr Gegenlesen zur inhaltlichen Präzisierung beigetragen haben.

Namentlich danken möchten wir auch *Gottfried Probst* vom Junfermann Verlag, der durch sein beharrliches Drängen und Nachhaken dazu beigetragen hat, daß dieses Buch trotz aller alltäglichen Widernisse doch geschrieben und fertiggestellt wurde. Ohne den unermüdlichen wie auch kreativen Einsatz unseres Sekretärs *Frank Wons* hätte es nicht die vorliegende Fassung erhalten, ohne den unkonventionellen Noteinsatz von *Gabriela Gieselmann-Kropf* wäre es unfertig geschrieben im Computer steckengeblieben, und ohne die ruhige Gelassenheit unserer Sekretärin *Karin Hohlfeld* hätte sich das gesamte Buchprojekt bei laufender Praxis entweder gar nicht oder doch nur mit entschieden mehr Dramatik verwirklichen lassen.

Last, but not least, möchten wir unseren Töchtern *Anna-Mareike* und *Christina Ute* sowie unseren Freunden danken, die uns als gestreßte Autoren erleben mußten, uns dabei liebevoll toleriert und uns in unserem Vorhaben bestätigt haben. Ihnen gilt von Herzen kommender Dank.

Ute Hagehülsmann
Dr. Heinrich Hagehülsmann

Abbildungsverzeichnis

Kapitel 1

Kapitel 2

Kapitel 3

Kapitel 4

Kapitel 5

Kapitel 6

Kapitel 7

Kapitel 8

Kapitel 9

Kapitel 10

Literatur

Antons, K., Praxis der Gruppendynamik. Übungen und Techniken. Göttingen: Hogrefe, 1973

Babcock, D. E. & Keepers, T. D., Miteinander Wachsen: Transaktionsanalyse für Eltern und Erzieher. München: Kaiser, 1980

Barnes, G. (Ed.), Transactional Analysis after Eric Berne: Teaching and Practices of Three TA Schools. New York, Hagerstown, San Francisco, London: Harpers College Press, 1977; dt.: Transaktionsanalyse seit Eric Berne. Bd. I-III. Berlin: Institut für Kommunikationstherapie, 1979, 1980, 1981

Bennet, D., Im Kontakt gewinnen: Transaktionsanalyse als Führungshilfe. Heidelberg: Sauer, 1977

Berne, E., Transactional Analysis in Psychotherapy: A Systematic Individual and Social Psychiatry. New York: Grove Press, Inc., 1961

—, Games people play. New York: Grove Press, 1964; dt.: Spiele der Erwachsenen: Psychologie der menschlichen Beziehungen. Reinbek: rororo, 1967

—, Principles of Group Treatment. New York: Oxford University Press, 1966

—, Was sagen Sie, nachdem Sie „Guten Tag" gesagt haben? Psychologie des menschlichen Verhaltens. München: Kindler, 1975

—, Intuition and Ego States. San Francisco: TA Press, 1977; dt.: Transaktionsanalyse der Intuition. Ein Beitrag zur Ich-Psychologie. Hrsg. von Heinrich Hagehülsmann. Paderborn: Junfermann, 1991

Birbaumer, N. & Schmidt, R. F., Biologische Psychologie. 3. komplett überarbeitete Auflage. Berlin, Heidelberg, New York: Springer, 1996

Bosetzky, H. & Heinrich, P., Der Mensch in Organisationen. 4. überarbeitete Auflage. Köln: Ehrenwirth, 1989

Clarkson, P., Transaktionsanalytische Psychotherapie. Grundlagen und Anwendung – Das Handbuch für die Praxis. Freiburg, Basel, Wien: Herder, 1996

Dorsch, F., Psychologisches Wörterbuch. 10. neubearbeitete Auflage. Bern, Stuttgart, Wien: Huber, 1982

Drewermann, E., Zeiten der Liebe. Herausgegeben von Karin Walter. Freiburg, Basel, Wien: Herder, 1992

Dusay, J. M., Egograms and the constancy hypothesis. Transactional Analysis Journal 1972, 3:3, 37

—, Egograms: How I See You and You See Me. New York: Harper & Row, 1977

English, F., Transaktionsanalyse. Gefühle und Ersatzgefühle in Beziehungen. Hrsg. v. M. Paula. Hamburg: Isko-Press, 1980

—, Es ging doch gut – was ging denn schief? Beziehungen in Partnerschaft, Familie und Beruf. München: Kaiser, 1982

—, Der Dreiecksvertrag, (The Three-Cornered Contract). Zeitschrift für Transaktions-Analyse in Theorie und Praxis 1985, 2, 88-92

Ernst, F. H., The OK corral: the grid for get-on-with. Transactional Analysis Journal 1971, 1:4, 33-42

Erskine, R. G. & *Moursund, J. P.*, Kontakt – Ich-Zustände – Lebensplan: Integrative Psychotherapy in Action. Paderborn: Junfermann, 1991

Goulding, M. McClure & *Goulding, R. L.*, Neuentscheidung. Stuttgart: Klett-Cotta, 1981

Groder, M., Fünf OK Diagramme. In: Barnes, G. et al.(Hrsg.), Transaktionsanalyse seit Eric Berne. Bd. II: Was werde ich morgen tun? Berlin: Institut für Kommunikationstherapie, 1980, 7-17

Hagehülsmann, H., Begriff und Funktion von Menschenbildern in Psychologie und Psychotherapie. In: Petzold, H. (Hrsg.), Wege zum Menschen. Bd. I. Paderborn: Junfermann, 1984, 9-44

—, Das Bild vom Menschen in der Transaktions-Analyse: Philosophische, anthropologische und ideologische Vorstellungen. In: Greive, W. (Hrsg.), Das Bild vom Menschen in der neuen Gruppenarbeit. Loccumer Protokolle 1988, 22, 26-54

—, Führen und Geführt-werden. Vortrag auf dem 13. Kongreß der DGTA. Mainz 1992.

Hagehülsmann, U., Transaktionsanalyse: Wie geht denn das? Transaktionsanalyse in Aktion I. Paderborn: Junfermann, 1992

—, Beratung und TA: Wie geht denn das? Transaktionsanalyse in Aktion II. Paderborn: Junfermann, 1993

Hagehülsmann, U. & *Hagehülsmann, H.*, Transaktionsanalyse. In: Corsini, R.J./dt. Ausg. Wenninger, G. (Hrsg.), Handbuch der Psychotherapie. Weinheim, Basel: Beltz, 1983, 1315-1356

Hagehülsmann, U. & *Hagehülsmann, H.*, & *Krull, M.*, (M)eine Transaktionsanalyse – Anlaß zu Scham oder bewußter Identität? Zeitschrift für Transaktions-Analyse in Theorie und Praxis 1994, 11, 154-172

—, —, —, Aktuelle Entwicklungen in der Transaktionsanalyse. Diagnose und Therapie des Borderlinesyndroms: Teil 1. Psychotherapeut 1997, 42, 336-342; Teil 2: Psychotherapeut 1998, 43, 1-6

James, J., The Game Plan. Transactional Analysis Journal 1973, 3:4, 14-17

James, M., Der OK-Boss. München: mvg, 1990

Kahler, T., Das Miniskript. In: Barnes, G. et al. (Hrsg.), Transaktionsanalyse seit Eric Berne. Bd. II: Was werde ich morgen tun? Berlin : Institut für Kommunikationstherapie, 1980, 91-132

Karpman, St., Fairy Tales and Script Drama Analyses, Transactional Analysis Bulletin 1968, 7, 39-43

—, Options. Transactional Analysis Journal 1971, 1:1, 79-87

Krausz, R. R., Macht und Führung in Organisationen. Zeitschrift für Transaktions-Analyse in Theorie und Praxis 1989, 6, 92-108

Küpper, W. & Ortmann, G., Mikropolitik. Opladen: 1988

Lazarus, R. S., Psychological Stress and the Coping Process. New York: McGraw-Hill, 1966

Maier-Mannhart, H. (Hrsg.), Lean Management: Unternehmen im Umbruch. München: mgv, 1994

Meyer, H., Das Stressmodell als Erklärungsprinzip. In: Hahn, P. (Hrsg.), Psychosomatik. Weinheim, Basel: Beltz 1983

Mohr, G., Führungsbeziehungen: ein systemischer Zusammenhang in Unternehmen. Zeitschrift für Transaktions-Analyse in Theorie und Praxis 1996, 83-97

Panse, W. & Stegmann, W., Kostenfaktor Angst. München: Verlag moderne Industrie, 1996

Petzold, H., Konzepte der Transaktionalen Analyse. In: Petzold, H. & Paula, M. (Hrsg), Transaktionale Analyse und Skriptanalyse. Aufsätze und Vorträge von Fanita English. Hamburg: Wiss. Verlag Altmann, 1976, 13-71

Rüttinger, R. & Kruppa, R., Übungen zur Transaktionsanalyse: Praxis der Transaktionsanalyse in Beruf und Organisationen. Hamburg: Windmühlen Verlag, 1988

Schibalski, B., Selbstwert als Führungskraft. Ausschreibung zum 18. Kongreß der DGTA. Weimar: 1997, 46

Schiff, J.L. et al., Cathexis Reader: Transactional Analysis Treatment of Psychosis. New York: Harper & Row, 1975

Schlegel, L., Überlegungen zum Begriff der Transaktionen, insbesondere der doppelbödigen Transaktionen. Zeitschrift für Transaktions-Analyse in Theorie und Praxis 1987, 4, 29-34

—, Die Transaktionale Analyse. Ein kritisches Lehrbuch und Nachschlagewerk. 3., völlig neu überarbeitete u. erweiterte Auflage. Tübingen/Basel: Francke, 1987

—, Handwörterbuch der Transaktionsanalyse: Sämtliche Begriffe der TA praxisnah erklärt. Freiburg, Basel, Wien: Herder, 1993

Schmid, B., „Wo ist der Wind, wenn er nicht weht." Professionalität und Transaktionsanalyse aus systemischer Sicht. Paderborn: Junfermann, 1994

Schmidt, R., Richtig miteinander reden: Transaktionsanalyse im Alltag: Wie Sie Betriebsergebnis und Betriebsklima durch erfolgreiche Kommunikation verbessern. Arbeitsbuch für Berufstätige. Landsberg am Lech: mvg, 1989

Schneider, J., Dreistufenmodell transaktionsanalytischer Beratung und Therapie von Bedürfnissen und Gefühlen. Zeitschrift für Transaktions-Analyse in Theorie und Praxis 1997, 14, 66-83

Spitz, R., Vom Säugling zum Kleinkind. Stuttgart: Klett, 1967

Steiner, C. M., Scripts People Live. Transactional Analysis of Life Scripts. New York: Bantam Books, 1974; dt.: Wie man Lebenspläne verändert: Die Arbeit mit Skripts in der Transaktionsanalyse. Paderborn: Junfermann, 1982

Türk, K., Neuere Entwicklungen in der Organisationsforschung. Stuttgart: Klett-Cotta, 1989

Wallgreen, K.R., Ein Diagramm für Grundpositionen der Betriebsführung. Zeitschrift für Transaktions-Analyse in Theorie und Praxis 1989, 6, 27-32

Watzlawick, P., Beavin, J.H. & Jackson, D.W., Menschliche Kommunikation: Formen, Störungen, Paradoxien. 3. unv. Aufl. Bern, Stuttgart, Wien: Huber, 1972

Woollams, S. & Brown, M., Transactional Analysis: A Modern and Comprehensive Text of TA Theory and Practice. Dexter: Huron Valley Institute Press, 1978

Wir informieren Sie gerne über unsere aktuellen Programme

Ute & Dr. Heinrich Hagehülsmann
Werkstatt Psychologie

Institut für Transaktionsanalyse in Therapie, Beratung, Weiterbildung, Personalentwicklung und Supervision

Wiemkenstraße 25
D-26180 Rastede-Ipwege

Telefon: 0 44 02/92 83-0
Telefax: 0 44 02/92 83 20
info@werkstatt-psychologie.de

Sachregister

Personenregister

Notizen

Notizen